WILHELM UHLENHOFF

Die Kinder des Heilpädagogischen Kurses

Krankheitsbilder und Lebenswege

Heilpädagogik und Sozialtherapie
aus anthroposophischer Menschenkunde

11

Herausgegeben von Michael Dackweiler,
Johannes Denger, Angelika Gäch, Rüdiger Grimm,
Hans Müller-Wiedemann

WILHELM UHLENHOFF

Die Kinder des Heilpädagogischen Kurses

Krankheitsbilder und Lebenswege

VERLAG FREIES GEISTESLEBEN

Die Deutsche Bibliothek – CIP-Einheitsaufnahme

Uhlenhoff, Wilhelm:
Die Kinder des Heilpädagogischen Kurses :
Krankheitsbilder und Lebenswege / Wilhelm Uhlenhoff. –
Stuttgart : Verlag Freies Geistesleben, 1994

ISBN 3-7725-1461-8

Einband: Michael Englert
Druck: Druckerei Gutmann, Talheim

Inhalt

Zum Geleit

In seinem letzten Wirkensjahr 1924 steigerte Rudolf Steiner seine geisteswissenschaftliche Forschung in ungeahnter Weise und übergab uns in vielen Vortragsreihen ihre Ergebnisse. Gelegentlich hielt er bis zu fünf Vorträge an einem Tag – eine übermenschliche Anstrengung, die er sich abverlangte. Neben Vorträgen zu allgemeineren Themen veranstaltete Rudolf Steiner vor allem Kurse zu einzelnen Fachgebieten, wie Pädagogik, Medizin und Eurythmie. Größere Zuhörerkreise wechselten mit kleineren Gruppen. Für die Landwirtschaft und die Heilpädagogik, die sich in den folgenden Jahren schnell ausbreiteten, gab Steiner damals kurz nacheinander die ersten und einzigen Kurse. Hier zeigte er noch einmal neue und große Aspekte des Menschen- und Weltbildes der anthroposophischen Geisteswissenschaft auf.

Im Heilpädagogischen Kurs, den Rudolf Steiner vom 25. Juni bis zum 7. Juli 1924 in Dornach vor einem kleinen, intimen Kreis von Zuhörern hielt, wurden – nach einleitenden Vorträgen – die Kinder mit Entwicklungsstörungen, welche damals im Klinisch-Therapeutischen Institut von Dr. Ita Wegman aufgenommen worden waren, vorgestellt und ihre Krankheitsbilder besprochen. (Patientenbesprechungen fanden sonst nur bei Konsultationen mit Ärzten statt.) Daran anschließend schilderte Steiner auch diejenigen Kinder, die er kurz vorher bei seinem Besuch im «Heil- und Erziehungsinstitut für Seelenpflege-bedürftige Kinder» auf dem Lauenstein bei Jena gesehen hatte. Hier liegt der Beginn der anthroposophischen Heilpädagogik, deren siebzigjähriges Bestehen wir in diesem Jahre feiern.

Die weitere Entwicklung der damals besprochenen Kinder wurde natürlich in den heilpädagogischen Heimen aufmerksam verfolgt. An eine Dokumentierung der dabei gemachten Erfahrungen dachte aber noch niemand – zumal man die Kinder persönlich kannte und es sich um Krankengeschichten noch lebender Personen handelte, mit denen man vertraulich umgehen mußte. Mit der Herausgabe der

Vorträge des Heilpädagogischen Kurses und der Ausbreitung der heilpädagogischen Arbeit aber wuchs das Interesse auch an diesen Lebensläufen. Was anfangs im Weitererzählen gepflegt wurde, konnte später und in dem vergrößerten Rahmen so nicht fortgeführt werden. Es trat der Wunsch nach einer Dokumentation dieser Krankengeschichten auf, solange die Informationen noch erreichbar waren.

Wir danken Wilhelm Uhlenhoff, daß er es übernahm – nach seiner langjährigen Tätigkeit als Heimarzt –, die weiteren Schicksale dieser 1924 besprochenen Kinder zu verfolgen. Manche zwischenzeitlich abgerissene Verbindung mußte er wieder aufsuchen und machte dabei auch erstaunliche Entdeckungen. Die Ergebnisse seiner eingehenden Nachforschungen liegen nun hier vor. Sie werden das Studium des Heilpädagogischen Kurses sehr bereichern. Auch werden manche Veröffentlichungen, welche sich an den Kurs angeschlossen haben, neu beleuchtet.

Wir wünschen den Darstellungen dieser individuellen Lebensläufe eine intime Aufnahme und behutsame Pflege.

Arlesheim, im Januar 1994 *Hellmut Klimm*

Vorwort

Wer sich mit dem Heilpädagogischen Kurs Rudolf Steiners näher befaßt, bemerkt, daß er – mehr noch, als dies auch für andere Vortragszyklen zutrifft – ein Gespräch des Vortragenden mit seinen Zuhörern war und daß Rudolf Steiner hier in besonderer, persönlicher Weise auf die Anliegen der Anwesenden eingegangen ist. Dies macht den Kurs für uns Nachkommende, die wir nicht die damals Betroffenen sind, in manchen Partien, vor allem im zweiten Teil, schwer zugänglich. Dieser Kurs ist eben nicht ein Buch, welches auf übliche Weise gelesen werden kann, sondern mit ihm kann man an einem sehr persönlichen Geschehen zwischen den beteiligten Menschen – auch heute noch! – teilhaben.

Schon die Umstände, unter denen der Kurs stattgefunden hat, lassen die Vermutung entstehen, es handele sich bei ihm um eine fast private Veranstaltung Rudolf Steiners: Der Kurs war weder vorher im Nachrichtenblatt der Anthroposophischen Gesellschaft angekündigt, noch ist nachher über ihn berichtet worden, was für die damalige Zeit sehr ungewöhnlich war. Zudem wissen wir, daß Rudolf Steiner zu diesen Vorträgen nur sehr wenige Menschen zugelassen hat, nur solche, die in konkretem Arbeitszusammenhang mit den betroffenen Kindern standen. Ausnahmen bildeten nur die von ihm besonders eingeladenen Friedrich Husemann, Ernst Lehrs und Emil Bock. Sogar Helene Finckh, die offiziell alle Vorträge Rudolf Steiners mitstenographierte, durfte in diesem Fall nicht teilnehmen. Er gestand aber zu, daß aus dem Kreis der Zuhörer jemand mitstenographieren dürfe. An den ersten zwei Tagen übernahm Karl Schubert diese Aufgabe, ab dem dritten Vortrag Lili Kolisko, die aus Stuttgart nachgekommen war.

Als Erklärung für die Sonderbehandlung dieses Kurses mag zunächst dienen, daß in seiner zweiten Hälfte die im Klinisch-Therapeutischen Institut in Arlesheim und auf dem Lauenstein in Jena betreuten Kinder mit ihren besonderen Störungen vorgestellt und besprochen werden sollten – persönliche Schicksale, die nur im Kreise von beteiligten Berufskollegen behandelt werden sollten. Rudolf Steiner bemerkte dazu auch ausdrücklich, daß «uns Frau Dr. *Wegman* die hier befindlichen Kinder [...] zur Demonstration zur Verfügung stellen» werde.[1] – Andererseits kann man aber den deutlichen Eindruck haben, daß es für Rudolf Steiner ein besonderes, sehr persönliches Anliegen war, diesen Kurs zu halten. Im Umgang mit ihm erlebt man, daß er mehr ist als die Summe der mitgeschriebenen Worte und mitgeteilten Ratschläge. (Diese würden sich mit der Kenntnisnahme erschöpfen.) Er kann als «lebendiges Wesen» erscheinen, welches immer wieder neue Seiten zu zeigen vermag.

Durch die Erlaubnis zum Mitschreiben sind uns diese zwölf Vorträge so überliefert, wie sie damals – dem zeitlichen Ablauf nach – gehalten worden sind. An manchen Tagen wurden mehrere Kinder zunächst den Zuhörern vorgestellt und in ihrer Abwesenheit später, einige erst am folgenden Tag, weiter besprochen. Im Buchdruck erscheint deshalb dieser zweite Teil der Besprechung – getrennt vom Beginn – erst im nächsten Vortrag. Aus Datenschutzgründen wurden in den bisherigen Ausgaben die Namen der Kinder verschwiegen, was die Zuordnung der verschiedenen Textteile zu ihnen erschwerte.

Ich hatte noch eine besondere Schwierigkeit, als ich im gedruckten Buch die Besprechung eines jungen Mannes, Harry, nicht fand, der fraglos Rudolf Steiner in Jena vorgestellt worden war. Man hatte dabei auch Notizen gemacht, die mir vorlagen. In meiner Ratlosigkeit fragte ich Siegfried Pickert, den letzten noch lebenden Begründer der anthroposophischen Heilpädagogik. Er klärte mich darüber auf, daß Harry im Kurs nicht gefunden werden kann, weil er dort von Rudolf Steiner überhaupt nicht besprochen worden ist. Steiner hatte in Jena über ihn gesagt: «Der ist doch nicht krank.»

Nun ist aber gerade die Tatsache, daß Harry aus diesem Grunde nicht erwähnt wurde, interessant. Sie kann uns den Blick dafür öffnen, welchen Krankheitsbegriff Rudolf Steiner hatte. Insbesondere, wenn wir dann erleben, daß er bei einem anderen Kind, Richard, ausdrücklich betonte, hier handele es sich um eine Krankheit – wo wir es am wenigsten erwartet hätten.

Den ersten Anstoß zu meiner Suche nach den Schicksalen dieser sechzehn Kinder gab mir aber Sandroe. Aus seiner Beschreibung im Kurs hatte ich den Eindruck, daß er – im Sinne des fünften Vortrags –

ein schwachsinniger Junge mit einem kräftigen Unterbiß (Progenie) war. In meinem Seminarunterricht habe ich ihn daher auch entsprechend geschildert und das zugrundeliegende Krankheitsbild zu charakterisieren versucht. Dann aber erlebte ich mit Schrecken bei einem Besuch auf der «Motta» (einem anthroposophisch-heilpädagogischen Heim im Tessin), wo ich Sandroe kennenlernte, daß dieser ganz anders gestaltet war: Es lag bei ihm im Gegenteil ein Mißverhältnis der Kiefer zueinander in der Form eines Überbisses (Prognathie) vor. Die Fotos zeigen dies sehr deutlich – auch die Bilder aus seiner Kindheit und aus der Zeit von 1924 in Arlesheim sind nicht anders. Diese Gesichtsgestaltung hatte er schon immer gehabt.[2]

Mir wurde deutlich, daß wir uns aus den Schilderungen der Kinder vielleicht ganz unrichtige Bilder von ihnen machen. Das hat mich bewogen, nach weiteren Beschreibungen, Fotos und schließlich ihren Lebenswegen zu suchen. Dabei sind mir Literaturstellen, Hinweise auf spätere Aufenthalte der Kinder, Krankenblätter und viele mündliche Mitteilungen zugekommen.

Natürlich begann meine Suche viel zu spät. Denn viele Betreuer dieser Kinder oder andere Menschen, die sie noch gekannt haben, lebten nicht mehr. Insbesondere ist zu bedauern, daß die über Jahrzehnte treu geführten Tagebücher von Grete Hardt nicht mehr vorhanden sind. Diese hat vor Jahren einmal in Arlesheim über die Kinder des Heilpädagogischen Kurses einen Vortrag gehalten, den glücklicherweise ein Mitarbeiter dort mitgeschrieben hat. Die damals herumgereichten Fotos, z. B. von Hansi, ihrem Lieblingskind, sind leider auch nicht mehr zu finden. So kann ich im folgenden nur dasjenige vorlegen, was mir noch zugänglich geworden ist. Und das ist leider nicht mehr sehr viel.

Gedacht sind diese Darstellungen als Arbeitshilfe für den Umgang mit dem Heilpädagogischen Kurs. Eine gründliche Kenntnis dieses Kurses und der anthroposophischen Menschenkunde müssen deshalb vorausgesetzt werden. Dann können – so hoffe ich – diese Darstellungen hilfreich werden für diejenigen, die als Heilpädagogen, Lehrer oder Ärzte mit Kindern in schwierigen Entwicklungen zu tun haben und dafür Hilfe im Heilpädagogischen Kurs suchen. – Ich hoffe, daß trotz der Mangelhaftigkeit des vorliegenden Materials die von Lili Kolisko knapp mitgeschriebenen Worte Rudolf Steiners etwas mehr Farbe und Leben erhalten. Man muß sich an vielen Stellen auch vor Augen halten, welche Gesten und Handbewegungen Rudolf Steiner beim Vortragen gemacht hat. Eric Arlin hat uns dies in seiner Betrachtung zur Punkt- und Kreisskizze, die Rudolf Steiner am elften Vortrag des Heilpädagogischen Kurses an die Tafel zeichnete, beispielhaft verdeutlicht.[3]

Weiterhin hoffe ich, daß durch die Vorlage des zum Teil bisher unbekannten Materials die Arbeit am Kurs erleichtert und an manchen Stellen die heilpädagogische Menschenkunde erweitert werden kann.

Vielleicht können weitere Funde die Schicksalsbilder noch ergänzen. Über Mitteilungen wäre ich sehr dankbar.

Schließlich verbinde ich mit der folgenden Darstellung den Wunsch: Möge nicht nur menschenkundliches Wissen vermehrt, sondern das Wesen der Heilpädagogik Rudolf Steiners als ein solches uns besser vertraut werden. Und: Möge Rudolf Steiner aus den Bücherschränken heraustreten und dem Leser stärker als der Mensch begegnen, der in diesem Jahrhundert für uns gewirkt hat.

Danken muß ich den vielen Freunden, die mir geholfen und vor allem bereitwillig aus ihren Erlebnissen berichtet haben, was sie von den Kindern und auch aus der Arbeit der frühen Jahre der Heilpädagogik noch wußten, als erstem Siegfried Pickert, der als letzter Teilnehmer des Heilpädagogischen Kurses noch unter uns lebt. Insbesondere danke ich ihm für seine Bemerkung: «Es würde mich interessieren, ob Kurt noch lebt.» Dadurch bin ich in Gang gesetzt worden, nach Kurt und den anderen «Kindern» zu suchen. Vier von ihnen konnte ich noch antreffen: Elisabeth, Lore, Richard und eben auch Kurt, der als letzter der «Kinder des Kurses» heute noch lebt. – Diesen Menschen begegnet zu sein, dafür bin ich ebenfalls sehr dankbar. Besonderen Dank schulde ich meiner Frau, die meine Wege mit viel Geduld begleitete, wenn ich – über Jahre hinweg – immer nur nach Spuren dieser Kinder suchte. Dabei waren die Wege voller Überraschungen, allein hätte ich die Dokumente nicht gefunden!

Erlaubt sei, daß ich bei dieser Gelegenheit auch den Mitarbeitern im Heil- und Erziehungsinstitut Lauterbad Dank sage, vor allem Anne Louise Heder, die mich 1952 aufforderte, in diese heilpädagogische Bewegung zu kommen, und Viktoria Nippoldt, die mich in sie einführte.

Überlingen, März 1994 *Wilhelm Uhlenhoff*

Rudolf Steiner und der Heilpädagogische Kurs

Schon als Kind begegnete Rudolf Steiner dem behinderten Menschen: Sein Bruder Gustav, der als drittes Kind der Familie am 28. 7. 1866 in Pottschach geboren wurde, wo dem Vater Steiner die Leitung der kleinen Bahnstation an der Semmeringbahn übertragen worden war, war taubstumm. Ebenfalls dort kam jeweils zur Ankunft der Züge ein hydrozephaler, etwa dreißigjähriger Mann auf Krücken zum Bahnhof. Dieser hat – wie Rudolf Steiner im Heilpädagogischen Kurs berichtete – einen außerordentlichen Eindruck auf ihn gemacht. Er habe sich gern mit ihm unterhalten. Wenn er gesprochen habe, sei eine besondere Milde durch seine Worte zum Ausdruck gekommen. Und schließlich wurde ihm als jungem Studenten in Wien 1884 die Erziehung des hydrozephalen Kindes Otto Specht anvertraut. «Er galt als abnormal in seiner körperlichen und seelischen Entwickelung in einem so hohen Grade, daß man in der Familie an seiner Bildungsfähigkeit zweifelte. [...] Ich mußte den Zugang zu einer Seele finden, die sich zunächst wie in einem schlafähnlichen Zustande befand und die allmählich dazu zu bringen war, die Herrschaft über die Körperäußerungen zu gewinnen. Man hatte gewissermaßen die Seele erst in den Körper einzuschalten. [...] Es eröffnete sich mir durch die Lehrpraxis, die ich anzuwenden hatte, ein Einblick in den Zusammenhang zwischen Geistig-Seelischem und Körperlichem im Menschen. Da machte ich mein eigentliches Studium in Physiologie und Psychologie durch. [...] Ich muß dem Schicksal dafür dankbar sein, daß es mich in ein solches Lebensverhältnis gebracht hat. Denn ich erwarb mir dadurch auf lebendige Art eine Erkenntnis der Menschenwesenheit, von der ich glaube, daß sie so lebendig auf einem anderen Wege von mir nicht hätte erworben werden können.»[4]

Die behinderten Menschen, denen Rudolf Steiner in seiner Kindheit und Jugend begegnete, führten ihn zur Frage nach dem Wesen des Menschen.

Man muß aber noch weitere Erlebnisse aus Steiners Kindheit und aus seiner Studienzeit berücksichtigen, wenn man die genauere Fragerichtung erkennen will, die sich in seinem Inneren allmählich herausbildete. Eine eindrückliche Erfahrung schilderte er aus seiner Kindheit: «Die Schwester meines Vaters war auf tragische Art gestorben [durch Suizid]. Der Ort, an dem sie lebte, war ziemlich weit von dem unsrigen entfernt. Meine Eltern hatten keine Nachricht. Ich sah, sitzend im Wartesaal des Bahnhofs, das ganze Ereignis. Ich machte einige Andeutungen in Gegenwart meines Vaters und meiner Mutter. Sie sagten nur: ‹Du bist a dummer Bua.› In einigen Tagen sah ich, wie mein Vater nachdenklich wurde durch einen erhaltenen Brief, wie er dann ohne mein Beisein nach einigen Tagen mit meiner Mutter sprach, und diese dann tagelang weinte. Von dem tragischen Ereignis erfuhr ich erst nach Jahren.»[5]

Am Tage nach der Gründung der Anthroposophischen Gesellschaft, am 4.2.1913 in Berlin, berichtete er von diesem Kindheitserlebnis in einem autobiographischen Vortrag noch ausführlicher und schloß: «Das Ereignis machte einen großen Eindruck, denn es ist jeder Zweifel darüber ausgeschlossen, daß es sich gehandelt hat um den Besuch des Geistes der selbstgemordeten Persönlichkeit. [...] Nun, wer so etwas in seiner frühen Kindheit erlebt und es nach seiner Seelenanlage zu verstehen suchen muß, der weiß von einem solchen Ereignisse an – wenn er es eben mit Bewußtsein erlebt –, wie man in den geistigen Welten lebt. [Es] soll hier angedeutet werden, daß von jenem Ereignisse an für den Knaben [Rudolf Steiner berichtete von sich in der 3. Person] ein Leben in der Seele anfing, welchem sich durchaus diejenigen Welten offenbarten, aus denen nicht nur die äußeren Bäume, die äußeren Berge zu der Seele des Menschen sprechen, sondern auch jene Welten, die hinter diesen sind. Und der Knabe lebte etwa von jenem Zeitpunkte ab mit den Geistern der Natur, die ja in einer solchen Gegend ganz besonders zu beobachten sind, mit den schaffenden Wesenheiten hinter den Dingen, in derselben Weise, wie er die äußere Welt auf sich wirken ließ.»[6]

Die Welt der Geistwesen und der Geistkräfte war Rudolf Steiner von da ab ebenso real wie die der gegenständlichen Dinge. Die Frage, die sich ihm dann später beim Beginn seines Studiums in Wien stellte, war: Was kann die Naturwissenschaft Reales über die Welt aussagen, wenn sie von den hinter den Dingen wirkenden Kräften nichts weiß?

«Meine Bemühungen um naturwissenschaftliche Begriffe hatten mich schließlich dazu gebracht, in der Tätigkeit des menschlichen ‹Ich› den einzig möglichen Ausgangspunkt für eine wahre Erkenntnis zu sehen. [...] Jetzt wollte ich [...] von dem Ich aus in das Werden der Natur einbrechen. Geist und Natur standen damals in ihrem vollen Gegensatz vor meiner Seele. Eine Welt der geistigen Wesen gab es für mich. Daß das ‹Ich›, das selbst Geist ist, in einer Welt von Geistern lebt, war für mich unmittelbare Anschauung.»[7]

«Ich hielt mich damals für verpflichtet, durch Philosophie die Wahrheit zu suchen. Ich sollte Mathematik und Naturwissenschaft studieren. Ich war überzeugt davon, daß ich dazu kein Verhältnis finden werde, wenn ich deren Ergebnisse nicht auf einen sicheren philosophischen Boden stellen könnte.»[8]

Deshalb besuchte er vor allem philosophische und psychologische, aber auch literaturgeschichtliche und medizinische Vorlesungen, so die Darstellungen Karl Julius Schröers über deutsche Literatur, hörte Robert Zimmermann und Franz Brentano über «Praktische Philosophie». Er las in der Bibliothek auch deren Bücher. «Nicht leicht wurde es damals meinem Seelenleben, daß die Philosophie, die ich von andern vernahm, in ihrem Denken nicht bis an die Anschauung der geistigen Welt heranzubringen war.»[9]

Vor allem die Anschauung Franz Brentanos über das Seelenleben des Menschen bereitete Rudolf Steiner Schwierigkeiten. Brentano unterteilte innerhalb dessen, was er an Tätigkeiten in der Seele beobachtete: erstens das Vorstellen von etwas, zweitens Anerkennung oder Verwerfen, also Urteilen, und schließlich die Tätigkeiten des Liebens oder Hassens, welche im Fühlen erlebt werden. Keine Realität erkannte er aber dem zu, was andere als Wille bezeichnen. Dem Wollen begegnete er in seiner Beobachtung nicht. – Auf diese Weise konnte die reale Seele, wie Rudolf Steiner sie erlebte, mit den leiblichen, naturwissenschaftlich faßbaren Vorgängen nicht in Beziehung gesetzt werden.

Später, im Heilpädagogischen Kurs, sprach er aus, was er damals gedacht haben mag: «Schauen Sie sich einmal diese drolligen philosophischen Purzelbäume an, alle diese interessanten, aber in der Tat blitzdummen Theorien vom psychophysischen Parallelismus oder von der Wechselwirkung.»[10]

In einem öffentlichen Vortrag hat Rudolf Steiner deutlich gemacht, daß ihn die Frage nach dem Zusammenhang von Seele und Leib über Jahrzehnte hin beschäftigt hatte.[11] Seit seiner Wiener Studienzeit, als er Vorlesungen bei Franz Brentano gehört hatte, arbeitete er innerlich an diesem Problem. Erst nach unablässigem Forschen sprach er über seine Ergebnisse und veröffentlichte sie in seinem Buch *Von Seelenrätseln.*[12] In dieser Schrift verfaßte er auch einen ausführlichen Nachruf auf Franz Brentano – ein Ausdruck dafür, welch große Bedeutung Brentano in dieser Frage für Rudolf Steiner hatte.[13]

Das sechste Kapitel der «skizzenhaften Erweiterungen» dieses Buches enthält unser Problem, die Beziehungen des Seelischen zu dem Physisch-Leiblichen. Es ist dies die erste schriftliche Veröffentlichung des Gedankens der Dreigliederung des menschlichen Organismus.

Das Ergebnis dieser Forschung sei hier in verkürzter Form wiedergegeben: «Die körperlichen Gegenstücke zum Seelischen des Vorstellens hat man in den Vorgängen des Nervensystems mit ihrem Auslaufen in die Sinnesorgane einerseits und in die leibliche Innenorganisation andrerseits zu sehen.

[...] Wenn man die leiblichen Gegenstücke für das Fühlen bestimmen will, [...] so findet man, daß man wie das Vorstellen zur Nerventätigkeit so das Fühlen in Beziehung bringen muß zu demjenigen Lebensrhythmus, der in der Atmungstätigkeit seine Mitte hat und mit ihr zusammenhängt. [...]

Und bezüglich des Wollens findet man, daß dieses sich in ähnlicher Art stützt auf Stoffwechselvorgänge. Wieder muß da in Betracht gezogen werden, was alles an Verzweigungen und Ausläufern der Stoffwechselvorgänge im ganzen Organismus in Betracht kommt.»[14] Brentanos Einteilung des Seelenlebens in Vorstellen, Urteilen und Fühlen hielt Steiner zur Erklärung der Abhängigkeiten von Seele und Leib für ungeeignet. Welche Bedeutung die Lösung des Problems «Seele und Leib» für die Individualität Franz Brentanos und für ihren Fortgang in zukünftigen Leben haben wird, können wir sicher nicht ermessen. In seinem Nachruf deutet Steiner aber an: «Und Brentano ist eine Persönlichkeit, bestimmt fortzuwirken im geistigen Entwickelungsgang der Menschheit, durch Impulse, die sich nicht in der Fortführung der von ihm entwickelten Ideen erschöpfen.»[15]

Wenn man die Auswirkung der menschenkundlichen Aussagen Rudolf Steiners betrachtet, kann man zu der Anschauung kommen, daß seine geistige Forschung in dieser Richtung sein wesentlichster Beitrag zu einem kulturellen Fortschritt der Menschheit geworden ist. Denn von dem Augenblick an, wo das Verhältnis des Geistig-Seelischen zum Irdisch-Materiellen in der geschilderten Weise gedanklich formuliert vorlag, wurde Anthroposophie für das Leben praktikabel, und ihre Mitteilungen ließen sich in die Tat umsetzen.

Vorher war Geisteswissenschaft – außer auf dem Felde der Kunst, welche durch die Architektur des ersten Goetheanums und als Eurythmie schon in die Öffentlichkeit getreten war – nur von wenigen, für Esoterik offenen Menschen wahrgenommen worden. Auch nur diesen wurden die Mysterien-Dramen bekannt. «Man hat sich versammelt in sehr kleinen Kreisen, [...] auch die öffentlichen Veranstaltungen waren in sehr kleinem Rahmen anfangs gepflegt worden. [...] Denn die Welt hat keine Notiz genommen von der Anthroposophie.»[16] Dann aber, nach der Veröffentlichung des Dreigliederungsgedankens, brach die weltverändernde Kraft der Anthroposophie hervor: 1917/18 versuchte Rudolf Steiner den Ausgang des Krieges zu beeinflussen, indem er für die notwendige Neuordnung Mitteleuropas den Gedanken der «Dreigliederung des sozialen Organismus» einbrachte. 1919 trat er mit den *Kernpunkten der sozialen Frage* an eine breite Öffentlichkeit.[17] Als Beispiel für ein freies Geistesleben konnte im September 1919 die Freie Waldorfschule in Stuttgart gegründet werden. Für ein freies Wirtschaften schlossen sich 1920 Wirtschafter zum «Kommenden Tag» – einer Vereinigung von Firmen – zusammen. Gleichfalls 1920 wurden von Rudolf Steiner naturwissenschaftliche Kurse und der erste Kurs für eine nach anthroposophischen Gesichtspunkten erweiterte Medizin gehalten. 1922 erfolgte die Gründung der Christengemeinschaft, 1923 die Neugestaltung der Anthroposophischen Gesellschaft und zu Weihnachten die Gründung der Hochschule in Dornach, 1924 dann die Begründung der Landwirtschaft und Heilpädagogik – Schlag auf Schlag!

Zu dem ersten Kapitel seines Buches *Von Seelenrätseln* bemerkt Rudolf Steiner in einem Vortrag am 4.2.1923: «Es ist nicht mit der Feder geschrieben, sondern es ist geschrieben mit seelischen Spaten, welche die Bretter, die die Welt verschlagen, niederreißen möchten, das heißt, die Grenzen des Naturerkennens beseitigen möchten, aber beseitigen möchten durch innere Seelenarbeit.»[18] Das war es, was er immer gewollt hatte: «Geisteswissenschaft soll nicht nur eine abstrakte Theorie sein, nicht eine bloße Doktrin oder Lehre, sondern ein Quell für Leben und Lebenstüchtigkeit, und sie erfüllt erst dann ihre Aufgabe, wenn durch das, was sie an Erkenntnissen zu geben vermag, etwas hineinfließt in unsere Seelen, was das Leben reicher, verständlicher, was unsere Seelen tüchtiger und tatkräftiger machen kann. [...] Wenn einmal wirklich jene Kräfte, die wir durch Theosophie [Anthroposophie] aufnehmen, stark genug sein werden, dann werden sie auch die Möglichkeit finden, in die Welt einzugreifen; wenn aber niemals etwas dazu getan würde, diese Kräfte immer stärker und stärker zu machen, so würde eben ihr Eingreifen in die Welt unmöglich sein.»[19]

Sechs Jahre nach 1917 – während der Weihnachtstagung 1923/24 – traten drei junge Leute, Albrecht Strohschein, Siegfried Pickert und Franz Löffler, an Rudolf Steiner heran mit der Frage, was es mit dem Schicksal behinderter Kinder auf sich habe. Trotz der übermenschlichen Belastung dieser Tage ging er auf sie ein. Die drei wurden zum Kurs der Jungmediziner vom 2. bis 9. Januar eingeladen, und Rudolf Steiner erübrigte am 10. Januar die Zeit für ein grundlegendes Gespräch über Heilpädagogik mit ihnen. Er verabschiedete sie: «Vielleicht wird es für mich einmal möglich sein, an Ort und Stelle Rat zu geben.»[20]

Am 18. Juni 1924, nach dem Landwirtschaftlichen Kurs in Koberwitz, konnte er tatsächlich einen Besuch in dem von den dreien neugegründeten Institut Lauenstein in Jena machen. Er ließ sich die in den ersten sieben Wochen aufgenommenen Kinder zeigen, machte Vorschläge für ihre Behandlung und zum Tagesablauf des Heimes, und schließlich lud er die jungen Leute nach Dornach ein: «Ich gebe euch einen Kurs.» Auch dieser fand wieder in einer Zeit statt, in der Rudolf Steiner eigentlich keine Minute hätte erübrigen können! Die zwölf Vorträge des Heilpädagogischen Kurses wurden in das ohnehin dichtgedrängte Programm dieser Tage vom 25. Juni bis zum 7. Juli noch irgendwo – meist morgens, aber auch nach dem Abschluß des Abends – eingeschoben. Zugelassen und anwesend waren nur etwa zwanzig Menschen: Heilpädagogen, Ärzte und außer den Vorstandsmitgliedern nur sehr wenige Menschen.

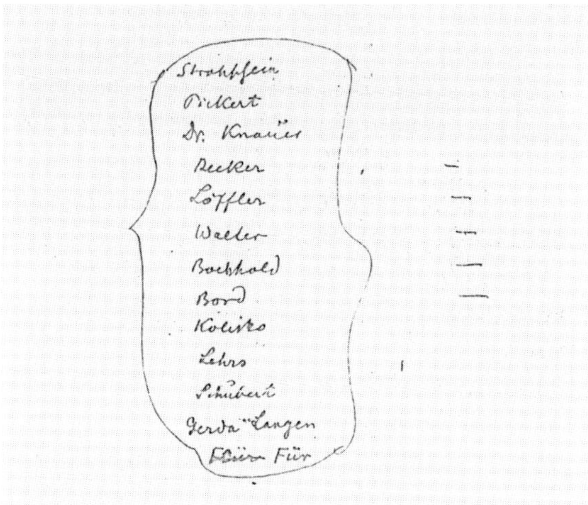

Die Teilnehmer des Heilpädagogischen Kurses. Aus dem Notizbuch Rudolf Steiners. Die Striche rechts dürften für die anwesenden Vorstandsmitglieder stehen: Marie Steiner, Albert Steffen, Dr. Ita Wegman, Dr. Elisabeth Vreede, Dr. Günther Wachsmuth. Außer diesen haben zumindest noch zeitweise Lili Kolisko, Dr. Friedrich Husemann und Emil Bock teilgenommen

Am Inhalt des in diesem Kurs Gesagten kann ebenfalls deutlich werden, wo Rudolf Steiner innerlich anknüpfte: Durch den ganzen ersten Vortrag kann man erleben, daß er an einen bestimmten Menschen dachte, dessen Individualität in diesem Leben unfähig war, in der richtigen Weise ins Physisch-Leibliche einzugreifen – nämlich an den Sohn Franz Brentanos (siehe dazu S. 253f.).

Im fünften der einleitenden Vorträge des Heilpädagogischen Kurses hat Rudolf Steiner noch einmal eine neue Sicht des Menschen aus geisteswissenschaftlicher Perspektive gegeben und diese in dem wunderbaren Bild zusammengefaßt, welches er auf die Tafel zeichnete (Tafel 7 im Heilpädagogischen Kurs). Es ist eine Zusammenschau der Wirksamkeiten der vier Wesensglieder im dreigliedrigen

Menschen: des Ich, des Astralleibes, des Äther- und des physischen Leibes im Nerven-Sinnes-System, im rhythmischen System und im Gliedmaßen-Stoffwechsel-System, wo sie jeweils anders, abbauend oder aufbauend, wirken – eine zwölffache Wesenheit. Er hatte dieses sehr komplexe Ineinanderspiel in mehr begrifflicher Weise schon in einem Vortrag vor Ärzten dargestellt;[21] im Heilpädagogischen Kurs war es ihm aber in so vollkommener Weise gelungen, daß er, selbst ganz erfreut, nach dem Vortrag vom Podest des Schreinereisaales heruntersteig und, auf das Bild weisend, einen Teilnehmer fragte: «Ist das nicht schön?»

Dieses polar ineinandergefügte Menschenbild – er nannte es die «menschliche Totalorganisation» – war die Grundlage für die ab dem sechsten Vortrag folgenden Besprechungen der einzelnen Kinder. Es sollte auch für die Heilpädagogen heute der Hintergrund einer jeden Kinderkonferenz sein! Aber nicht nur für die Besprechung der Kinder war es gedacht, es sollte auch zur Schulung der Heilpädagogen dienen: Im zehnten Vortrag hat Steiner es in eine Meditationsfigur («Punkt und Kreis»; siehe Tafel 11 des Heilpädagogischen Kurses) verdichtet und die Verwandlung dieser Figuren ineinander als Übung angegeben. Er sprach es so aus: «Das ist gerade so, als wenn im Menschen selber die Abbauprinzipien [des Kopfes] in regulärer Weise eingreifen in die Aufbauprinzipien [des Gliedmaßensystems]. [...] Dann werden Sie die ausgebildete Metamorphosenlehre darinnen haben [...].»[22]

Es wird deutlich, daß dieses Bild das Leitbild des ganzen Kurses ist. Menschenkundlich betrachtet kann man den Punkt für das Kopfsystem setzen, welches mit der Peripherie des Stoffwechsel-Gliedmaßen-Systems in Polarität und ständiger Wechselwirkung steht; es gehen Wirkungen hin und her. Dieses Verhältnis von Zentrum und Peripherie kann als Bild aber auch das grundlegende Prinzip in der Aufeinanderfolge der Inkarnationen eines jeden Menschen aufzeigen: Entsprechend dem Punkt der einen Inkarnation wird sich die zugehörige Peripherie in der nächsten Inkarnation als Gegenbild entwickeln.

Dieses letztere Gesetz machte Rudolf Steiner schließlich im elften Vortrag an einem konkreten Beispiel deutlich: Er empfahl den Heilpädagogen des Lauenstein, sie sollten sich, wenn sie sich mit Karmafragen auseinandersetzen wollten, nicht mit ihren eigenen vergangenen Schicksalen beschäftigen, sondern zukunftsweisende Enthusiasmus-Impulse aufsuchen. Sie sollten sich die Frage stellen, was in Jena an Antezedentien lebe, an die sie sich anschließen könnten. Er wies sie auf Ernst Haeckel hin, der in Jena wirkte und als Zoologe sich eine ausgreifende Betrachtungsweise der Natur in ihrer ganzen Fülle angeeignet hatte. Steiner gab dazu den Hinweis, daß die Individualität Haeckels in ihrer vorigen Inkarnation als Papst Gregor VII. einen starken Einfluß in der Richtung genommen hat, daß alles von Rom aus organisiert wurde (wie vom Kopf aus der ganze Mensch gestaltet wird). Im folgenden Leben mußte er dann den Ausgleich dazu schaffen, indem er in die Welt hinausging und ihre Geschöpfe aufsuchte und zeichnete. In Jena laufe, so Steiner, eine Strömung ganz klar der römischen entgegen.

Diese Hinweise können uns wiederum verdeutlichen, wie intim die frühere Lebenszeit Rudolf Steiners mit dem am Ende seines Lebens auftretenden heilpädagogischen Impuls verknüpft war. Haeckel entfesselte um die Jahrhundertwende in der Frage der menschlichen Herkunft einen ungeheuren Geisteskampf durch seine Deszendenztheorie, in der er den Menschen hinsichtlich seiner Abstammung ganz in die Linie des Tierreichs stellte und einen konsequenten Monismus entwickelte. Steiner stand damals – sehr zur Verwunderung vieler, die ihn als Geisteswissenschaftler kannten – auf der Seite des Materialisten Haeckel, weil er den Menschen als ein sich entwickelndes Wesen sehen wollte.

Im Februar 1894 war der 60. Geburtstag Haeckels als ein großes Fest in Jena gefeiert worden, und Steiner war eingeladen, da er schon damals mit Haeckel in wissenschaftlichem Austausch stand. Er erzählte im Heilpädagogischen Kurs ausführlich von diesem Ereignis und bemerkte abschließend: «Und stellen Sie sich dabei vor all das jugendfrische Leben [der am Geburtstag Haeckels mitfeiernden Studenten]. Das ist wieder zur Meditation zu empfehlen. Dann stehen Sie darin in dem, wie Jena dasteht in der europäischen Geistesentwickelung.»[23]

Und nun, dreißig Jahre nach der Haeckelschen Geburtstagsfeier, brachten die Jenaer Heilpädagogen Steiner und seine beiden Begleiter, Elisabeth Vreede und Guenther Wachsmuth, nach ihrer Ankunft um Mitternacht des 17. Juni 1924 in eben jenes Hotel «Schwarzer Bär», dem ersten Haus am Platze, in welchem Steiner am Festessen

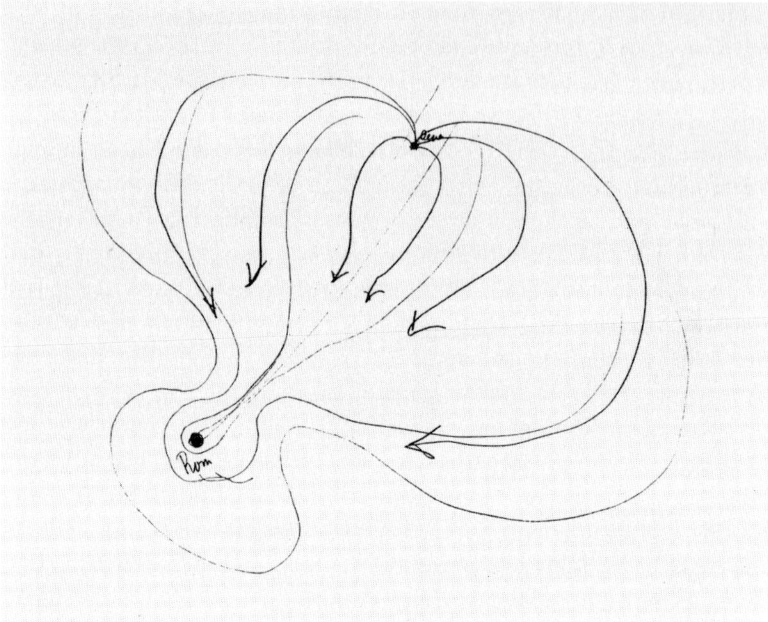

Skizze von Rudolf Steiner, entstanden am 18. Juni 1924 auf dem Lauenstein

zu Ehren Haeckels teilgenommen hatte. Das damalige Ereignis wird ihm sicher lebhaft vor Augen gestanden haben, als er das Haus betrat. Am folgenden Tag erzählte er auf dem Lauenstein von Haeckel und Gregor VII. Dabei entstand eine Zeichnung, die das Prinzipielle dieser Karmaschilderung noch deutlicher werden ließ: Die Skizze zeigt die zentralisierende, punktuelle Tendenz der römischen Bewegung und die zentrifugale, ins Weite ausgreifende Tendenz der Strömung von Jena. Diese Skizze legte Steiner der anthroposophischen heilpädagogischen Bewegung zugleich als ein Leitbild ans Herz. – Wir können vermuten, daß auch die Individualität Ernst Haeckels – ähnlich wie die Franz Brentanos – nach seinem Tode dankbar auf Rudolf Steiner geblickt haben wird, der die Haeckelsche materialistische Entwicklungsvorstellung in einen geistgemäßen Zusammenhang gehoben hatte.

Rudolf Steiner stand, wie seine Beschäftigung mit Haeckels Deszendenztheorie deutlich werden läßt, mitten in den geistigen Auseinandersetzungen seiner Zeit. Den Kampf um das Bild des Menschen hat er in lebenslangem Forschen bis zur Idee der Dreigliederung des menschlichen Organismus weitergeführt. Im Erringen dieser Antwort auf die Frage: ‹Wie lebt die Seele im Leib?›, hat er einen fruchtbaren Ansatz zur Lösung vieler Probleme erarbeitet. Anlaß dazu gaben die behinderten Menschen, denen er auf seinem Lebensweg begegnete. Er hat es ihnen gedankt, indem er den Impuls für eine menschengemäße Heilpädagogik selbstlos förderte!

Sandroe
1914 – 1985

Herkunft und Vorgeschichte

Sandroe wurde am 30. September 1914 in New Canaan, Connecticut, USA, als Kind amerikanischer Eltern geboren. Sein Vater, Bradley, war Professor für Metallurgie an der Lehigh-University in Bethlehem, Pennsylvania. Er soll an der Herstellung der Kapsel für die erste Atombombe beteiligt gewesen sein und als einer der «fünf Weisen» jederzeit Zugang zu Präsident Truman gehabt haben. Er sei, so die Schilderungen, ein sehr liebevoller und aufmerksamer Mensch gewesen. Auch er sei, wie Sandroe, ein Spätentwickler gewesen, habe zum Beispiel seine Zähne spät gewechselt. Zudem habe er ebenfalls einen schmalen Kopf gehabt.

Sandroes Mutter, Louise, stammte aus guten Verhältnissen. Sie war schon mit 19 Jahren in Paris und antwortete später einmal auf die Frage, wie oft sie schon über den Ozean gefahren sei: «Das kann ich doch nicht mehr wissen!» Sie lebte in ihren letzten Jahren – erblindet – in einem Altersheim in Spring Valley. Sie wurde als eine kluge, gebildete Frau geschildert, eine Grande Dame.

Die Eltern waren mit der Anthroposophie bekannt. Die Mutter konnte deutsch sprechen, der Vater nicht. Sandroe sprach zu Hause – auch später wieder – englisch. Beide Eltern sind vor 1972 in den USA verstorben.

Die zwei jüngeren Schwestern von Sandroe waren anscheinend gesund. Sie waren anläßlich eines Besuches in Arlesheim 1926 auch einmal im Klinisch-Therapeutischen Institut. Es existieren auch von ihnen – wie von Sandroe – Ambulanzkarten.

Sandroe hatte noch einen Stiefbruder Philipp, aus erster Ehe (des Vaters?), von dem sonst nichts bekannt ist. Ihm hat Sandroe noch in späterem Alter geschrieben. Alle drei Geschwister waren verheiratet.

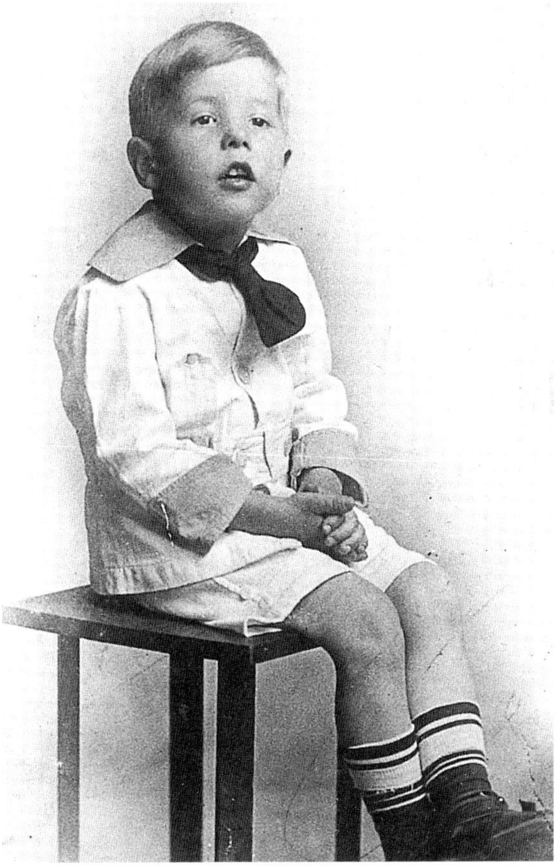

Sandroe

Zur Krankengeschichte Sandroes: «Während der Schwangerschaft fühlte sich die Mutter sehr gut und machte im fünften Monat eine lange Reise durch Spanien. Die Geburt war dann sehr schwer, er lag in Steißlage, mußte gewendet und dann mit hoher Zange geholt werden. Der Junge gedieh im ersten Jahr sehr gut, so daß man gar nicht an Abnormität dachte. Mit sechs Monaten hat er einmal sehr lange in der Sonne gelegen und bekam dabei eine Ohnmacht und darauf Fieber. Er wurde nur drei Monate mit Muttermilch ernährt, aß dann

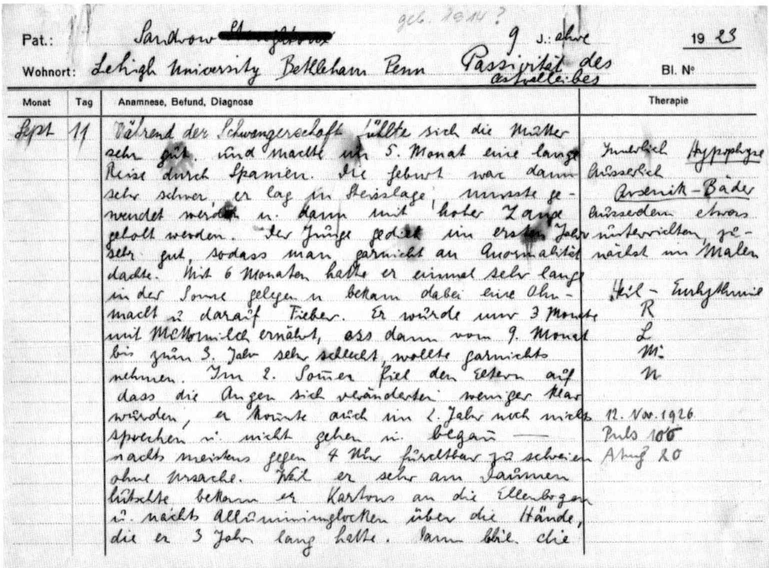

Pat.: Sandrow [redacted] geb. 1914? 9 J.: alt 1923
Wohnort: Lehigh University Bethlehem Penn Passivität des Astralleibes Bl. No

Monat | Tag | Anamnese, Befund, Diagnose | Therapie

Sept 11 Während der Schwangerschaft fühlte sich die Mutter sehr gut. und machte im 5. Monat eine lange Reise durch Spanien. Die Geburt war dann sehr schwer, er lag in Steisslage, musste gewendet werden u. dann mit hoher Zange geholt werden. Der Junge gedieh im ersten Jahr sehr gut, sodass man garnicht an Anormalität dachte. Mit 6 Monaten hatte er einmal sehr lange in der Sonne gelegen u. bekam dabei eine Ohnmacht u. darauf Fieber. Er wurde nur 3 Monate mit Muttermilch ernährt, ass dann vom 9. Monat bis zum 3. Jahr sehr schlecht, wollte garnichts nehmen. Im 2. Sommer fiel den Eltern auf dass die Augen sich veränderten weniger klar wurden, er konnte auch im 2. Jahr noch nichts sprechen u. nicht gehen u. begann — nachts meistens gegen 4 Uhr furchtbar zu schreien ohne Ursache. Weil er sehr am Daumen lutschte bekam er Kartons an die Ellenbogen u. nachts Alluminiumglocken über die Hände, die er 3 Jahr lang hatte. Dann blie. die

Innerlich Hypophyse
äusserlich Arsenik-Bäder
äusserdem etwas unterrichten, zunächst im Malen
Heil-Eurhythmie
R
L
M
N
12. Nov. 1926
Puls 100
Atmg 20

Ambulanzkarte des Klinisch-Therapeutischen Instituts in Arlesheim

vom neunten Monat bis zum dritten Jahr sehr schlecht, wollte gar nichts nehmen. Im zweiten Sommer fiel den Eltern auf, daß die Augen sich veränderten, weniger klar wurden, er konnte auch im zweiten Jahr noch nichts sprechen und nicht gehen und begann nachts meistens gegen 4 Uhr furchtbar zu schreien ohne Ursache. Weil er sehr am Daumen lutschte, bekam er Kartons an die Ellenbogen und nachts Aluminiumglocken über die Hände, die er drei Jahre lang hatte. Dann blieb die Entwicklung immer mehr zurück, er konnte mit fünf Jahren noch nicht zusammenhängend sprechen. Der Zahnwechsel begann mit dem siebten Jahr.» So lautete der Aufnahmebefund, der auf der Ambulanzkarte des Klinisch-Therapeutischen Instituts in Arlesheim notiert war. Rudolf Steiner las im Heilpädagogischen Kurs diesen Befund mehr oder weniger wörtlich vor. Bei der Vorstellung des Kindes hielt er die Karte in der Hand.

Vom 4. bis zum 17. August 1923 war Rudolf Steiner in Ilkley in England zur «Summer-School». Während dieser Tage wurde ihm

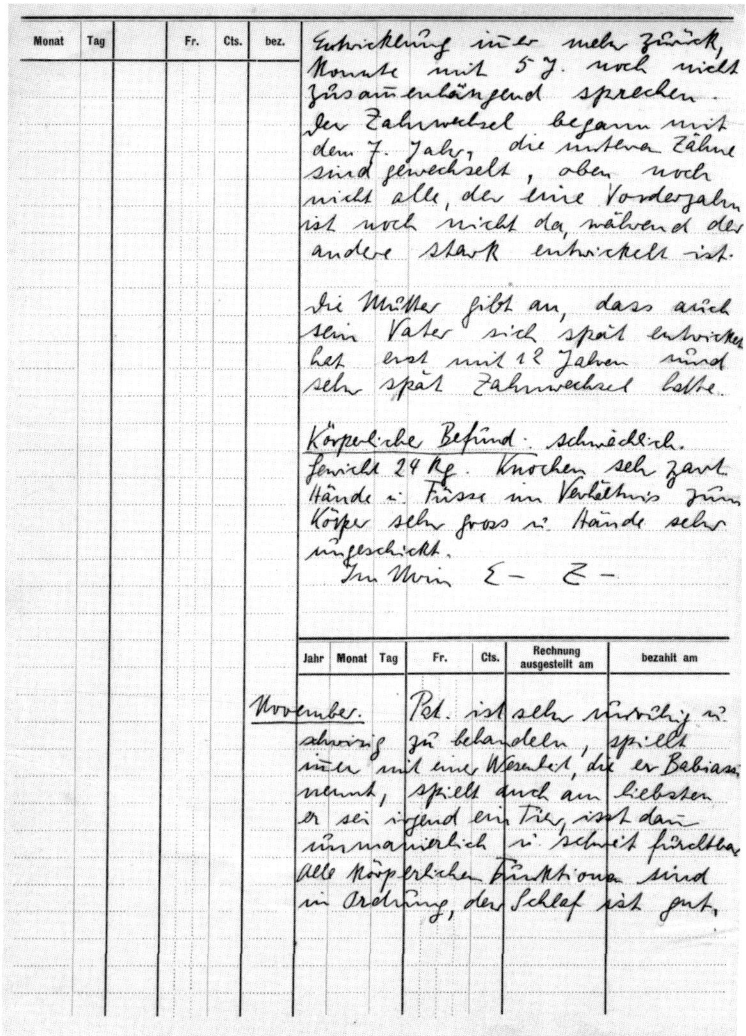

Monat	Tag		Fr.	Cts.	bez.

Entwicklung immer mehr zurück, Monate mit 5 J. noch nicht zusammenhängend sprechen. Der Zahnwechsel begann mit dem 7. Jahr, die unteren Zähne sind gewechselt, oben noch nicht alle, der eine Vorderzahn ist noch nicht da, während der andere stark entwickelt ist.

Die Mutter gibt an, dass auch sein Vater sich spät entwickelt hat, erst mit 12 Jahren und sehr spät Zahnwechsel hatte.

Körperliche Befund: schwächlich. Gewicht 24 Kg. Knochen sehr zart. Hände u. Füsse im Verhältnis zum Körper sehr gross u. Hände sehr ungeschickt.

Im Urin E– Z–

Jahr	Monat	Tag	Fr.	Cts.	Rechnung ausgestellt am	bezahlt am

November. Pat. ist sehr unruhig u. schwierig zu behandeln, spielt immer mit einer Wesenheit, die er Babiassi nennt, spielt auch am liebsten er sei irgend ein Tier, ist dann unnatürlich u. schreit fürchterlich. Alle körperlichen Funktionen sind in Ordnung, der Schlaf ist gut.

Sandroe von seinen Eltern, die aus den USA gekommen waren, in Behandlung gegeben. Er war damals neun Jahre alt. Da Rudolf Steiner sich dort nicht persönlich um ihn kümmern konnte, gab er ihn für die Dauer der Tagung Guenther Wachsmuth zur Betreuung, der seinerseits als Assistent Steiners auch alle Hände voll zu tun hatte.

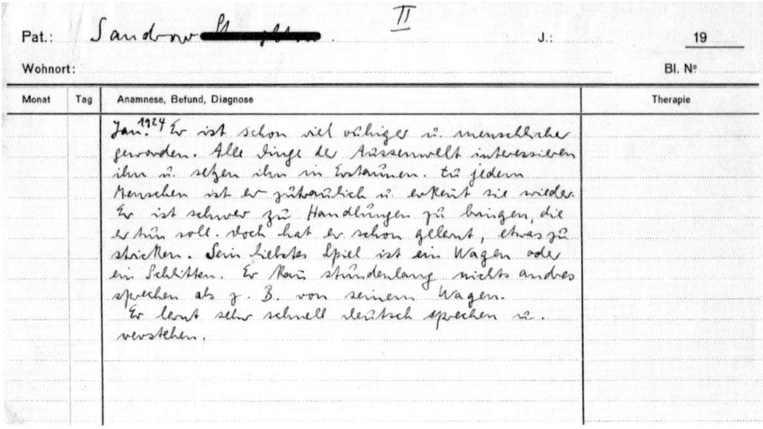

II

Pat.: Sandroe [redacted] J.: 19

Wohnort: Bl. Nº

Monat	Tag	Anamnese, Befund, Diagnose	Therapie
		Jan. 1924 Er ist schon viel ruhiger u. menschlicher geworden. Alle Dinge der Aussenwelt interessieren ihn u. setzen ihn in Erstaunen. Zu jedem Menschen ist er zutraulich u. erkennt sie wieder. Er ist schwer zu Handlungen zu bringen, die er tun soll. Doch hat er schon gelernt, etwas zu stricken. Sein liebstes Spiel ist ein Wagen oder ein Schlitten. Er kann stundenlang nichts andres sprechen als z. B. von seinem Wagen. Er lernt sehr schnell deutsch sprechen u. verstehen.	

Sandroe war damals noch äußerst schwierig, unruhig und wild. Rudolf Steiner gab für Sandroe (und sicherlich auch als Hilfe für Guenther Wachsmuth) am 12. August den folgenden Spruch:[24]

Oben stehet die Sonne,
Sie schenkt mir liebes Licht;
Im Lichte gibt mir Gott
Die edle Kraft des Lebens,
Und des Gottes Kraft,
Sie strahlet überall,
In jedem Stein,
In allen Pflanzen,
In Tieren und Menschen;
Und wenn auch
In meinem Herzen
Die Liebe wohnen kann,
Dann ziehet Gottes Kraft
Auch in mich selbst hinein,
Die hohe Gotteskraft,
Die Christus den Menschen
Auf Erden hat geschenkt.
Ich danke für sie jeden Tag,
An dem ich leben darf.
Amen.

Siegfried Pickert berichtete, daß Rudolf Steiner vorgehabt habe, für jedes heilpädagogisch zu betreuende Kind einen Spruch zu geben, wozu es dann aber nicht mehr gekommen sei.

Nach der Beendigung der Tagung in England wurde Sandroe am 6. September im Klinisch-Therapeutischen Institut in Arlesheim aufgenommen. Durch ihn ist die Eröffnung der Kinderstation eigentlich geschehen. Seine erste Betreuerin war Schwester Wilma.

Körperlicher Befund vom 11. September 1923 (auf der Ambulanzkarte notiert): «Schwächlich, Gewicht 24 kg. Knochen sehr zart. Hände und Füße im Verhältnis zum Körper sehr groß und Hände sehr ungeschickt. Im Urin Eiweiß: negativ, Zucker: negativ. – Die unteren Zähne sind gewechselt, oben noch nicht alle, der eine Vorderzahn ist noch nicht da, während der andere stark entwickelt ist.»

Als Diagnose wurde auf der Karte verzeichnet: «Passivität des Astralleibes.»

Weitere Aufzeichnungen von Hilma Walter: «Zur Nahrungsaufnahme besteht wenig Beziehung, am liebsten hat er noch Salat und Wasser. Wenn man nicht aufpaßt, sind Teller und Tischtuch schnellstens am Boden. Auch ist das Interesse gering. Dafür unterhält er sich gerne mit seinem rechten Zeigefinger wie mit einem Wesen und nennt es ‹Bebe Assey›. Auch kann er sich auf der Straße plötzlich auf den Boden werfen und brüllen in der Vorstellung, er sei ein Löwe.»[25]

Eine große Faszination habe er für Hunde gehabt. An Tieren überhaupt habe er etwas wahrnehmen können, was schöner war als bei Menschen.

Folgende Behandlung wurde von Rudolf Steiner empfohlen:

1. *Medikamentös:*
   Hypophyse D 6 innerlich.
   Levico (stark) als Badezusatz.
2. *Heileurythmie:*
   R, L, M, N hauptsächlich mit den Beinen, die Arme begleitend.
3. *Pädagogisch:*
   Etwas unterrichten, zunächst malen lassen, «damit ein bißchen das Gehirn sich vergrößert».

Die folgenden Bemerkungen von Rudolf Steiner wurden noch notiert: «‹Falsche Lage im Uterus.› ‹Der Junge ist ein richtiger Mikrocephale.› ‹Man hat kein Gegengewicht gegen das Lutschen gegeben.› ‹Bei ihm geht der Ätherleib mehr nach den Extremitäten und nach unten, und da kann es ganz gut sein, daß bei ihm ein Elementarwesen sitzt.›»[26]

Weitere Angaben auf der Ambulanzkarte (November 1923): «Pat. ist sehr unruhig und schwierig zu behandeln, spielt immer mit einer Wesenheit, die er ‹Babiassi› nennt, spielt auch am liebsten, er sei irgendein Tier, ißt dann unmanierlich und schreit furchtbar. Alle körperlichen Funktionen sind in Ordnung, der Schlaf ist gut.»

Januar 1924: «Er ist schon viel ruhiger und menschlicher geworden. Alle Dinge der Außenwelt interessieren ihn und setzen ihn in Erstaunen. Zu jedem Menschen ist er zutraulich und erkennt sie wieder. Er ist schwer zu Handlungen zu bringen, die er tun soll. Doch hat er schon gelernt, etwas zu stricken. Sein liebstes Spiel ist sein Wagen oder ein Schlitten. Er kann stundenlang nichts anderes sprechen als z. B. von seinem Wagen. – Er lernt sehr schnell deutsch sprechen und verstehen.»

Sandroe sei nie wie ein Kind gerannt, bleierne Schwere habe seine Bewegungen gehemmt. Nie habe er gelacht oder geweint. Obwohl er sehr sensibel war, war er von der Umwelt wie abgeschnitten. Auch wenn sein Hinschauen eher wie ein Hinstieren anmutete, bemerkte er sofort alle Veränderungen in einem Raum. Er sprach im Telegrammstil. Er nahm an, jeder Mensch kenne jeden anderen. Von seiner Lehrerin, Gerda Langen, wollte er die Geschichte hören, warum die Fleischer blutige Hände haben. Sie erzählte ihm, daß sie in der Weihnacht weiß würden.

Aus den ersten zwei Jahren in Arlesheim berichtete 1926 Gerda Langen, der Sandroe durch Ita Wegman zur schulischen Betreuung übergeben worden war, welche sie dann bis 1930 durchführte: «Für meine erzieherische Tätigkeit war das wichtigste zu wissen, daß es sich bei diesem Kinde darum handelte, daß Ich und Astralleib nicht richtig in den physischen und ätherischen Leib eingreifen konnten, daß sie von dort wie von einem Felsen abprallten, wenn der Junge am Morgen aufwachte und in den Tag hinein wollte. Er war deshalb eigentlich auf dem Standpunkt eines vierjährigen

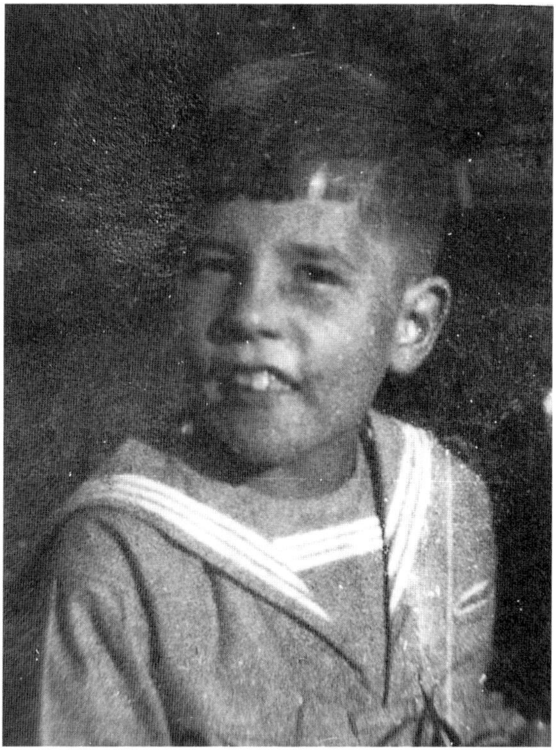

Sandroe im Sonnenhof

Kindes zurückgeblieben. – In seiner körperlichen Erscheinung äußerte sich dieses darin, daß sein Kopf wie abgetrennt vom übrigen Körper auf dem Rumpfe saß, die Glieder ungemein knochig, hart und unbeweglich waren und er den Mund beständig weit offen hielt. Die Augen waren meist in fragendem Staunen auf alle Dinge, die ihn umgaben, gerichtet. Er ging ruckweise, wie wenn er Mühe hätte, in die Füße hineinzukommen. Er blieb häufig stehen, und dann war es immer, als ob er auf dieser Stelle festwachsen wollte.

So stellte er sich mir dar, als ich ihm eines Tages mit den Worten vorgestellt wurde: ‹That is your teacher.› Seine Muttersprache war also Englisch, aber da er schon drei Monate in Arlesheim war, hatte er beinahe alles verlernt und sprach ein fürchterliches Gemisch von Deutsch und Englisch, so daß es ungemein schwer war, sich mit ihm zu verständigen.

Dr. Wegman hatte mir fürs erste die Aufgabe gestellt, den Jungen zum Malen und Schreiben und zum Deutschsprechen zu bringen. ‹Damit wird schon viel erreicht sein›, sagte sie bedeutsam.

Zunächst wußte ich nun gar nicht, wie ich mich diesem Kinde nähern sollte. Er heftete seinen fragenden Blick auf mich, als wollte er damit ausdrücken: Was will dieser Mensch von mir?

Sprechen konnten wir noch kaum miteinander, aber er verstand mich, als ich ihn nach seinem Spielzeug fragte. Er schleppte es herbei, es waren lauter zerbrochene Holztiere, die er vor mir aufbaute. Ich versuchte eine Kuh aufzustellen. Sie fiel immer wieder um. ‹Soll ich das ganz machen?› fragte ich. Er schaute mich erstaunt an und warf dann sofort seine Kuh in meine Mappe. Am nächsten Tag brachte ich die Kuh mit einem neuen Bein zurück. Er wollte nun alle seine Tiere in meine Mappe werfen, aber ich nahm jeden Tag nur ein Tier mit, so daß ein rhythmisches Geschehen von Abholen und Wiederbringen entstand und der Junge mich um die gewohnte Zeit freudig vor der Tür erwartete. Nach einer Woche etwa konnte ich es innerlich greifbar erleben: In meinem Zögling war das Bewußtsein aufgeleuchtet: Dieser Mensch, der da jeden Morgen mit seiner Mappe zu mir hereinkommt, der kann etwas, was ich nicht kann, der kann meine zerbrochenen Sachen ganz machen.›

Damit war ein Wichtiges gewonnen, denn als ich nun mit dem Schreiben, wie es aus dem malenden Zeichnen heraus entwickelt wird, an das Kind herantrat, malte sich in seinem Gesicht die deutliche Frage: ‹Nun, was wird wohl jetzt kommen?› Er hatte Vertrauen zu mir gefaßt.

So gingen wir denn an unsere ersten Mal- und Zeichenstunden. Ich ließ den Jungen zunächst weiche Wellenformen auf das Papier malen, Fische und manches andere. Er tat es willig, wenn auch sehr ungeschickt. Aber es war eigentlich nichts damit erreicht, denn wenn seine Hand auch eine Weile auf das Papier malte, er war eigentlich nicht dabei, nicht engagiert. Diese Welle war ihm ja so gleichgültig, so ungeheuer gleichgültig. In seinen Gedanken war er damals mit etwas ganz anderem beschäftigt, auf das er immer wieder zurückkam. Das war der ‹große Löwe›. – Niemand wußte, wie er zu dieser Vorstellung gekommen war. Es war eine Zwangsidee, etwas, was ihn nicht verlassen wollte. Er liebte diesen Löwen, die Sehnsucht nach diesem Löwen brannte ihm aus den Augen. Aber die Menschen um ihn herum, das erlebte er nun täglich, die wollten von diesem Löwen nichts wissen. Er mußte es merken, wenn er von seinem großen Löwen zu sprechen anfing, da malte es sich schon in den Gesichtern seiner Umgebung: ‹Nun hat er wieder seine Zwangsidee, nun kommt er wieder mit seinem Löwen an.› Mir aber wurde der Löwe jetzt zu einem Helfer. Indem ich einen recht liebenswürdigen Löwenkopf, mit aufgesperrtem Rachen, an den Rand seines Heftes malte, forderte ich ihn dazu auf, seine Wellen in diesen Löwenrachen münden zu lassen und dem durstigen Tiere zu trinken zu geben. Die Sache gelang. Von der Zeit ab war der Junge bei den Wellen dabei. Er malte die runden Wellenformen liebevoller, von seinem inneren Erleben strömte jetzt etwas in seine Hand hinein.

Zwischen Kopf und Gliedern entstand eine Beziehung, denn beim malenden Zeichnen sind auch die Beine beteiligt. Auch erreichte ich etwas Wichtiges anderes dadurch. Bis jetzt hatte er seinen Wellen nie eine Richtung geben können, kreuz und quer liefen sie über das Papier, wie ich das Heft auch hielt. Nun wurde das anders. Er mußte jetzt von einem bestimmten Punkte des Heftes aus, den ich ihm angab, zu diesem Löwenrachen hinsteuern. Er mußte seinen Willen anstrengen. Wenn er nicht ganz bei der Sache war, kriegte der Löwe nichts zu trinken.

Es dauerte nicht allzu lange, da hatte er aber an dem Zeichnen selbst Freude gewonnen. Ich konnte nun die anderen Konsonanten entwickeln, aus dem bildhaften Erlebnis heraus, wie es Rudolf Steiner den Lehrern angegeben hatte. Die Vokale dagegen mußte ich aus dem inneren Erlebnis holen. Das war für dieses Kind etwas besonders Wichtiges: etwas, was in der Seele erlebt wird, nach außen in eine Form zu bringen. Das O wurde mir hier zu einem besonderen Helfer. Der Knabe hatte ein Spielzeug, das ihn in ähnlicher Weise wie der Löwe innerlich gefangennahm. Das war ein Lastauto. Immer wieder fing er an, von dieser Sache zu sprechen. Nun stellte ich dieses Spielzeug auf den Tisch und sagte zu ihm: ‹Nun habe einmal das

Lastauto recht lieb, nun breite deine Arme darum!› Nicht zweimal ließ sich das der Junge sagen. In O-Form legte er immer wieder mit strahlendem Gesicht die Arme um das Lastauto, und dazu schrien wir beide im Chor: ‹O o o, das Lastauto!› Jetzt sagte ich zu ihm: ‹Nun wollen wir das einmal aufmalen, wie da unsere Arme um das Lastauto geschlungen waren.› Und mit warmem Rot malten wir die O-Form der Arme hin. Diese Sache bereitete dem Jungen unaussprechliche Freude. Niemals war er gegen das O gleichgültig.

Allmählich mußte ich nun auch das Sprachliche an ihn heranbringen. Ich begann damit, ihm Märchen und Geschichten zu erzählen. Seinem Alter nach, er war damals neuneinhalb Jahre, wäre jetzt eigentlich der Augenblick dagewesen, von dem Rudolf Steiner sagt, daß man da das Kind aus der märchenhaft-mythischen Bilderwelt, in der es noch eins ist mit der Welt, herausführen kann, wo in dem Kind innerliche Fragen lebendig werden über die Verschiedenheit von Mensch, Tier, Pflanze – wo es unterscheidet, da gerade in diesem Alter ein besonderes Selbstgefühl sich in ihm entwickelt. Aber bei diesem Knaben war das anders. Er war ja in Wirklichkeit noch nicht neun Jahre alt, er verlangte noch das, was einem jüngeren Kinde gebührt. So wanderte ich denn mit ihm ins Fabel- und Märchenreich.

Zunächst wollte er nun immer nur von dem ‹großen Löwen› hören, und es war schon viel, wenn ich sein Interesse bis zu den ‹Kinder-Löwen› bringen konnte. Aber ich willfahrte ihm. Unermüdlich erzählte ich ihm vom Löwen, ließ ihn selbst aus Holz zwei Löwen anfertigen oder malen. Aber ich brachte in meinen Erzählungen diesen Löwen mit den mannigfaltigsten anderen Tieren und Geschöpfen zusammen, die ich ihm recht interessant zu machen versuchte. Von dem ‹großen Löwen› aus, der ihn als Zwangsidee beherrschte, ließ sich der Weg zur großen Welt finden. Wie froh war ich, als eines Tages der Junge eine Geschichte von einem Eichhörnchen und einer Maus hören wollte, die bis dahin dem Löwen gegenüber nur eine dienende Nebenrolle hatten spielen dürfen. Freilich waren es anfangs beinahe nur die Tiere, von denen er hören wollte; da er mit seinem beweglichen Astralleib nicht in den harten, felsigen Körper eintauchen konnte, seine eigene menschliche Form also nicht ergriff, konnte sich der Astralleib gerade in den tierischen Gestalten innerlich erleben. Aber da sein Interesse sich nun allmählich auf das gesamte Tierreich erstreckte, konnte ich endlich auch den Menschen in märchenhaften, mythischen Bildern in die Geschichten einführen. Dr. Steiner hatte mich persönlich noch darauf verwiesen, gerade an dieses Kind im Unterricht alles in bildhafter Form heranzubringen. Diesen Wink lernte ich immer besser verstehen. Denn da war das Seelisch-Geistige, das sich in die starre Körperlichkeit nicht hineinfinden wollte, das unruhig, ziellos um das Kind herumwogte. Gelang es mir nun, indem ich in bildhafter Art dem Jungen etwas erzählte, dieses ziellose Seelisch-Geistige gewissermaßen einzufangen und in die Bilderwelt untertauchen zu lassen, ihn sich in anderen Gestalten, seien es Helden oder Schuljungen wie er, erleben zu lassen, gelang es mir so zu erzählen, daß der Junge restlos mitging, restlos mir folgte, so entließ ich ein geordneteres Seelisch-Geistiges, das den Weg zum Leibe dann auch besser finden konnte. Freilich erforderte es einen Zeitraum von zwei Jahren, bis dieses Kind, das eben anfangs nur bei den Bildern vom ‹großen Löwen›, die ich ihm entwarf, wirklich innerlich mitging, sich erhob zu einer innigen Anteilnahme für Elsa von Brabant zum Beispiel in der Geschichte vom Lohengrin, die ihr Wort gebrochen hatte, oder für Moses, der dem Vatergott versprochen hatte, die Juden heimzuführen.

Gerade dieses stufenweise Loslösen seines Interesses vom rein Tierischen gab ihm auch immer mehr Beziehung zum eigenen Körper. Ich hatte ihm einmal in der Schreibstunde, als er vom inneren Beschäftigtsein mit einem Hund nicht loskommen wollte, den Farbstift in die Finger gedrückt und gerufen: ‹Siehst du, Jung', ein Hund kann nicht schreiben, wie du es kannst; in seinen kralligen Pfoten kann er den Stift nicht halten.› Mit Staunen, mit wunderlicher, ja heiliger Scheu betrachtete der Knabe da plötzlich seine Hände und wurde unermüdlich im Herausfinden dessen, was ein Hund nicht kann, er aber kann. So rannte er mittags zu der Ärztin, die ihm Heileurythmie gab, und rief strahlend: ‹Du, ein Hund kann nicht Eurythmie machen.›

Aber war nun etwas damit erreicht, wenn der Junge lauschend einer Geschichte folgen konnte? – Es handelte sich jetzt darum, ihn auch zur Selbsttätigkeit zu bringen, nicht nur auf dem Gebiete des Malens, Zeichnens oder Handwerks, sondern auch auf dem Gebiete der Sprache. Vor dieser Selbsttätigkeit hatte er große Abneigung, ja Angst. Wenn ich ihn dazu aufforderte, mir eine Geschichte wiederzuerzählen, und ich verließ das Zimmer, ihm bedeutend, er möge sich das jetzt überlegen, so konnte ich fühlen, wie der Junge vor den anstürmenden Gedanken, in denen er keine Notwendigkeit erlebte, denen er keine Richtung zu geben vermochte, sich fürchtete. Kaum war ich hinaus, so schrie er, er wäre schon fertig mit Überlegen, ich solle wieder hereinkommen. Aber die Geschichten, die er mir dann erzählte, waren ein wirres Durcheinander von unzusammenhängenden Gedanken. Wie konnte ich ihm da helfen?

Hier fand ich Hilfe durch einen wichtigen Aufschluß, den Rudolf Steiner uns über die Entwicklung des ganz kleinen Kindes in seiner Pädagogik gegeben hat. Beim kleinen Kinde, so erklärte er, entwikkelt sich das Sprechen in gesunder Weise aus dem Gehen und Greifen, aus dem ganzen Gestenerleben des Kindes, vor allem aus dem Gehen. Und wiederum blitzt das Denken erst im Sprechen auf, so daß man die Reihenfolge festhalten muß: Gehen, Sprechen, Denken. Diese Reihenfolge hatte nun bei dem Knaben nicht stattgefunden. Es galt etwas nachzuholen, was damals versäumt worden war.

Das konnte ich dadurch erreichen, daß ich das Kind die Geschichten, die es mir erzählen sollte, erst dramatisch darstellen ließ. In seinem ganzen Körper, in seinen Gliedern mußte er das zu Erzählende erst erleben. So führten wir denn zunächst eine leichte Geschichte zu seiner hellen Begeisterung auf. Es war die bekannte Fabel vom Fuchs, der den Storch zu sich zu Gast lädt. Er war der Fuchs, ich der Storch; einmal tauschten wir auch die Rollen, damit er sich in jeder Gestalt erleben konnte. Nun galt es also, alles in Wirklichkeit umzusetzen, was ihm durch die Sprache an Bildern vermittelt worden war. Ich machte mir einen langen Schnabel, band ihn vor den Mund, ihm etwas Schnauzenartiges, dann mußte er den Tisch mit flachen Tellern, auf die wir Blätter legten, decken. Er mußte bei mir anklopfen, mich zu Gaste laden, und wir setzten uns hin. Nun erlebte er, wie ich mit meinem Schnabel auf dem flachen Teller herumfuhr, die Blätter in die Luft warf und endlich schimpfend davonging. Danach kam er zu mir, und nun konnte wiederum er seine dicke Schnauze nicht in die enge Flasche hineinzwingen, während ich mit meinem Schnabel hineinfuhr und die Flasche in die Luft hob.

Mit diesem Versuch hatte ich großen Erfolg. Nachdem wir die Fabel etwa zehnmal aufgeführt hatten – anfangs war er noch etwas unsicher in der Darstellung, aber zuletzt war das überwunden –, konnte er sie auch einigermaßen zusammenhängend wiedergeben. Wir führten nun allmählich beinahe alle unsere Geschichten in dieser

Art auf, später sogar Siegfrieds Tod oder den Kampf zwischen Lohengrin und Telramund, so daß er dann auch diese menschlichen Vorgänge erzählen lernte.

Waren es diese dramatischen Darstellungen, die dem Knaben halfen, seinen astralischen Leib immer mehr in seine Körperlichkeit hereinzubekommen, so konnte ich erleben, wie beim reinen Gedankenschaffen auch sein Ich sich immer mehr mit ihm verband. Hierzu möchte ich folgendes erzählen: Ich hatte schon, nachdem der Junge ein gewisses Alter erreicht hatte, wiederholt Versuche gemacht, ihn zum selbsttätigen Denken zu bringen. Ich hatte versucht, mit ihm zu rechnen, es aber fürs erste wieder fallenlassen müssen, es war zu wenig bildhaft für dieses Kind. Aber mit etwas anderem gelang es mir, ihn zu einem schaffenden Gedankenerlebnis zu bringen, das war mit dem Rätselraten. Als der Junge einmal in Zürich Dampfer gefahren war und mir begeistert davon erzählte, stellte ich ihm nach einiger Zeit die Frage: ‹Was fährt auf dem Wasser, es ist kein Fisch und auch kein Vogel, und manchmal stößt es einen lauten Schrei aus?› Nach einer Weile riet der Junge jubelnd den Dampfer. Ich bildete nun viele Rätsel dieser Art, sie mußten natürlich alle bildhaft und höchst primitiv sein. Ich merkte, in meinem Schüler war etwas wie ein Staunen, das man so beschreiben kann: Man kann also von einem Dampfer auch so sprechen, daß er einen lauten Schrei ausstößt, kein Fisch und auch kein Vogel ist.

Bald kam er denn nun darauf, daß er mir auch Rätsel aufgeben wollte. Damit erwachte er zu innerer Selbsttätigkeit. Da hatten wir denn einmal ein wunderbares Erlebnis, bei dem es so recht deutlich wurde, wie das Ich-Erlebnis im Gedankenschaffen aufblitzt. Es war so: Der Junge wollte mir ein Rätsel aufgeben; vor uns brannte eine hohe Kerze. Sein Blick fiel darauf, er rief: ‹Du, was ist das, es ist eine Kerze ...›, aber da wurde er unsicher, ein plötzliches Erschrecken malte sich auf seinem Gesicht; er merkte: so kann man die Sache nicht machen. Er stotterte, tastete mit der Hand. Ich zitterte innerlich: Wird er's können? Aber ich mußte ihn ja allein lassen. Da blitzte es plötzlich in seinen Augen auf wie eine Befreiung, der ganze Gesichtsausdruck veränderte sich, er rief: ‹Was ist das, es ist hoch, weiß, oben drauf brennt eine Flamme?› Ich rief: ‹Die Kerze!›

Die Wege, die man beschreiten muß, um Kindern zu helfen, die seelisch-geistig zurückgeblieben oder belastet sind, kann man nur in gemeinsamer Arbeit mit dem Kinde selbst finden. Nie kann man sich vorher etwas zurechtlegen, nie eine allgemeine Norm für die Behandlung aufstellen. Für jedes einzelne Kind wird sich, durch diese gemeinsame Arbeit mit dem Kinde, etwas anderes ergeben. Ja, auch die Geschichten, die man solchen Kindern erzählen muß, kann man sich nicht vorher ausdenken. Man muß sie dem Kind gewissermaßen ablauschen, mit ihm gemeinsam dichten. Von den Geschichten, die ich gerade diesem Kinde erzählen durfte, weiß ich es deutlich, daß es ebenso an ihnen gearbeitet hat wie ich. Deshalb konnten sie auch den Weg zu seinem Herzen nicht verfehlen, konnten ihm Helfer werden, zu seiner eigenen Wesenheit immer mehr hinzufinden.»[27]

Inge Goyert, die als zehnjähriges Kind 1924 in der Klinik in Arlesheim lag und mit Sandroe zusammen von Gerda Langen unterrichtet wurde, berichtete von einer Malstunde, die Rudolf Steiner für die Kinder des Sonnenhofes gegeben hat und an der auch sie teilnahm: «Ich glaube, es war am 19. Mai. Ich wurde von der Klinik zu dieser Malstunde in den Sonnenhof gefahren. Jedes Kind hatte vor sich ein weißes Blatt Papier und Farben auf dem Tisch. Sandroe und Lore unter anderen waren auch dabei. Frau Dr. Bort sagte, daß wir die Blätter naßmachen sollten. Ich machte es zu sehr naß, so daß alle Farbe verschwamm und aus dem Tisch, den wir malen sollten, ein blauer See wurde. Rudolf Steiner sagte dann zu mir, aber ohne daß dieses irgendwie zerschmetternd gewirkt hätte: ‹Du könntest es aber wirklich besser machen.› Er beschrieb immer, was gerade geschah: ‹Was passiert, wenn hier die Sonne scheint?› – ‹Dann gibt es einen Schatten.›»[28]

Auch Gerda Langen hat diese Malstunde 1929 ausführlich beschrieben: «Es war im Mai 1924. Etwa fünf oder sechs Kinder erwarteten Dr. Steiner im Sonnenhof. Auch die Ärzte der Klinik in Arlesheim und Mitarbeiter der heilpädagogischen Arbeit waren zugegen. Alle in freudiger Erwartung. Unter den Kindern befand sich auch ein neunjähriger Knabe, der mit rätselschwerem Blick in die Welt hinausschaute. Man konnte bemerken, wie er selbst das Geringfügigste in seiner Umgebung wahrnahm, wie die Umwelt durch die Tore seiner Sinne tief in ihn hineindrang, wie aber für ihn keine Möglichkeit bestand, daß das so Wahrgenommene auch innerlich verarbeitet wurde, um wiederum aus ihm herauszuströmen. Der Ausdruck seines Gesichtes war eine einzige Frage. Seine Glieder hingen fast unbetei-

Aquarell von Rudolf Steiner während der Malstunde im Sonnenhof

ligt schlaff an ihm herab, nur langsam ging er vorwärts, um oft wie angewurzelt stehenzubleiben – zu irgendeiner Tätigkeit war er kaum zu bringen. Jubelnd begrüßten die Kinder Herrn Dr. Steiner, dann setzte sich jedes hinter sein Malblatt. Dr. Steiner malte vor den Kindern auf das für ihn hingestellte Papier eine schöne, blaue, ovalförmige Fläche in horizontaler Richtung. Dann fragte er die Kinder: ‹Kinder, seht einmal, wenn ich jetzt einen großen Stein nehmen würde und in die Höhe hielte› – dabei streckte Dr. Steiner die Arme in die Höhe – ‹und dann ginge ich einfach weg› – nun verschränkte Dr. Steiner die Arme und trat einen Schritt zurück –, ‹was geschähe denn da?› Ein Bube brachte die Antwort heraus: ‹Der Stein fällt auf die Erde.› – ‹Du bist ein Prachtskerl›, sagte Dr. Steiner. ‹Und damit uns der Stein nicht auf die Erde fällt, müssen wir etwas machen.› Nun malte Dr. Steiner vier schöne rosafarbene Säulen unter die blaue Fläche – und siehe da! ein Tisch war vor uns entstanden. Die Kinder blickten freudig erstaunt; was kommt nun? Eine erwartungsvolle Spannung herrschte. Ein Tisch ist da, damit man etwas daraufstellen kann. Jetzt nahm Dr. Steiner dickes Preußischblau in den Pinsel. Er sagte zu den Kindern: ‹Seht einmal, nun nehme ich ganz viel Farbe.› Sorgfältig wurde auf den Tisch eine Wasserflasche gemalt und ein Wasserglas. – ‹Nun ist das aber zu unbequem, daß wir da stehen sollen vor unserem Tisch›, sagte Dr. Steiner. ‹Wir wollen es gemütlicher haben›, und vor das Tischchen wurde ein feiner hochlehniger, violett-roter Stuhl gemalt. ‹Aber heute ist es heiß.› Dr. Steiner nahm das Taschentuch heraus und wischte sich die Stirne. ‹Wir wollen doch über unsern Tisch ein Dach machen, gegen die Sonnenstrahlen.› Nun wurde noch ein schlanker Baum zu dem übrigen hinzugefügt, der seine Zweige über Tisch und Sessel breitete. Das schönste Garten-Idyll war fertig. Es waren Tisch, Stuhl und Trinkgerät. Aber man könnte wohl sagen, es waren ein Traumtisch, ein Traumstuhl und ein Traumtrinkgerät. Es war alles so zierlich und fein und zart aus den flüssigen Farben herausgebildet und vor den Kindern entstanden, und dabei konnten sie alles so gut begreifen, was da gemalt war. Dr. Steiner nahm noch helles Blau und malte um alles herum leichte Sommerluft. Auf den Stuhl aber malte er ein orange-rötliches Kerlchen, und dazu sagte er: ‹Und da sitzt der Sandroe und will gerade trinken.› Das war der Knabe mit den Frage-Augen.

Die Kinder waren unterdessen ganz aktiv geworden und schafften mit an der Entstehung des Bildes. Der genannte Bub rief: ‹Aber die Lore soll auch dabei sein.› – So wurde eine hellrote Lore hinzugemalt, aber sie mußte unten im Gras sitzen. Ich konnte hören, wie Dr. Steiner zu einem der Anwesenden sagte: ‹Und so ist jeder Mensch solch ein Farbenfleck auf der Erde …› Wie weckend und belebend hatte die einfache Unterweisung gewirkt! Der auf dem Stuhl gemalte Knabe wünschte sich noch ein Auto auf das Bild. Autos übten eine beinahe magische Wirkung auf ihn aus. Dr. Steiner gewährte statt dessen ein munter springendes Rößlein. So ging er auf die Bitte des Kindes ein und vermied doch, das harmonische Ganze des Bildes durch etwas nicht dazu Passendes zu zerstören. Durch das gemeinsame Schaffen und das Entstehen der Dinge vor den Kindern fühlten sich alle Kinder und Anwesenden untereinander verbunden. Eine Feststimmung herrschte im Raume. Seelische Krankheiten sondern oftmals die Seele ab von der gemeinsamen Seelenwelt. Wie vereinend wirkte es, wenn Dr. Steiner sprach von ‹unserem Tisch› oder ‹wir malen nun unsere Luft dazu›. Dann ging Dr. Steiner weg, von den

Kindern jubelnd hinausbegleitet. Beim Scheiden sagte er noch zu mir, da ich die Malstunden erteilen sollte: ‹Und nicht wahr, immer aus einem Märchen, aus einer Fabel heraus den Malunterricht für diese Kinder gestalten. Recht bildhaft. Ich fahre nun nach Paris [23. – 27.5. 1924], und wenn ich wiederkomme, will ich schauen, wie es geht.› – Dr. Steiner kam aus Paris zurück, aber die Überfülle der Arbeit und der Veranstaltungen am Goetheanum ließ es nicht zu, daß er noch einmal im Laufe dieses letzten Sommers, da er unter uns weilte, nach uns schaute. – In goldener Erinnerung steht uns diese einzige Malstunde und befeuert seit Jahren den gesamten Malunterricht am Sonnenhof. Auch für die Kinder war es unvergeßlich. [...] Der oben erwähnte Knabe sagte nach fünf seitdem verstrichenen Jahren zu mir: ‹Weißt du noch, wie Dr. Steiner mit uns gemalt hat und wie ich mit dem Pinsel gebürstet habe?› Dr. Steiner hatte ihm eine zu schroffe Behandlung des Pinsels verwehrt.»[29]

Heilpädagogischer Kurs.
Sechster und siebter Vortrag

Rudolf Steiner faßte die Besprechung von Sandroe als ein Beispiel auf, «das nach den verschiedenen Seiten dann ausgreifen kann».[30] Er las von der Ambulanzkarte (fast wörtlich) die obige Vorgeschichte, den Befund und die Notizen vom November 1923 und Januar 1924 vor. Er betonte, es sei wichtig, daß bei dem Jungen eine gemüthafte Aufmerksamkeit für die Außenwelt schon erreicht worden sei: Die Dinge setzten ihn in Erstaunen. Intellektuelle Aufmerksamkeit könne nicht therapeutisch wirken, das Gefühl und der Wille in der Aufmerksamkeit müßten engagiert werden. «Zum Handeln ist er schwer zu bringen. Was er tut, tut er nicht gern, doch hat er bis zum Januar die nützliche Beschäftigung des Strickens etwas gelernt.» Bei dieser Tätigkeit handele es sich einerseits um etwas, was ihn zum Mechanischen, zum Bewegtwerden bringe, auf der anderen Seite aber auch zur Aufmerksamkeit. – Zudem habe er schnell deutsch sprechen und verstehen gelernt.

Dann ließ er Sandroe zu sich kommen und betrachtete ihn zuerst in der Polarität von Oben und Unten, das Verhältnis vom Kopf- zum

Gliedmaßenpol – zunächst in seinen Gesichtsproportionen: Auffallend sei die stark ausgeprägte untere Gesichtshälfte. Ebenso seien die Gliedmaßen, Arme und Beine, zu groß entwickelt. Die entsprechenden oberen Teile seien zu klein.

Die oberen Kräfte des Organismus, das Sinnes-Nerven-System, müssen, so führte Steiner aus, in der ersten Lebenszeit eines jeden Kindes besonders stark auf den übrigen Organismus einwirken. Es ist der Teil, der am meisten entwickelt ist und die meisten Kräfte aus der Embryonalzeit mitbringt. Er muß bewirken, daß die übrigen Partien des Organismus, das Gliedmaßensystem, beherrscht und einbezogen werden in die Gesamtgestalt. Diese müssen abhängig werden vom Oberen.

Hier, bei Sandroe, sei das Kopfsystem nicht stark genug, das Untere einzubeziehen – deshalb wirkten «äußere [kosmische] Kräfte» zu stark auf die Gliedmaßen und auch auf den Unterkiefer ein. Diese unteren Teile würden dadurch zu groß.

Daraufhin betrachtete Steiner Sandroes Kopf in seinem Verhältnis von Vorne zu Hinten: Der Kopf sei vorne schmal und nach rückwärts zusammengedrückt (wo er dann also breit war). Das Vorderhaupt, das «intellektuelle System», sei wenig, das Hinterhaupt stark willensdurchdrungen, wobei für das Vorderhaupt gelte, daß hier irdischer Nahrungsstoff abgelagert werde, während das Hinterhaupt schon – wie der gesamte übrige Leib – aus kosmischer Substanz bestehe, welche durch die Atmung und die Sinne aufgenommen werden müsse. (Der Begriff «willensdurchdrungen» kann so als «stoffdurchdrungen» aufgefaßt werden.)

Diese Stelle läßt sich so interpretieren: Das Verhältnis vorne/hinten zeigt die Anfüllung der ursprünglich geistigen Menschenform mit Stoffen an: des Vorderhirns mit irdischem Stoff, des ganzen übrigen Organismus, einschließlich des Hinterhirns, mit Stoffen, die aus dem Kosmos stammen und vom Menschen zu irdischer Substanz verdichtet werden.

Bei Sandroe sei die Appetitlosigkeit in seiner Kindheit deshalb aufgetreten, weil sein Vorderhaupt aus karmischen Gründen – vielleicht durch die Zange – schmal geworden sei und deshalb nicht genügend Nahrung von unten angefordert und heraufbefördert habe.

Anderes gilt für die gestaltenden Kräfte: Das Vorderhirn wird nicht von irdischen Kräften durchdrungen, gestaltet. Und der übrige Organismus wird von Kräften, welche in der vorigen Inkarnation aus der Außenwelt aufgenommen werden, gebildet.[31] Diese Kräfte bringt sich der Mensch aus seiner irdischen Vergangenheit mit. Sie wirken vom Kopf aus auf den ganzen übrigen Organismus ein. Von ihnen war oben die Rede.

Es bleibt in der Darstellung das Problem, wie der Kopf gestaltet wird. Hier hilft Rudolf Steiners Bemerkung weiter, daß Bewegungsübungen, zum Beispiel Heileurythmie, in ganz früher Zeit angewendet, ehe Sandroe gehen gelernt habe, noch zur Erweiterung der Kopfform, zu seiner Formierung hätten dienen können.[32]

In diesem Zusammenhang erwähnte Steiner Otto Specht, bei welchem zwar eine Hydrozephalie, aber auch eine zu geringe Durchgestaltung des Gehirns vorgelegen hatte: «Die Sache beruhte darauf, daß die Bewegung der Gliedmaßen stark in die Hand genommen wurde und dadurch der Hydrozephalus verschwand. Der Kopf ist kleiner geworden, und das ist ein Anzeichen, daß man einen Erfolg haben kann.»[33] – «Bekommt man dann ein solches Kind [...], dann müssen diejenigen Dinge eintreten, die ich Ihnen zum Teil schon auseinandergesetzt habe, die ich anwenden mußte auf den Jungen, den ich als Hydrozephalus im elften Lebensjahre bekommen habe, und der vollständig geheilt worden ist.»[34]

Der Mensch wird demnach von vier Richtungen her gebildet: zwei ernährenden Stoffströmen, einem irdischen und einem kosmischen, und von zwei gestaltenden Kraftströmen, wiederum einem irdischen Strom (aus der vorigen Erdeninkarnation), der in den «übrigen Organismus» hineinwirkt, und einer kosmischen Strömung – derjenigen, die durch die Gliedmaßen bei allen sinnvollen Bewegungen, am reinsten bei eurythmischem Bewegen, zum Kopf strömt und diesen ausgestaltet.

«In gewisser Beziehung ist die Betrachtung eines solchen Kindes sehr interessant. Es ist schon interessanter als manches normale Kind, obwohl manches normale Kind angenehmer ist.» Aber an «Mißbildungen» sieht man eben die Uridee des Menschen deutlicher.

Nach dieser Schilderung fuhr Rudolf Steiner fort: Die geringe Beherrschungskraft des Kopfsystems habe natürlich Auswirkungen auf das mittlere System, erkennbar im verschobenen Gleichgewicht des Atmungssystems zugunsten der Einatmung: Die zu starke Einatmung bedeute durch das vermehrte Sauerstoffangebot gegenüber dem verminderten Kohlensäuregehalt ein Ungleichgewicht. Das bewirke nun wiederum den zu starken stofflichen Aufbau des nicht richtig von oben beherrschten Gliedmaßensystems bzw. des gesamten übrigen Organismus und ein zu schwaches Bewußtsein, welches durch einen stärkeren Kohlensäuregehalt gefördert würde. (In diesem Zusammenhang ist das Ergebnis einer Untersuchung interessant, die man später bei Sandroe durchführte. Siehe S. 59.) Die Zahnbildung sei in dieser Gesamtsituation («gemeinschaftliche Ursachen») ebenfalls nur ein Symptom. – Auch die zu späte und ungeschickte Beherrschung der Glieder im Gehen- und Sprechenlernen gehören hierher. Die mangelnde Kraft zur Beherrschung der Gliedmaßen demonstrierte Rudolf Steiner den Zuhörern, indem er den Jungen aufforderte, den Arm zu heben, was dieser nicht tat.

Steiner stellte nun folgende geisteswissenschaftliche Diagnose: «Das allerbedeutsamste Kennzeichen [dieses Jungen] ist das, daß er in einen nicht harmonisch in seinen Kräften ausgebildeten Körper sein geistig-seelisches Wesen hineinzutragen hat. Da liegen karmische Verwicklungen zugrunde.» Die Wahl der Eltern sei schwierig. Eigentlich sei der Junge ein Genie. – «Wenn er aufwacht, können der astralische Leib und die Ich-Organisation nicht ordentlich untertauchen. Sie stoßen auf so etwas wie eine Felsennatur des Organismus auf.» Ein Symptom hierfür sei seine Ungeschicklichkeit – wie sie in der heutigen Zeit, der Hochblüte des Intellektualismus, allgemein verbreitet sei. Unsere Geistesart greift, so die Darstellung, nur ins Knochensystem, nicht in das Muskelspiel ein. Es fehlen eine echte Religiosität und das Hinschauen auf große Vorbilder in der Welt. Der Intellektualismus bringt zwar viele Gedanken hervor, die an sich nicht falsch sein könnten; aber Sandroe könne nicht darüber urteilen, ob sie an der richtigen Stelle im Weltzusammenhang stünden.

Aus dieser Diagnose leitet sich die Behandlung ab:

1. Heilpädagogisch:

- Es sollten möglichst wenig Eindrücke vor ihn hingestellt werden.
- Viel Interesse müsse bei ihm entwickelt werden, indem man jeden Handgriff mit Bewußtsein begleiten lasse, also beim Tun jede Gedankenlosigkeit vermieden werde. Dazu müsse aber auch der Erzieher jede Gedankenlosigkeit bei sich vermeiden. Dadurch könne noch bis ins zwölfte, vierzehnte Jahr hinein viel für das

Biegsamwerden des Organismus geleistet werden. Allerdings müsse der Erzieher in sich selber dazu Enthusiasmus und Temperament entwickeln und selber in Beweglichkeit übergehen.

- Viel Konversation sei mit diesen Kindern zu pflegen. Bei diesem amerikanischen Jungen sei die Sprachorganisation sehr fest in die ätherische und physische Organisation hineingegossen, die sehr «versteift» seien. «Er sagt nicht: Ich bin gewesen –, sondern: Ich habe gebeen. – Er findet sich mit der Konfiguration der englischen Sprache in die deutsche Sprache hinein.» Durch Konversation sei bei ihm Stärkeres zu überwinden als bei anderen Kindern. «Denn dasjenige, was er schon gelernt hat, setzt sich furchtbar stark fest. Dadurch, daß man aber Leben in ihn hineinbringt, immer neues Leben hineinbringt, dadurch wird das Versteifte innerlich beweglich; wenn man es bei ihm zustande kriegt, daß er sagt: ‹Ich bin gewesen›, so hat er viel überwunden.» Das Kind müsse spüren, daß man sich für es interessiere.

2. *Heileurythmie:*
Rudolf Steiner empfiehlt die vier Laute R, L, M, N.
- «R ist die Drehung, da dreht sich etwas, da ist schon die Beweglichkeit drinnen.»
- L für die Gestaltungskräfte, für das «Geschmeidigmachen des Organismus».
- M: «Wir müssen sehen, daß der Ausatmungsprozeß möglichst mit Teilnahme angeregt wird. Das geschieht im M.»
- «Im N liegt das Zurückleiten ins Intellektuelle.»

3. *Schulisch:*
Das Schreiben über das Malen lernen lassen und die Elemente des Unterrichts assoziativ in Verbindung bringen; möglichst wenige Elemente benutzen, damit sie übersichtlich werden.

4. *Medikamentös:*
- Arsen-Bäder als «Levicowasser»: zur Unterstützung des Nervensystems (Anwendung von außen), insofern es die Grundlage für den Astralleib und die Ich-Organisation ist.
- Hypophyse: zur Unterstützung der den Körper gestaltenden Kopfkräfte, damit diese dem von unten her Strömenden entgegenwirken. Angewendet wurde Hypophysis D 6 innerlich. (Steiner bemerkte dazu: «Wir erzeugen es» in der Klinik-Apotheke.)

Durch die Kombination all dieser Maßnahmen werde man mit einem solchen Jungen weiterkommen. (Man darf aber nicht übersehen, daß Steiner zuvor betont hatte: «Der Kopf, der eingeengt ist hier in die durch einen äußeren Insult zusammengedrängten Schädelknochen, der wird Mühe haben, sich zu vergrößern [...].»)

Er erwähnte am fgenden Tag noch die Tatsache, daß Sandroe sich mit einem «kleinen Geist» an dem Zeigefinger der rechten Hand zu unterhalten pflege, sowie seine Vorliebe, sich beim Spielen in Tiere, besonders in einen Löwen, zu verwandeln. «Alle diese Erscheinungen sind bei diesem Knaben ganz besonders charakteristisch, und sie zeigen, daß man es bei diesem Knaben recht schwer hat, die entsprechende Harmonie zwischen Astralleib und Ätherleib und physischem Leib herzustellen.»

In einem anderen Zusammenhang bemerkte Rudolf Steiner noch (bei einem Vergleich mit einem anderen Patienten der Klinik): «Bei dem Kleinen [Sandroe] geht der Ätherleib mehr nach den Extremitäten, nach unten.»[35]

Wichtig für die Behandlung solcher Kinder ist aber auch die heilpädagogische Grundhaltung der Erzieher. Darauf ging Steiner am Ende des sechsten Vortrages ein. Er beklagte die in «anthroposophischen Ansiedlungen» vorkommende «bleierne Schwere» und Unbeweglichkeit. (Der Ausdruck «Gesicht bis ans Bauch», den er in diesem Zusammenhang verwendete, war damals unter den Anthroposophen gut bekannt; er stammte von einem italienischen Mitglied der Anthroposophischen Gesellschaft zu diesem Thema.) Nötig sei wirklicher Lebenshumor, Sinn für Beweglichkeit und Enthusiasmus.

Weiterer Verlauf

Sandroe blieb bis 1930 oder 1931 im Klinisch-Therapeutischen Institut in Arlesheim bzw. in dem aus dessen Kinderabteilung, der «Holle», hervorgegangenen «Sonnenhof».

Seine Eltern besuchten ihn fast jährlich. Es gibt auch Fotos, auf denen seine Schwestern Rosamund und Leila mitabgebildet sind. Sandroe ist später auch mehrmals – vielleicht viermal – in den Ferien nach Hause in die USA gereist.

Sandroe mit seinen beiden Schwestern

Julia Bort beschrieb Sandroe etwas später (1926) so: «Ein Knabe von zwölf Jahren steht vor uns. Er ist schmal und schlank gebaut. Seine Hände sind groß, ungeformt, ungeschickt und hängen schwer herunter. Kopf und Stirn sind schmal, der Hinterkopf groß vorgewölbt. Dunkle Augen blicken uns groß und schwermütig an, aber mit unendlicher Wärme. Der Mund ist geöffnet, die Oberlippe weit nach oben gezogen. Die Zähne sind vorstehend. Er bewegt sich langsam wie einer, der viel Zeit hat, der weiß, wohin er will, aber mit großer innerer und äußerer Ruhe. Eile kennt er nicht, es mag kommen, was will. Will man ihn dazu ermuntern, so hat er dafür höchstens einen Scherz, ein freundlich überlegenes Lächeln und ändert sein Tempo nicht um eine Spur. Er breitet über seine Umgebung die Atmosphäre von unendlicher Ruhe, von warmer, verstehender Güte, die sonst nur von ganz alten, reifen Menschen ausgeht. Er liebt es, mit Menschen zusammen zu sein, er interessiert sich für Menschen, für ihre Sorgen und Freuden. Bemerkt er, und er bemerkt es immer und sofort, daß es einem Menschen körperlich nicht gut geht oder daß er traurig ist, so erkundigt er sich teilnehmend und gibt ihm einen von

Herzen kommenden guten Rat. Er vergißt keinen Menschen, mit dem er einmal in Berührung kam. Im dichtesten Gedränge einer Stadt oder einer Versammlung erkennt er ihn wieder, geht auf ihn zu und begrüßt ihn wie einen alten Freund. Es kann eine Verkäuferin aus einem Warenhaus sein, die ihn einmal bedient hat. Es ist nicht immer bequem, mit ihm zu leben. Diese Urweltsruhe kann einen modernen Menschen zur Verzweiflung bringen. Man muß ja auch manchmal etwas tun, z. B. morgens aufstehen. Das waren die schwersten Augenblicke des Tages. Es hing von der Geduld, dem Humor, dem nie ermüdenden Enthusiasmus des Erziehers ab, ob es eine Stunde oder länger dauerte, bis er angezogen war. Da saß er mit unendlich trauriger Miene auf seinem Bettrand und rührte sich nicht, fand auch noch keine Scherzworte, sondern aus dem geöffneten Munde kamen häßliche Worte, denen er selber traurig nachschaute, wie Wesen, die gar nicht zu ihm gehörten. War es dann allmählich so weit, daß er sich in Bewegung setzte, dann hörte das auf, und dann kamen wieder seine guten Worte zum Vorschein. Es gab noch etwas, wodurch er auch in Bewegung kam. Das war einmal die Vorstellung, daß er ein Tier, meistens ein Löwe, sei. Dann wurde er lebendig, brüllte wie ein Löwe und lief auf allen vieren. Oder aber er liebte es, einen kleinen Leiterwagen hinter sich herzuziehen. Dann mußte er ja selber gehen, damit die Räder in Bewegung kamen.

Passierte ihm ein Ungemach, so konnte er nicht böse werden. Mit dem Verstand begriff er es nicht, und in seinem Gemüte war nur die Frage, was der andere dabei erlebte. In dem Hause, in dem er mit anderen Kindern zusammen war, lebte ein alter Herr, der durch die Kinder oft sehr in seinem stillen Arbeiten gestört wurde. Eines Tages traf er den Knaben an der Tür und überschüttete ihn mit recht unfreundlichen Worten. Der Knabe verstand nichts, schaute ihn einen Augenblick teilnahmsvoll an, drehte sich um und lief ungewöhnlich rasch die Treppe hinauf; nach sehr kurzer Zeit kam er wieder mit einem Blumenstrauß und überreichte ihn dem alten Herrn. Er hatte von dem ganzen Vorgang nur so viel begriffen, daß diesem Manne offenbar etwas fehlte.

Ein anderes Mal sollte er ins Dorf zum Haarschneiden gehen. Es war in der Mittagszeit und sommerlich heiß. Der Haarschneider hatte um diese Zeit keine Kunden erwartet und begann langsam und etwas verdrießlich seine Arbeit, bis der Knabe, der ihn lange ruhig beobach-

Auf dem Sonnenhof

tet hatte, fragte: ‹Sag einmal, Herr S., bist du immer so phlegmatisch?› Der Mann wurde zornig, und der Knabe und sein Erzieher mußten wieder abziehen. Unterwegs zum nächsten Geschäft wurde ihm eingeschärft, sich nun aber gut zu benehmen. Dazu war er auch ganz bereit. Als er wieder auf dem Stuhle saß und der andere Haarschneider beginnen wollte, sagte er: ‹Sag einmal, Herr L., bist du traurig, daß wir vorhin beim Herrn S. herausgeflogen sind?› Es war ihm durch nichts begreiflich zu machen, daß ein Mensch nicht in jeder Situation den anderen Menschen sagen solle, was er denkt. Wir haben es auch nicht mehr versucht, ihm diese Tugend abzugewöhnen.

Dieser Knabe war ganz Seele. Aber die Seele hatte sich zu verbinden mit einem Körper, in dem Kristallisationskräfte, das heißt die Vokale, zu stark waren, wobei unter diesen vokalischen Bildekräften das U im Vordergrund stand. So wurde die ganze Organisation verhärtet und verknöchert, und die von Wärme und Geistinnigkeit durchkraftete Seele prallte wie an einer Felsennatur ab und hatte es schwer unterzutauchen. Konnte sie untertauchen, so war er ganz Mensch; umschwebte sie aber, wie nach dem Aufwachen, noch locker den Körper, so war sie wie erfüllt von tierischen Wesenheiten, was sich dann in häßlichen Worten (er sprach von Kröten) oder seinem Tierspiel äußerte. Er lebte mit seiner Seele an der äußersten Peripherie des Körpers, in den Sinnen und in der Umgebung. Im Vordergrund stand dabei der Ich-Sinn und die Erinnerungsfähigkeit an jedes Menschen-Ich, das er einmal in seine Seele aufgenommen hatte.

Dagegen waren die geschmeidig, beweglich und die Gliedmaßen tätig machenden Konsonanten-Kräfte zu schwach. Er lebte mit seiner Seele, aber nicht mit seinem Tun die Umwelt mit. Einmal wollte ihn der Erzieher für die Arbeit begeistern. Sie beobachteten lange miteinander die Arbeiten auf dem Bauplatz. Der Knabe war interessiert und hingegeben. Nach einiger Zeit, nachdem der Erzieher begeistert geschildert hatte, wie diese Menschen, die der Knabe schon in sein Herz geschlossen hatte, alle arbeiten und daß sie nun das gleiche tun wollten, da antwortete er mit seiner langsam bedächtigen Sprache gelassen: ‹Ich will lieber zugucken, wie andere arbeiten.› Und dabei blieb es. Aber er wußte die Namen der Arbeiter, bemerkte, ob einer Sorgen hatte oder fröhlich war, erkundigte sich nach Frau und Kindern.

Mit diesem Knaben hatte man zu konsonantieren das R, L, M und N. Diese Angaben stammten noch von Rudolf Steiner. Durch das R wurde der Bewegungsimpuls des rollenden Rades innerhalb der eigenen Organisation betätigt. Durch das L wurden die Verhärtungen erweicht, durch das M fügte sich das Oben und Unten ineinander, und die Seele konnte sich hineinschmiegen in die flüssig und beweglich gemachten Glieder. Durch das N schuf sich die Seele, die ganz in der Umgebung ausgegossen war, einen Abstand, kam zu sich und hob das Erlebte in das intellektuelle Begreifen.

Man braucht nicht zu erwähnen, daß es viel bedurfte, bis der Junge diese doch recht aktiven Bewegungen mitmachte. Dabei kann für den

Erzieher ein Gedanke eine große Hilfe bedeuten. Jeder Mensch ist das Abbild kosmischer Urbilder. Indem hier eine kosmische Bildekraft, die Saturnkraft des U, einseitig überwiegt, offenbart sie sich in einer Einheit und Deutlichkeit wie nie bei sogenannten normalen Menschen. Ein Tor öffnet sich im Anschauen eines solchen Kindes für die geistige Welt mit ihren Urkräften. Durch die Heileurythmie dürfen wir andere, mangelnde kosmische Bildekräfte hinzufügen. Ist es auch nur ein Tropfen aus dem Meere, so darf sich der Erzieher doch voll Dankbarkeit und Ehrfurcht mit seinem Tun drinnen fühlen in einem Werdeprozeß, der Erde und Himmel miteinander verbindet.»[36]

Auch Margarethe Bockholt berichtete (1928) über die Heileurythmie in der Heilpädagogik, unter anderem mit Sandroe: «Dieser Junge kam mit neun Jahren in das Kinderheim ‹Sonnenhof›. Es handelte sich bei ihm darum, daß der ganze Organismus viel zu stark verhärtet war, der Knochenbau stark und kräftig, die Muskeln wenig ausgebildet, die Bewegungen eckig; sie zeigten, daß sie mehr aus der Dynamik des Knochensystems kommen als aus der Dynamik der Muskulatur, ganz im Widerspruch zu seinem kindlichen Alter. Die dunklen Augen und Haare zeigten, daß im Organismus das Eisen über den Schwefel überwiegt, denn der Schwefel ist ja gerade diejenige Substanz, die den Organismus vom Stoffwechsel aus beweglich und lebendig macht, ihm rundere Formen gibt und helle Augen und Haare. Diese Schwefelarmut, verbunden mit den verhärteten Organen, machte es dem Kinde unmöglich, mit seinem Geistig-Seelischen in seinen Stoffwechsel richtig unterzutauchen. So konnte auch sein Körper nicht genügend durchdrungen und beseelt werden und blieb deswegen unbeweglich und sein Bewußtsein traumhaft. Dasjenige, was von seinem astralischen Leib außerhalb seines Körpers blieb, formte sich ihm zu dem Bilde von Tieren, die ihm als Löwen usw. entgegenkamen. Nun galt es durch die Eurythmie diejenigen Kräfte seinem Stoffwechsel zuzuführen, die diesem fehlten. Dies geschah durch die Laute R, L, M, N. Ganz unmittelbar wirkten die Laute bei ihm. Wenn der Junge morgens zur Heileurythmie kam, stand er da, unbeweglich, mit melancholischen Augen. Man sah, er hatte gar nicht die Möglichkeit, seine schweren, lastenden Glieder in Bewegung zu bringen. Dann war es die größte Mühe, ihn nur einigermaßen dazu zu bringen, in das Rollen des R hineinzukommen. Man mußte mindestens ‹Rosse rasend rennen und ein großes Rad von Riesen den Berg hinaufrollen lassen›, um seinen Tätigkeitsdrang zu erregen. Gelang das, so war schon viel gewonnen. Und man konnte übergehen zu dem L. Im L haben wir ja den Laut, in dem das Physische aus seiner Schwere hinausgehoben wird, und hatte der Junge eine Reihe von L gemacht, so veränderte sich sichtlich sein Temperament. Der vorher noch so melancholische Junge wurde immer heiterer, sein Gesicht hellte sich auf. Er empfand es deutlich wie eine Befreiung, daß er aus eigener Kraft seine Schwere überwinden konnte und mehr unter die Wirksamkeit des Ätherleibes kam, in dem ja das Kind seines Alters naturgemäß lebt und das ihm sein sanguinisches Temperament gibt. Nun waren durch diese Laute seine Stoffwechselkräfte aktiviert, Sulfurisches war ihm zugeführt. Das konnte man ihm ansehen, er war fast ausgelassen, er sprang und tollte herum und konnte schwer zur Ruhe gebracht werden. Man fühlte ganz genau, so konnte man ihn nicht lassen, die Arbeit war erst halb getan. Jetzt mußte man diesen aufgeweckten Kräften eine Richtung geben. Das geschieht durch das M – es läßt uns in einer liebevoll-bedächtigen Gebärde die Außenwelt ergreifen, oder physiologisch gesprochen, es führt die gestauten Stoffwechselkräfte richtig durch den Ausatmungsstrom in die Außenwelt hinein. Den Höhepunkt der Übung und auch unserer Freude daran bildete das N. Da hüpfte dieser Junge, der sonst am liebsten saß oder stand, in leichten Sprüngen, und seine tolpatschigen großen Hände gaben sich die größte Mühe, möglichst ‹neckisch nichtsnutzige Nixen zu necken›. Durch diesen Laut wurde das, was an Willenskräften im Stoffwechsel aktiv gemacht wurde, bis in die Bewußtseinskräfte des Kopfes hinaufgeleitet. Fröhlich und glücklich verließ er immer die Stunde, und die Erinnerung an dieses Erlebnis brachte den Jungen immer wieder dazu, selber nach der Heil-Eurythmie zu verlangen, deren Anfang für ihn doch immer wieder ein schweres Beginnen war.

Neben der Heil-Eurythmie wurde der Junge auch medikamentös behandelt, er bekam Bäder mit Arsen und innerlich ein Hypophysen-Präparat.»[37]

1933 wurde Sandroe von Werner Pache in das «Waldhaus Malsch» bei Karlsruhe zu Hubert Bollig verlegt. Aus dieser Zeit wird berichtet, daß Sandroe in allem sehr verlangsamt gewesen sei, im Gang, in

In Malsch 1934

all seinen Bewegungen und in der Sprache. Sein hervorstechender Charakterzug sei seine Gutmütigkeit gewesen. Er habe niemandem etwas zuleide tun können, lieber selber Unrecht erlitten. Er war viel mit Nikolai, einem sechs Jahre jüngeren mongoloiden Jungen, zusammen. Die beiden erschienen wie Don Quichote und Sancho Pansa. – Bei allen Menschen, auch im Dorf, war Sandroe sehr beliebt, und er liebte selber auch alle Leute. Besondere Zuneigung hatte er aber zu Rösle, der Bedienung in einem Lebensmittelgeschäft; dorthin ließ er sich gerne schicken – für das Einkaufen brauchte er dann drei

Stunden. Gerne führte er Gespräche in seiner sehr bedächtigen Art.[38] – Tilla Bollig machte mit ihm Eurythmie.

Jedes Jahr, so wurde weiter berichtet, habe er eine neue Krawatte bekommen und habe sehr auf die Schuhe anderer Menschen geschaut und festgestellt, wenn sie nicht zugeschnürt waren oder wenn irgendein Kleidungsstück ein Loch gehabt hatte. Seine Fingernägel seien immer sehr stark abgeknabbert gewesen. Er habe verlorene Sachen wiederfinden können – so einmal einen Ring nach einer Stunde Suchen im Gras.

Großes Interesse hatte er an Oper und Theater und besuchte öfters Aufführungen in Karlsruhe, z. B. *Tristan und Isolde*. Er wurde ein großer Wagner-Liebhaber. *Lohengrin* spielte schon vom Sonnenhof her eine besondere Rolle bei ihm. Sein Lehrer Jan van Stuten hatte ihm im Sonnenhof ein Schwert für eine Aufführung geschenkt, welches er zeitlebens hoch in Ehren hielt. Noch nach vierzig Jahren, also etwa fünfzigjährig, schlug er damit einen Kameraden «zum Ritter». Einmal hatte er das Schwert bei einem Besuch in Amerika vergessen. Kaum konnte er den Tag erwarten, bis sein Vater es bei seinem nächsten Besuch wieder mitbrachte.

Wie schon aus der Zeit von Arlesheim berichtet wurde, erkannte er alle Menschen, die er einmal im Leben gesehen hatte, wieder. Er war der Meinung, daß auch Schauspieler ihn kennen würden, da er sie ja doch ebenfalls kannte.

Als 1938 die Gefährdung durch die Nationalsozialisten zu groß geworden war, wurde Sandroe in den Sonnenhof zurückverlegt. Schließlich, da auch die Gefahr eines deutschen Einmarsches in die Schweiz bestand, verlegte man ihn mit anderen besonders gefährdeten Kindern Anfang Mai 1940 in die «Motta» nach Brissago, ein Heim, welches von Ita Wegman zunächst als Ferienhaus für Menschen aus allen anthroposophischen heilpädagogischen Heimen erworben worden war, dann aber wegen seiner günstigen Lage vor allem als Zufluchtsort diente.

Nach Kriegsende konnte Sandroe eine Zeitlang wieder in Arlesheim sein. Er war ein gutmütiger, teilnahmsvoller Mensch geblieben, nur wenn man ihn zu irgendeiner Tätigkeit auffordern wollte, konnte er sehr widerspenstig sein: «Ich laß mir von Ihnen nichts befehlen!» Größere Schwierigkeiten gab es eigentlich immer nur , wenn er sich wieder einmal in irgendein junges Mädchen im Dorf oder in eine

Helferin verliebt hatte, was häufig vorkam. Er war in solchen Zeiten hemmungslos und nur diesem Gedanken ausgeliefert.

Er geriet durch solche Erlebnisse, aber auch durch Theateraufführungen, etwa durch Schillers *Braut von Messina,* in Krisen, bekam Depressionen, sprach mit niemandem mehr und wollte nicht essen. Zur Erholung schickte man ihn öfter auf die «Motta» zurück, was ihm jeweils guttat.

Nach Kriegsende besuchte ihn sein Vater und im Juni 1946 auch die Mutter, die ihn ja seit 1938 nicht mehr gesehen hatten. Beide waren sehr erstaunt, wie er sich entwickelt hatte und wie glücklich er war. Er sprach mit seinen Eltern und auch mit den Geschwistern stets englisch. Letztere schrieben ihm oder besuchten ihn später selten. Leila war nur einmal auf der «Motta».

Die Mutter hat viel mit ihm gearbeitet und gelesen. In ihrer Anwesenheit konnte er lesen. Sie war der Meinung, daß er in seiner Entwicklung noch viel weiter kommen könnte, eventuell durch eine

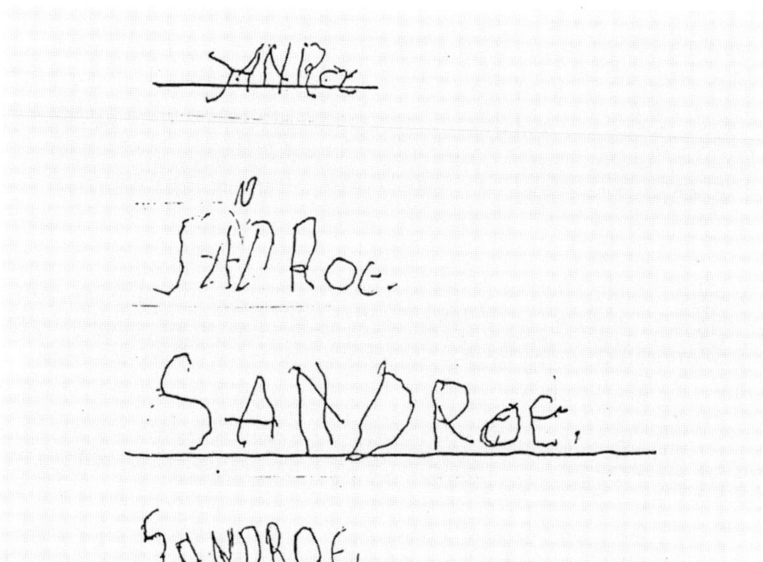

So unterschrieb Sandroe Briefe,
die seine Betreuerinnen für ihn geschrieben hatten

Leukotomie.[39] Erst Professor Krähenbühl in Zürich konnte ihr klarmachen, daß bei seinem Krankheitsbild durch eine Operation nichts zu erreichen wäre.

Längere Zeit war Sandroe in die Schauspielerin Erna Grund verliebt, welche er im Goetheanum als Johanna von Orleans und später als Gretchen im *Faust* gesehen hatte. Er schlief nicht mehr, aß nichts und kam – abgesehen von seinem erbarmungswürdigen Seelenzustand – auch körperlich so herunter, daß man sich ernsthaft Sorgen um ihn machen mußte – ein regelrecht kataleptisches Bild. Um alle Möglichkeiten auszuschließen, ließ man ihn auch röntgenologisch untersuchen. Er kam ganz erfüllt von diesem Erlebnis zurück: «Da hat mich der Doktor durchleuchtet und die Erna Grund in meinem Herzen gesehen.» – Schließlich mußte man ihn in die «Motta» schicken, um einen räumlichen Abstand zur Goetheanumbühne zu erreichen.

Am 12. 12. 1946, im Alter von 32 Jahren, wurde er endgültig in die «Motta» aufgenommen, wo er dann bis zu seinem Tode 1985 blieb. Sein körperlicher Befund war: «Mager, Brust eingefallen, stark eingezogenes Xyphoid [Schwertfortsatz des Brustbeins] , sonst gut entwickelt. – Kopf schmal, Mund noch immer leicht offen. Herz: Grenzen o. B., Töne rein und leise. Puls: 82. Lungen: o. B., starke Bauchatmung, 22 Atemzüge pro Minute. – Liest etwas, wenn man dabei ist und seine Aufmerksamkeit darauf festlegt. Schreibt große Buchstaben. Aufmerksamkeit schwer zu konzentrieren, aber nicht, weil er von außen abgelenkt wird, sondern weil er zu sehr in seinen Gedanken bleibt, die sich zudem leicht fixieren. – Kann oft stehen und schauen, nimmt dabei nicht viel von der Gegend auf, aber voller Gedanken und innerer Erlebnisse. Lebt stark alles mit. Affektiv sehr normal und sozial. Sprache langsam, nicht immer deutlich. Auffassung für Intellektuelles schlecht, für Seelisches gut, oft gute Gedankenblitze voller Humor. Kennt sich aus in griechischer Mythologie, wie er überhaupt eine gute Bildung hat. – Wenig eigene Willensantriebe. Zwangsgedanken bisweilen, aber keine Zwangshandlungen. Stereotypie in Sprechen und Tun.»[40]

1948 wurde Sandroe wegen einer bevorstehenden Schiffsreise nach Amerika gegen Pocken geimpft. Danach trat eine schwere Krise ein: Ein langanhaltender kataleptischer Zustand ließ mit dem Schlimmsten rechnen. Aus diesem Zustand kam er eigentlich nur durch seine Tierliebe heraus. Sein Betreuer, Heinrich Händler, hatte ihm ein

Kaninchen geschenkt, «Hekuba», welches er nach seiner Krankheit langsam anfing, selber zu füttern. Nach Wochen konnte Sandroe wieder unter die Kameraden gehen. – Seit dieser Krankheit nahm er in seiner inneren Beweglichkeit stark ab, er war wie mit einem Schlag sehr viel älter geworden. Auch in seinem Tun und Denken wurde ein deutlicher Rückgang beobachtet.

1951 flog er allein mit dem Flugzeug nach Amerika, wobei er sich natürlich in die Stewardeß verliebte. Er kam in einem schlechten Zustand zurück, war aufgedunsen und hatte eine frische Narbe am Nacken. Man hatte ihn wieder einigen Untersuchungen unterzogen. Dabei war festgestellt worden, daß die Kohlensäurespannung in den Lungenbläschen erniedrigt war. (Der Leiter des untersuchenden, auf Atemforschung spezialisierten Instituts, K. E. Schaefer, hat diesen Befund Walter Holtzapfel später schriftlich bestätigt. Auf Sandroes Kohlensäurearmut hatte Rudolf Steiner im Heilpädagogischen Kurs 1924 schon hingewiesen.) Als Therapie hatte man Sandroe in Amerika alle Frischfrüchte verboten, ihm dafür Vitamin C in Pulverform gegeben. Man tat dies angeblich seiner Verdauung wegen. Erst nach einigen Wochen erholte er sich wieder, wurde geformter und harmonisch und fand seine ruhige, gleichbleibende Art wieder.

Im Sommer 1952 blieb Sandroe in der Schweiz, ein Aufenthalt in Obermutten bei Thusis tat ihm sehr gut, er vertrug im Anschluß daran sogar den Besuch des *Faust* in Dornach und war von der Aufführung sehr angetan. Die ihn begleitende Charlotte Händler enthielt ihm allerdings die Gretchen-Szenen vor, was er nicht merkte. Im Ganzen war er mittlerweile sehr gealtert, wiederholte sich oft und brachte weniger eigene, neue Formulierungen hervor.

Die folgenden Jahre in Sandroes Leben waren von einem ständigen Auf und Ab seines körperlichen und seelischen Zustands geprägt. Phasen der Verschlechterung, der Erholung und erneuten Rückfalls wechselten sich immer wieder ab.

1953 verbrachte er im Sommer vier Wochen mit den Eltern in Österreich und in Dornach. Er kam in deprimiertem, apathischem Zustand auf die «Motta» zurück, hatte Sehnsucht nach einer Frau und nahm von dem, was in seiner Umgebung war, kaum etwas auf, aß auch wenig. Es dauerte lange, bis er sich wieder erholte. Bei dem Besuch eines Mysterien-Dramas in Dornach sagte er: «Hier werden die Leiden leichter.»

Es wurde berichtet, daß die Ursachen vieler, auch körperlicher Störungen oft darin lagen, daß ihn seelisch etwas bedrückte. Der Verlust eines Ringes z. B. brachte ihn wochenlang aus dem Gleichgewicht. Es wurde vermerkt: «Behandlung mit Medikamenten nützt nur, wenn auch diese seelischen Dinge beachtet werden. Sandroe macht sonst nicht mit.»

Ende 1955 wurde in der Krankengeschichte festgehalten: «Kann nicht schreiben, hat aber durch die ‹Abendschule› [die Heinrich Händler für die älteren Zöglinge abhielt] enorme Bildung, weiß griechische Mythologie exakt [...]. Seinen Wellensittich Euridike drückte er auf einem Spaziergang tot, es tat ihm nicht leid [...]. Er war früher sonniger, jetzt mehr debil und ‹älter›.»

1957 wurde sein Zustand wieder als erfreulicher beschrieben: Er war aktiver geworden, half im Haushalt und in der Bügelstube. Pflichtbewußt führte er die ihm übertragenen Aufgaben durch. – Im Sommer verbrachte er wieder eine längere Zeit bei den Eltern. Auch nach dieser Rückkehr war er wieder in einem weniger guten Zustand, war mehr in seine Welt eingesponnen und unlustig, inaktiv. Davon erholte er sich langsam in Chironico, wohin er bald danach mit seiner Gruppe in die Herbstferien ging. Er machte alle Spaziergänge mit, war in guter Stimmung.

Doch von dort in der «Motta» zurück, kam es erneut zu einer Verschlechterung seines Befindens: Er machte einen matten und etwas verstörten Eindruck. Es trat Fieber auf, dazu eine hochgradige Kreislaufschwäche und Erregungszustände mit Wahnideen, zum Teil mit religiösen Inhalten und Todesgedanken. Er fragte z. B.: «Lebe ich noch?» oder sprach von einem Stein in seinem Herzen. Aus sonstigen Aussprüchen war zu vermuten, daß er möglicherweise zu Hause durch einen miterlebten Autounfall einen Schock davongetragen hatte. – Dank einer Einzelpflege und mit medikamentöser Unterstützung erholte er sich langsam.

Anfang 1958 konnte er wieder im Haushalt helfen, den Werkunterricht und die Abendschule besuchen. Im Frühjahr dieses Jahres trat allerdings wieder ein Rückfall auf mit Verwirrungszuständen und psychotischem Verhalten. Die Nächte – besonders gegen Morgen – waren noch recht unruhig. Je schlechter es Sandroe ging, desto stärker traten die alten Zwänge (Kleider, Schuhe, Paare von Gegenständen, sexuelle Vorstellungen und Betätigungen) in den Vordergrund.

An guten Tagen fand er seinen Humor wieder und war freundlich und umgänglich. Man konnte ihm mehr und mehr zumuten – es schien, daß ein dosiertes körperliches Training dem Kreislauf guttat. Die Medikamente konnten sukzessive reduziert werden. Der alte Zustand war wieder erreicht. Er wendete sich seinen Mitmenschen liebevoll zu und charakterisierte sie oft treffend mit humorvollen Bemerkungen.

Seit April 1958 wieder deutliches Absinken des Zustandes: Erhebliche Verwirrung mit Heiratsplänen («Ich muß mir eine Frau anschaffen, die mir Frühstück ans Bett bringt und mir die Knöpfe annäht»). Wieder schlechter Schlaf, Unruhe, nächtliches Möbelschieben. Hielt sich dann einigermaßen, so daß er den Tageslauf mit den anderen mitmachen konnte.

Im Herbst 1958 waren die Eltern wieder in der Schweiz. Bei diesem Besuch waren bei einem Nachfragen Einzelheiten zur Vorgeschichte und frühen Kindheit Sandroes nicht mehr sicher zu eruieren. Es hätte besonders interessiert, was unter «mechanischem Insult» – so die Formulierung Rudolf Steiners im Heilpädagogischen Kurs[41] – zu verstehen sei. Eine Verletzung durch die Zange wurde verneint. – Der Vater zeigte einen ganz ähnlich schmalen Kopf wie Sandroe.

In diese Jahre gehören vermutlich die vielen Geschichten, die von Sandroe erzählt werden. Einige deuten darauf hin, daß er Wahrnehmungen hatte, die über ein normales Erdenbewußtsein hinausgingen: Es wurde immer wieder festgestellt, daß er, wenn auch nicht die Inhalte, so doch die Tatsache einer ohne die Anwesenheit der Betreuten abends abgehaltenen Konferenz der Mitarbeiter am nächsten Tage in Andeutungen aussprach. Gefragt, woher er das wisse, antwortete er: «Das hat mir der Wind erzählt, der über die Motta weht.»

Oder Hanna Ruß, die immer wieder, auch nach ihrem Weggang von der «Motta» nach Dortmund, Ferienzeiten dort verbrachte und dann z. B. in der Küche half, berichtete: «Ich war noch mit der Frage beschäftigt, was ich am nächsten Tage kochen sollte, und dachte an ein bestimmtes Gemüse, als Sandroe davon zu sprechen begann.»

Ein anderes Beispiel: Ingrid Küstermann erwartete ihr erstes Kind. Sandroe: «Ist er noch nicht da?» Es wurde ein Junge. Oder: Beim Tode des Vaters überlegten die Mitarbeiter des Heimes, wie sie ihm dieses Ereignis mitteilen könnten. Als Sandroe dann gerufen wurde, pfiff er durch die Zähne («Sssst») und fuhr dabei mit der Hand in die Höhe. Eine andere Version läßt ihn sagen: «Daddy is dead.»

Ebenso gerühmt wurde sein phänomenales Gedächtnis. Berichtet wurde schon, daß er alle Menschen, die er je getroffen hatte, immer wiedererkannte. So kannte er aber auch Kleidungsstücke und wußte, wann man sie getragen hatte. Oder er konnte dem Schuster helfen, bestimmte Schuhe aus einem Haufen herauszulesen: «Das sind die Schuhe von Herrn Galli» (dem Dorfpolizisten).

Seinen Humor bezeugte er – neben vielen weiteren treffenden Aussprüchen – beispielsweise, als er eines Abends auf den vollen Mond wies und bemerkte: «Seht, des lieben Herrgotts Pfannkuchen.»

Die Jahre 1959 bis 1962 verliefen befriedigend. Abgesehen von leichten viralen Infekten und Episoden unglücklichen Verliebtseins ging es Sandroe körperlich und seelisch recht gut. Besonders hervorgehoben wurde sein überdurchschnittliches Gedächtnis, wobei gesagt werden muß, daß es sich dabei nicht um eine persönliche «Leistung», sondern um ein zu seinem Bewußtseinszustand gehörendes Phänomen gehandelt hat.

Im Frühjahr 1963 geriet er im Anschluß an einen leichten Grippeinfekt in einen schwer depressiven Zustand, der von gelegentlichen heftigen Erregungsattacken unterbrochen wurde. Er ergriff z. B. seine geliebten Kaninchen und warf sie die Mauer hinunter. Auch traten Phasen sexueller Enthemmtheit auf. Im Laufe von Wochen besserte sich dieser Zustand aber, und er wurde wieder der Alte.

Nach drei krisenfreien Jahren mußte Sandroe im Frühling und Herbst 1967 sowie im Winter 1968 erneut depressive Phasen durchstehen. Neben Medikamenten auf anthroposophischer Grundlage wurden dieses Mal auch Psychopharmaka eingesetzt. Auch 1971 konnten auftretende Unruhen noch mit Psychopharmaka beherrscht werden. In den Jahren 1972 bis 1980 traten dann aber doch so schwere psychotische Krisen ein, daß viermal ein vorübergehender Aufenthalt in einer psychiatrischen Klinik nötig wurde. Es handelte sich wieder um Phasen mit aggressivem Verhalten, zum Teil mit starker Agitiertheit und Schlaflosigkeit. Im Sommer 1973, inzwischen 58 Jahre alt, erlitt er noch einen beidseitigen Unterschenkelbruch, der ebenfalls einen längeren Aufenthalt in einem Krankenhaus nach sich

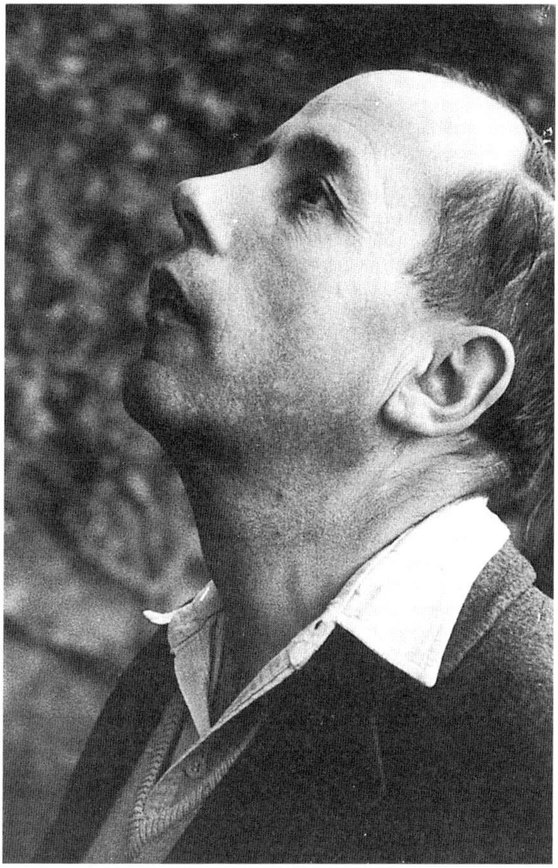

Sandroe 47jährig

zog, da er in der Wunde wühlte, die sich daraufhin entzündete. Schließlich mußten 1975 und 1976 jeweils noch einmal Leistenbrüche operiert werden.

In seinem labilen seelischen Zustand war Sandroe in diesen Jahren sehr stark von sexuellen Trieben und anderen Zwängen gequält. Er wurde inkontinent, litt zudem unter Muskelzittern, vor allem auch des Unterkiefers. Körperlich war er sehr alt geworden, litt unter starken Ängsten und Unruhezuständen.

Aus der allerletzten Zeit hat Marita Caspari, die ihn zuletzt betreute, in einem Brief berichtet:

«Innerhalb des letzten halben Jahres seines Lebens hat Sandroe kräftemäßig sehr stark abgebaut. Sein Gesundheitszustand hat sich zunehmend verschlechtert. Ich lernte Sandroe erst sieben Wochen vor seinem Tode kennen: ein gebrechlicher siebzigjähriger Mann, der von einer großen Unruhe geplagt war. Sein lautes beschwerliches Atmen war immer zu hören, sein Mund war offen, und sein Unterkiefer war in parkinsonartigem Zittern ständig in Bewegung. Er konnte sein Gebiß nicht mehr tragen. Ein einziger Zahn war ihm noch geblieben.

Er sprach sehr unartikuliert. Es fiel ihm schwer, auf seinem Stuhl sitzen zu bleiben, immer wieder stand er auf, ging ein paar Schritte, aber ohne Ziel. Er konnte keine Ruhe finden.

Sandroe hatte ein Einzelzimmer und mußte aufgrund seiner Unruhe nachts an seinem Bett angegurtet werden. Auch das Tragen von Windeln war inzwischen notwendig geworden. Seine Mahlzeiten nahm er nicht mehr mit den anderen Betreuten im Speisesaal ein, er konnte auch nicht mehr selbständig essen, so daß er gefüttert werden mußte. Er brauchte eine kontinuierliche Begleitung. Kleine Spaziergänge waren unsere größten Unternehmungen. Sonst saß Sandroe am liebsten in seinem Sessel und blätterte in Büchern. Ich nutzte diese kostbaren ruhigen Minuten, um ihn zu zeichnen, was er ganz besonders gern hatte.

Solch ruhiges Beisammensein war aber eher eine Seltenheit, denn Sandroe hatte eine ganz besondere Eigenart entwickelt, die das ganze soziale Umfeld betraf: Er brüllte manchmal stundenlang laut und eindringlich, ohne Unterlaß. Dieses konnte tagsüber oder auch nachts eintreten, und jeder Mitbewohner der ‹Casa Cedro› [das Haus in der ‹Motta›, in welchem er wohnte] war sehr belastet davon. – Einmal holte ich den brüllenden Sandroe nachts aus seinem Zimmer und ging mit ihm durch das Haus. Im Wohnzimmer lag mitten auf dem Boden eine Kohlezeichnung, die ich von ihm gemacht hatte: Auf diese Porträtzeichnung ging er plötzlich zielstrebig zu und setzte sich darauf! Als er wieder aufstand, war der Abdruck seines Gesichtes auf seinem Morgenrock vollkommen abzulesen. Das war seine Art von Humor.

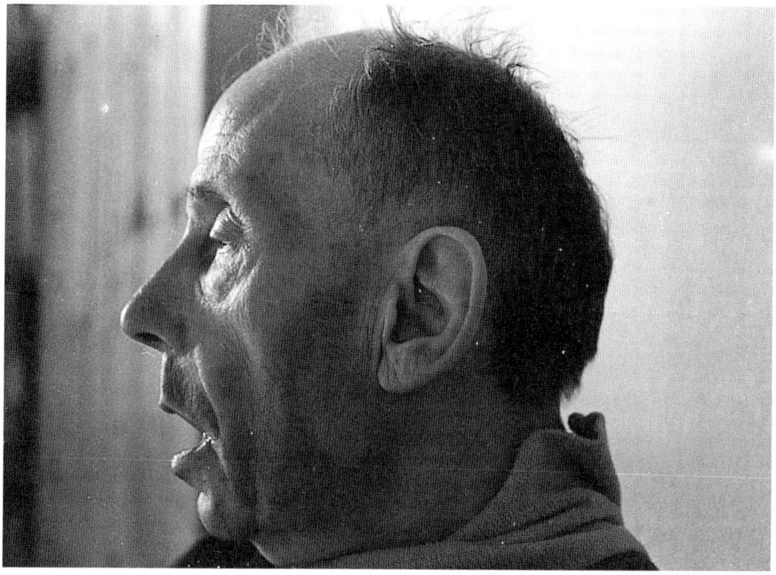

Sandroe in seinem letzten Lebensjahr

Sandroes Befinden war recht unberechenbar, es ging auf und ab. So konnte er ein paar Stunden ganz wach, rege und ansprechbar sein, und bald wieder brach ein Unruhesturm über ihn herein, wobei oft keine Mittel und Wege diesen Zustand lindern konnten.

Schon immer hatte Sandroe eine Vorliebe für bestimmte Dinge gehabt. In den letzten Wochen seines Lebens war es seine Uhr, die ihm besonders wichtig war, nach der er jeden Morgen fordernd verlangte. Er bestimmte auch immer, wann er zu Bett gehen wollte. Umzustimmen war er nicht, wenn etwas nicht seinem Willen entsprach.

Aber es waren genügend Situationen, in denen – trotz seines schlechten allgemeinen Zustandes – sein eigenes Wesen zu erkennen war. Eines Abends gab es einen solchen wachen Moment, als Sandroe plötzlich ganz geistesgegenwärtig war und mit erstaunlich klarer Sprache sagte: ‹Ich mag kleine Kinder. – Möchten Sie ein Kind? – Sind Sie an meinem Geburtstag noch da?› Sandroe hatte mir bis dahin noch nie eine Frage gestellt. So fragte ich ihn: ‹Sandroe, wie sah Dr. Steiner aus?› ‹Hatte dunkles Haar.› – ‹Und die Augen?› – ‹Hatte braune Augen.› Nach diesem kleinen Gespräch zog sich seine Wachheit wieder zurück.

In der letzten Woche eskalierte sein lautes Brüllen derart, daß für seine und unsere Situation eine neue Lösung gefunden werden mußte. So wurde sein Bett in der Webwerkstatt im Untergeschoß der Casa Cedro aufgestellt, von wo aus sein nächtliches Brüllen nicht so eindringlich zu hören war. Ich ging nachts zu ihm. Er verlangte lautstark nach dem Sterben.

In den letzten drei Tagen nahm er kaum mehr etwas zu sich. Er ließ sich hinfallen oder setzte sich neben seinen Sessel. Seine Zehen hatte er an seinen Hausschuhen derartig wundgerieben, daß er keine Schuhe mehr tragen konnte. Nachts warf er sein Kopfkissen und das Federbett aus dem Bett.

Am vorletzten Tag nahm sich sein Arzt [Dr. Thomas Scheer] besonders viel Zeit mit ihm, und wir verbrachten sehr beeindruckende Stunden miteinander. Sandroe hatte zu diesem Arzt ein tiefes, sehr vertrauensvolles Verhältnis, was in diesen Stunden besonders zum Ausdruck kam. Der Arzt unterbrach Sandroes Brüllen mit der Frage, was er jetzt gern essen würde, und Sandroe, der tagelang nichts mehr zu sich nehmen konnte, antwortete: ‹Kotelett und Pommes.› Auf die Frage, welches sein Lieblingsmärchen sei, erhielten wir die Antwort: ‹Rotkäppchen.› – Sandroe, der stundenlang gebrüllt hatte, verstummte plötzlich, als der Arzt ihm den folgenden Satz vorlas: ‹Wenn das Nordlicht flammt, sehen die alten Indianer still zu ihm auf und sprechen leise von ihm als vom Tanz der toten Männer ...› Wie durch ein Wunder ließ die Nachwirkung dieser Worte Sandroe anschließend noch stundenlang still sein.

Seine letzte Nacht verbrachte er ruhig und begrüßte mich am Morgen mit den Worten: ‹Habe gut geschlafen.› Doch dann trat der letzte Sturm ein. Sein Gang war an diesem letzten Vormittag wie abgehoben und tänzelnd – als wenn er die Erde nicht mehr richtig erreichen könnte. Ein heftiges ‹Außer-sich-Sein› dauerte bis in die Nachmittagsstunden hinein – bis die Kräfte nachließen. An jenem Samstag Nachmittag, dem 23. März 1985, gegen 16 Uhr wurde Sandroe erlöst.

Obwohl das allmähliche Zum-Ende-Gehen schon deutlich zu erkennen gewesen wäre, so ging er an jenem Tage für uns – die wir seine unvorhersehbaren Schwankungen gewohnt waren – doch unerwartet. Sein Totenantlitz zeigte den Ausdruck einer weisen, hochentwickelten Persönlichkeit. Die Behinderung fiel vollkommen weg.

Das Begleiten und Miterleben dieses Lebensendes, das Ereignis seines Todes und die unfaßbare Stille danach haben in mir eine tiefe Betroffenheit ausgelöst. Die Begegnung mit Sandroe ist für mein Leben sehr bedeutungsvoll geworden.»

Robert
1917 – 1977

Herkunft und Vorgeschichte

Roberts Vater war Verwaltungsleiter des Rostocker Stadt-Theaters, später des Staatstheaters in Breslau, zuletzt der Hamburger Staatsoper. Die Mutter Dora (1891 – 1973) war Schauspielerin.

Robert wurde am 15. August 1917 in Rostock geboren. Die Mutter stand während der ersten vier Monate ihrer Schwangerschaft, welche für sie eine sehr glückliche Zeit war, noch auf der Bühne, spielte zum Beispiel noch den Puck in Shakespeares *Sommernachtstraum*, wobei sie auch dessen Sprünge machte. Sie fühlte sich ganz gesund und wohl. In den späteren Monaten erlitt sie einen kleinen Stoß, der aber nicht heftig war. Die Mutter gab an, daß die Geburt vier Wochen zu spät erfolgt sei, was aber wohl nicht zutraf. Wahrscheinlicher ist es, daß die Geburt zu früh geschah. Rudolf Steiner hatte auch Zweifel an der Angabe der Mutter. Der Geburtsverlauf war angeblich normal, wenn auch der Kopf sehr schwer durchtreten wollte und die Herztöne schwach wurden. Das Kind bekam sechs Wochen Muttermilch, danach ging die Mutter wieder in ihren Beruf, und eine Kinderfrau betreute Robert. Diese soll ihn überfüttert haben, die Verdauung wurde schlecht, Verstopfung und Durchfall wechselten einander ab. Das Kind jammerte viel und wurde schwächlich. Durch eine Kur in der Kinderklinik konnte dieser Zustand aber gebessert werden. Robert reagierte jedoch wenig auf die Außenwelt.

Erst mit zwei Jahren lernte Robert stehen. In den ersten vier Jahren war er auffällig apathisch, aber gierig aufs Essen. Bis dahin hatte er nur einzelne Worte gelallt. Der erste Laut, den er äußerte, war das R. Er weinte mit R. Mit dem Sprechenlernen begann eine motorische Unruhe und Erregung. Abends war er wohl müde, aber aufgeregt, weshalb er schlecht einschlief. Die Verdauung war unregelmäßig, und es bestand eine Neigung zu Bronchitiden.

Im Herbst 1921, als Vierjähriger, wurde Robert zum erstenmal Steiner

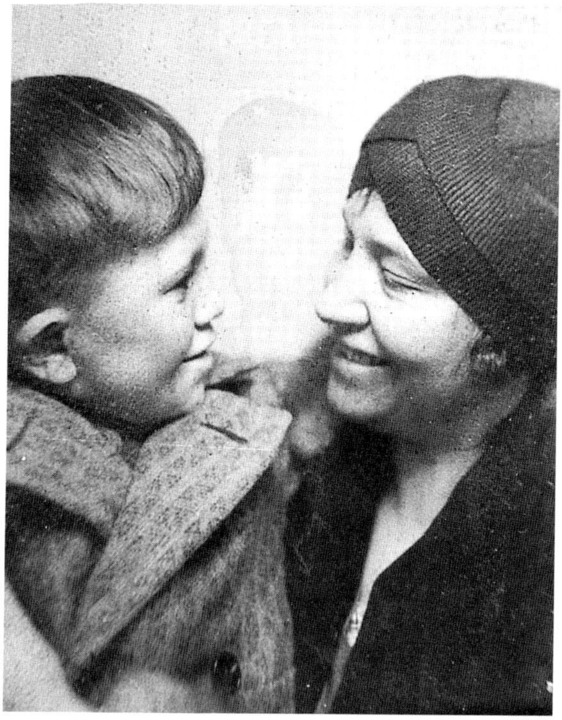

Robert und seine Mutter

in Berlin vorgestellt. Dieser kam erschöpft von einem Vortrag heraus, war zunächst etwas unwillig, als die Mutter ihn im Künstlerzimmer der Philharmonie ansprach. Als er aber das Kind sah, ging er sofort auf ihre Bitte ein. Die Mutter berichtete ihm, daß das Kind noch nicht spreche. Steiner: «Er ist aber gut zum Sprechen veranlagt.» – «Er spricht aber nicht.» – «Sie müssen ihm Freude am Sprechen machen.» Als der Bub sich dann am Ofen zu schaffen machte und sie ihn hindern wollte, sagte Steiner: «Lassen Sie ihn nur.» – Hier muß es gewesen sein, daß er für Robert Sprechübungen angab, wie er später im Heilpädagogischen Kurs berichtete: Sätze vor- und rückwärts zu sprechen, was auf ein harmonisches Zusammenwirken des Astralleibes und des Ätherleibes abzielte. Innerhalb eines Vierteljahres lernte Robert vieles nachzusprechen und allmählich auch eigene Sätze zu bilden.

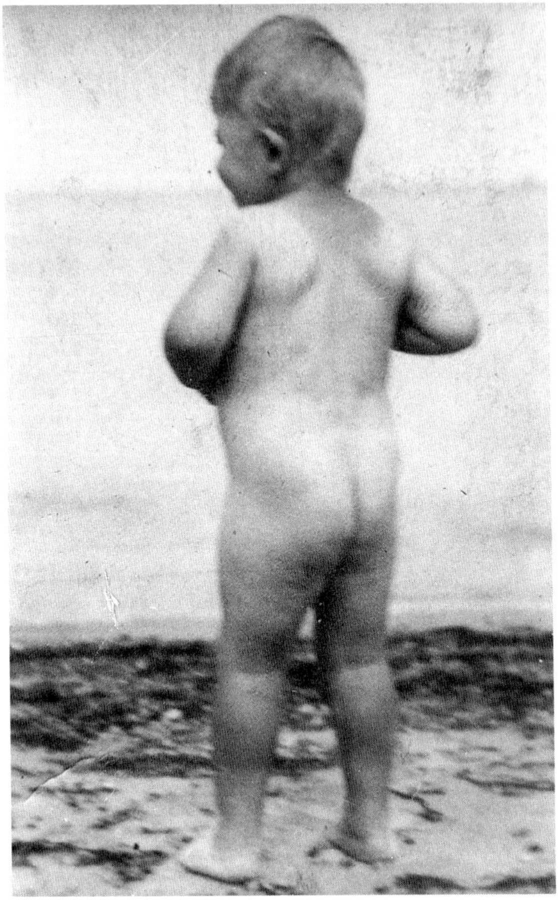

Dieses Foto von Robert zeigt deutlich seine gedrungene Körpergestalt

Über die Zeit von 1922 bis 1924 berichtete uns Marianne Garff: «Im Laufe des Jahres 1922 habe ich Robert in Rostock in Mecklenburg kennengelernt. Er war etwa fünf Jahre alt, wirkte aber viel jünger. Ein drolliger kleiner Bursche, untersetzt, ziemlich breite Schultern, kurzhalsig, fast immer in erregter, gedrängter Bewegung. Beide Eltern standen in Verbindung mit dem Rostocker Stadt-Theater. Der Vater war Verwaltungsdirektor. Die Mutter Dora war als Schauspielerin in jugendlichen Charakterrollen aufgetreten – wenn ich nicht irre, auch als Puck im *Sommernachtstraum*. Als ich sie kennenlernte, war sie beruflich nicht mehr tätig. Da ich mit der Familie befreundet war, durfte ich Robert und seine Mutter begleiten, als sie nach Dornach fuhren, damit er Rudolf Steiner vorgestellt werden konnte.

Ich bin aufgefordert worden, etwas aus meinen Erinnerungen an Robert und seine Mutter mitzuteilen. Das ist nicht leicht nach so langer Zeit! Ich war selbst gerade erst 21 Jahre alt und stand vor der Geburt unseres ersten Kindes. So kann diese Skizzierung nur ein Versuch sein.

Dora war eine zierliche Frau, beweglich und nach vielen Richtungen hin begabt. In ihrem Wesen lag Dramatik: Spannungen und Lösungen. Robert gegenüber blieb sie geduldig und heiter. Ich erinnere mich nicht, daß sie je über seine Entwicklungsstörung geklagt hat. – Wir wohnten einige Monate zusammen im Hause Kober [in Dornach]. Dort hat Robert die Erwartung und die Ankunft unseres Sohnes miterlebt und ihn am Morgen nach seiner Geburt freudig aufgeregt begrüßt.

Die Charakterisierung von Robert im Heilpädagogischen Kursus ist so zutreffend, daß ich sie kaum ergänzen kann. Das R in der Sprache, die gedrängten Bewegungen wechselten nur selten mit ruhiger, nachdenklicher Stimmung; z. B. bedächtig, nicht unwillig: ‹Den Heiner› [den Mann von Marianne Garff] ‹müßte man eigentlich rausschmeißen.› Oder in Rostock morgens vor den Betten seiner Eltern freundlich fragend: ‹Na, ihr beiden?› Die gestaute Sprache fiel mir besonders auf im Gegensatz zu Sandroe. Robert nannte mich ‹Madrrijanne› und war meistens in Bewegung, Sandroe sprach leiser, viel langsamer und träumerisch ‹Tante Mirjante›. Robert meistens herumlaufend, Sandroe still auf meinem Schoß.

Die Musikalität Roberts ließ sich ahnen, als er ein Instrument erfand. Eine hohe Blechdose mit Deckel hatte er halb mit Wasser gefüllt, bewegte sie auf und ab und ahmte im rhythmischen Sprechen mit tiefer Stimme den Klang nach: ‹Harmonium, Harmonium.› Im Spätsommer 1924 ist Robert ganz im Sonnenhof aufgenommen worden. Seine Mutter konnte daher am Dramatischen Kurs Rudolf Steiners teilnehmen. Sprachgestaltung und Schauspielkunst sind ihre Lebensinteressen geblieben. Ihre Fürsorge galt bis zu ihrem Tode dem Sohn, der sie innig liebte.

Ich habe Robert in den dreißiger Jahren noch einmal gesehen, aber nicht gesprochen. Später erfuhr ich, daß er gestorben ist. Er hat wohl den Tod der Mutter nicht lange überleben können. – Sandroe bin ich etwa 1934 im Garten in Malsch begegnet. Ich fragte ihn: ‹Sandroe, kennen Sie mich?› Wieder kam sein versunkener Blick zu mir hin, und mit etwas umflorter Stimme: ‹Ja, aus Rostock.›» Soweit der Bericht von Marianne Garff.

Heilpädagogischer Kurs.
Siebter Vortrag

Robert, 6 3/4 Jahre alt, lebte damals mit seiner Mutter in Arlesheim, war also nicht im Klinisch-Therapeutischen Institut aufgenommen, sondern wurde ambulant betreut.

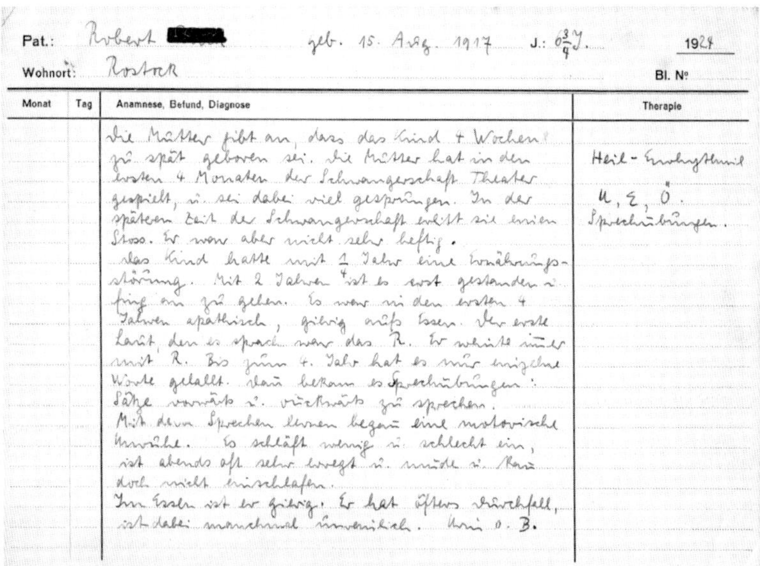

Pat.: Robert [redacted] geb. 15. Aug. 1917 J.: 6 3/4 J. 1924
Wohnort: Rostock Bl. №

Monat	Tag	Anamnese, Befund, Diagnose	Therapie
		Die Mutter gibt an, dass das Kind 4 Wochen zu spät geboren sei. Die Mutter hat in den ersten 4 Monaten der Schwangerschaft Theater gespielt, u. sei dabei viel gesprungen. In der späteren Zeit der Schwangerschaft erlitt sie einen Stoss. Er war aber nicht sehr heftig. Das Kind hatte mit 1/4 Jahr eine Ernährungsstörung. Mit 2 Jahren ist es erst gestanden u. fing an zu gehen. Es war in den ersten 4 Jahren apathisch, gierig aufs Essen. Der erste Laut, den es sprach war das R. Er schrie immer mit R. Bis zum 4. Jahr hat es nur einzelne Worte gelallt. Dann bekam es Sprechübungen: Sätze vorwärts u. rückwärts zu sprechen. Mit dem Sprechen lernen begann eine motorische Unruhe. Es schläft wenig u. schlecht ein, ist abends oft sehr erregt u. müde u. kann doch nicht einschlafen. Im Essen ist er gierig. Er hat öfters Durchfall, ist dabei manchmal unreinlich. Urin o. B.	Heil-Eurythmie U, E, Ö. Sprechübungen.

Zwei Ambulanzkarten von Robert aus dem Klinisch-Therapeutischen Institut

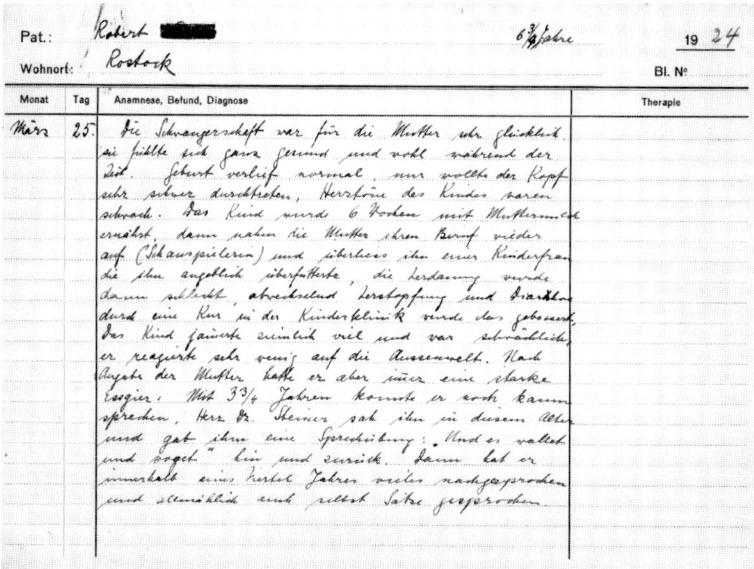

Pat.: Robert [redacted] 6 3/4 Jahre 19 24

Wohnort: Rostock Bl. №

Monat	Tag	Anamnese, Befund, Diagnose	Therapie
März	25.	Die Schwangerschaft war für die Mutter sehr glücklich. sie fühlte sich ganz gesund und wohl während der Zeit. Geburt verlief normal, nur wollte der Kopf sehr schwer durchtreten, Herztöne des Kindes waren schwach. Das Kind wurde 6 Wochen mit Muttermilch ernährt, dann nahm die Mutter ihren Beruf wieder auf (Schauspielerin) und überliess ihn einer Kinderfrau die ihn angeblich überfütterte, die Verdauung wurde dann schlecht, abwechselnd Verstopfung und Durchfall durch eine Kur in der Kinderklinik wurde das gebessert, Das Kind jammerte ziemlich viel und war schwächlich, er reagierte sehr wenig auf die Aussenwelt. Nach Angabe der Mutter hatte er aber immer eine starke Essgier. Mit 3 3/4 Jahren konnte er noch kaum sprechen, Herr Dr. Steiner sah ihn in diesem Alter und gab ihm eine Sprechübung: „Und es wallet und woget" hin und zurück. Dann hat er innerhalb eines Viertel Jahres vieles nachgesprochen und allmählich auch selbst Sätze gesprochen.	

Nach dem Verlesen der Vorgeschichte stellte Rudolf Steiner fest, daß Roberts physische Organisation in der Entwicklung zurückgeblieben sei. Der Kopf war etwas zu groß, es war noch kein Zahnwechsel eingetreten. In der ersten Lebensepoche, in der die physische, vererbte Organisation wirken solle, sei dieses augenscheinlich nicht geschehen, und jetzt, zu Beginn des zweiten Jahrsiebts, wenn der eigene Ätherleib erscheinen sollte, welcher schon aus den Impulsen des eigenen Ich heraus hätte gebildet sein sollen, zeige sich, daß dieser sich wieder sehr an das physische Modell angepaßt habe. Die Ich-Organisation und auch der Astralleib seien zu schwach, um den vererbten Organismus umzuarbeiten.

Während der Schwangerschaft sei durch den Enthusiasmus und die Hingabe der Mutter an das Theaterspiel ihr Astralleib sehr stark angespannt gewesen, so daß der kindliche Astralleib so gestaltet worden sei, daß er nach der Seite des Wachstums nicht viel anfangen könne, dafür betätige er sich mehr nach der Seite des Seelischen, des «intellektuellen Befähigtseins». Das «Intellektualisieren» (das Wegwenden der Ätherkräfte von der organisierenden bzw. Willenstätigkeit hin zum bewußten Leben in Vorstellungen) habe bei ihm schon während der Embryonalzeit in der Ausgestaltung seines Astralleibes angefangen. Charakteristisch sei dafür die Apathie der ersten Jahre, die Eßlust, das späte Sprechenlernen. Und der erste Laut sei das R gewesen – als drehendes Element vergleichbar der Bewegung der Mutter auf der Bühne. Durch den unregelmäßigen Abbau bleibe auch das Gehirn zu weich. Es spiegele sich im Darm, denn auch dort gehe ein nur ungenügender Abbau (der Nahrungsmittel) vor sich. Bis hin zum Verhältnis des Kindes zur Umwelt, die es nicht rein aufnehme, sei eine gewisse ‹Unreinigkeit› zu bemerken. Es grinse nur ein bißchen, wenn man etwas von ihm verlange. Der Astralleib vergrößere sich in dem Maße, wie der physische Leib klein bleibe. (Hierzu eine Bemerkung: Sicherlich ist es so gemeint: Der Astralleib bleibt groß – bleibt aber außerhalb des physischen Leibes, bearbeitet diesen nicht, und der physische Leib bleibt deshalb klein.) Das Kind wirke «scheinbar», dem Sinnen-Anschein nach, ruhig, sei aber real, astralisch, außerordentlich beweglich, ein kleiner Schauspieler, der Purzelbäume schlägt. Man habe es bei ihm mit einer «Art von kleinem Dämon» zu tun, weshalb auch die Behandlung außerordentlich schwer sei.

Diese wurde wie folgt angegeben.

1. *Sprechübungen*:
   Vor- und rückwärts, um regulierend auf den Zusammenhang von Ätherleib und Astralleib zu wirken.
2. *Heileurythmie:*
   E, U, Ö. Der physische Organismus müsse empfunden werden. Durch das Empfinden schleife sich die Wachstumskraft der physischen Organisation ein. Beim E berührt sich der Mensch in seiner Organisation selber und spürt sich dadurch, ebenso beim U. Das Ö dient zur Regulierung. Alles, was zum Erfassen des Organismus führe, könne in diesem Fall weiterbringen.
3. *Malen,* was schon ein Anfang des Schulischen sei.
4. *Heilpädagogisch:*
   Als Prinzip: die Seele des Kindes in Bewegung bringen und diese Erregung an den physischen Leib zurückführen. Das geschieht durch sich steigernde, dramatische Erzählungen, die am Schluß

wie eine «Luftblase» in sich zusammenfallen sollen. Dieses Prinzip des Steigerns und vor allem Abschwächens auf allen Unterricht ausdehnen.

5. *Medikamentös:*
Im Kurs nicht erwähnt, aber schon eingesetzt: Hypophysis D 6, täglich eine Messerspitze. Das sollte die Gestaltung und damit das Wachstum vom Kopf her anregen.[42]

Der Versuch, dem Kind durch Erziehung das R abzugewöhnen, sei eine falsche Bestrebung. Dadurch werde es nur leer, faul und lässig. Bei allgemeiner Besserung verschwinde solch eine Erscheinung von selbst. Es könne sein, daß bei dieser Behandlung ein naturgemäßes Wachstum sich noch bis zum neunten, zehnten Lebensjahr zu entwickeln beginne.

Weiterer Verlauf

Julia Bort, die mit Robert Heileurythmie machte, berichtete über ihn das folgende:

«Seine Gestalt ist plump, der Oberkörper tonnenförmig, der Leib aufgebläht. Zwischen breiten Schultern sitzt auf ganz kurzem Hals ein Kopf mit breitem, flachem Gesicht und stark abgeplattetem Hinterhaupt. Das Auffälligste in diesem Gesicht sind die Augen. Sie sind von einer intensiven Bläue, aber sie blicken düster, unkindlich; in ihnen funkelt und glitzert und glimmt es unaufhörlich. Er hat kurze Beinchen mit kleinen Füßen. Füße wie Hände sind quallenhaft weich, babyhaft geformt mit ganz unentwickelten Nägeln, wie bei einem Frühgeborenen. Der Junge kann manchmal dumpf brütend irgendwo sitzen; öfter aber wird er von einem Bewegungstrieb ergriffen. Er trippelt auf den Zehen, aber schwerfällig mit vornüber gebeugtem, lastendem Oberkörper; er geht unsicher, stolpert und fällt auch öfters hin. Dann sagt er vorwurfsvoll zu dem begleitenden Erzieher: ‹Du hast nicht aufgepaßt!› Er hat spät sprechen gelernt, hatte aber schon von klein an einen Lieblingslaut, das R. Mit fünf Jahren spricht er mit brummender, unkindlicher Stimme, wobei er alle Konsonanten sehr deutlich und präzise formt und betont, in erster Linie das R. In seinen seelischen

Äußerungen ist ein seltsamer Wechsel zwischen dumpfer Teilnahmslosigkeit und lebhaftestem Interesse. Seinem Alter entsprechend müßte er die Tätigkeiten der Umwelt auf sich wirken lassen und sie nachahmend mitmachen. Das tut er nicht, auch hat er keine Neigung zu schöpferischem Spiel. So läßt er alles, was im Kindergarten geübt wird, dumpf an sich vorübergehen oder stört, indem er seinem R-Impuls folgt: Er lehnt sich mit der Last seines Oberkörpers auf einen Stuhl und schiebt diesen in immer rascherem Tempo, sein rollendes R sprechend, durch das Zimmer.

Aber es gibt andere Dinge, bei denen er mit plötzlich erwachendem Interesse ganz dabei ist. Eines Abends, als er schon im Bett war, brach ein starkes Gewitter los mit Sturm und Regen. Er hatte dazu noch eine Magen- und Verdauungsstörung, was öfter vorkam, und war eben damit fertig. Ein anderes Kind hätte sich wohl erschöpft hingelegt; er aber saß, als man wieder ins Zimmer trat, mit funkelnden Augen aufrecht im Bett, gestikulierte mit den Händen und sagte mit seiner tiefen Stimme voller Begeisterung: ‹Oh, da drraußen sind Blitze und derr Donnerr, derr rrollt, und derr Sturrm und derr Rregen machen sso pllatschsch, pllatschsch ...› Ein andermal fand man ihn im Hofe, wo gerade Bauarbeiten vorgenommen wurden. Da stand er wie brütend vor einem tiefen Schacht. Auf die Frage, was er da tue, sagte er: ‹Da ist ein tiefes Loch, und da drrunten ist Wasser, und das macht immer so glluckck-glluckck!› Ein guter Schauspieler könnte das Wesen der Elemente nicht lebensvoller und drastischer zum Ausdruck bringen, wie dieser Junge es tat durch die Art, wie er betonte und formte.

Es war ergreifend, mit diesem Kinde die U-Übung zu machen. Hatte man das ihn quälende rollende R etwas beruhigt, so konnte man beginnen. Auch bei bestem Willen war es für ihn unendlich schwer. Die kurzen, schlaffen Arme konnten sich kaum zu einer U-Bewegung zusammenschließen, da der zwischen den Schultern steckende Kopf im Wege war; und nur mit großer Mühe lernte er allmählich die Füße zwischen Ballen und Ferse elastisch zu heben und zu senken. Aber gerade dieser Anblick mit der rührend bittenden Geste seiner Arme zeigte, was dem Kinde fehlte. Es war unsere Aufgabe, ihm dabei zu helfen, daß der Mensch in ihm erstarke.»[43]

Auch Margarethe Bockholt schildert ihre Erlebnisse mit Robert aus der Eurythmie:

Robert im Sonnenhof

«Der Weg, den man hier geht, führt in einer solchen Stunde aus der übergroßen Beweglichkeit in die Beruhigung. Der Junge, der vorher rettungslos den Kräften seiner Umgebung preisgegeben war, hat jetzt die Möglichkeit, mehr in sich zu ruhen und sich zur Wehr zu setzen. Es ist oft wie ein Wunder, ihn zum Beispiel im E-Laut zu sehen, wie er still und andächtig dabei ist und da sein eigenes geistig-seelisches Wesen wirklich einmal zur Geltung kommt.»[44]

Nach dem Heilpädagogischen Kurs kam Robert intern in den «Sonnenhof» bzw. in die «Holle» und blieb dort circa ein Jahr. In dieser

Robert (vorne Mitte) in Gerswalde

Zeit hat der auf Besuch anwesende Vater Roberts einmal durch Löschen eines beginnenden Brandes die «Holle» und ein gelähmtes, im Rollstuhl sitzendes Kind gerettet.

1925 ging Robert mit den Eltern nach Breslau, wo dann Albrecht Strohschein, Mitbegründer des «Lauenstein», sein Hauslehrer wurde. Ob er zwischenzeitlich noch im «Lauenstein» in Jena oder im «Haus Bernhard» in Zwätzen war, ist nicht berichtet. Jedenfalls zog er 1929 mit nach Gerswalde. Der Umzug dorthin hat ihn stark beeindruckt (zur Geschichte dieser Heime siehe im Anhang, S. 259ff.).

Der Junge war immer noch sehr klein geblieben, so daß er seine Kleider jahrelang tragen konnte. Die noch unregelmäßige Verdauung wurde auf Anordnung von Edmund Drebber, der die Kinder ärztlich betreute, heileurythmisch mit R behandelt, was die Mutter aber für ganz falsch hielt, als sie bei einem Besuch davon erfuhr. Rudolf Steiner habe doch gesagt, Robert sei selber ganz R. In ihrer temperamentvollen Art nahm sie ihren Sohn deshalb gleich mit nach Hause – inzwischen wohnte sie in Hamburg. Bald nach der Heimkehr habe er zu wachsen angefangen, so daß er bald neue Kleider brauchte. –

Robert (rechts) in Gerswalde

Als Erklärung für diesen abrupten Eingriff in sein Schicksal ist vielleicht zu bedenken, daß Rudolf Steiner der Mutter schon bei ihrem ersten Besuch 1921 in Berlin gesagt hatte, daß sie diesen Jungen bis zu seinem 28. Lebensjahr im Auge behalten müsse.

Im Elternhaus muß es für Robert recht unruhig gewesen sein – hier verkehrten viele Gäste, Auswirkungen des lebhaften Theaterbetriebs waren auch zu Hause zu spüren. Die Mutter suchte noch einige Kinder aus Hamburg zusammen und ließ die kleine Schar von einem Hauslehrer aus Altona, Hermann ter Hell, unterrichten, welcher sein Physikstudium aus finanziellen Gründen unterbrechen mußte. Es war ein Unterricht im Sinne eines Hauptunterrichtes der Waldorfschulen, mit Lesen, Schreiben (Robert hat sein Leben lang nur in Druckbuchstaben geschrieben), Rechnen und Sachgebieten wie Physik, aber auch griechischen Sagen und anderen Stoffen. – Hermann ter Hell hat Roberts Leben bis zu seinem eigenen Tod (1962) begleitet und ihm ständig in Briefen vom eigenen Studium, von seinen Kriegserlebnissen und vielen Ereignissen aus der Welt mitgeteilt.

Als die Mutter 1932 nach Dornach an die Goetheanum-Bühne ging, nahm sie Robert mit dorthin. Sie spielte unter anderem in Goethes *Faust* die Marthe. Robert erhielt auch hier weiter Unterricht. Er war inzwischen fünfzehn Jahre alt. Gegen abstraktes Rechnen sperrte er sich, mit konkretem Geld ging es etwas besser. Außerdem half er in der Schreinerei Eckinger in Dornach etwas mit. Seine Leistungen waren zwar nicht die eines Lehrlings, er war aber doch eine gewisse Hilfe beim Zureichen und durch Besorgungen, die er ausführen konnte. Sein Meister war recht streng mit ihm, z. B. was den pünktlichen Beginn der Arbeit in der Werkstatt anging. Heinrich Eckinger schilderte uns seinen Eindruck: «Robert ist in einem Milieu von großer Bildung aufgewachsen. Das merkte man ihm immer wieder an. Er konnte zu Gesprächen oft erstaunliche Bemerkungen beitragen.» Einmal, als Heinrich Eckinger mit ihm schimpfen mußte, fragte Robert zurück: «Sind Sie vielleicht der wiedergeborene Heinrich der Achte?»

Bei einer Plastikerin erhielt Robert auch Anleitung im Plastizieren. Eines Tages sollte er eine Schale machen. Er wollte aber lieber einen Biber plastizieren, wie er ihn tags zuvor im Basler Zoo gesehen hatte. «Ich sage, du machst eine Schale.» – «Ich will aber einen Biber machen.» – «Nein, eine Schale!» – «Nein, einen Biber!» – «Eine Schale!» Er fing dann an. Es wurde ein Biber.

Robert war ein großer Liebhaber der Musik Wagners geworden. Er hörte sie oft auf Schallplatten. Einmal holte er eine Hausbewohnerin von ihrer Arbeit weg, sie müsse unbedingt hören: «Gleich kommt die Stelle, wo die englischen Hörner so wunderbar klingen.»

In seinen ersten Jahren war Robert einem Rostocker Psychiater vorgestellt worden, der zu diesem Zeitpunkt seine Entwicklungsaussichten als hoffnungslos beurteilen mußte. Dieser Psychiater, bemüht kennenzulernen, was von seiten der Anthroposophie zur Behandlung entwicklungsgestörter Kinder beigetragen werden kann, machte in den dreißiger Jahren einen Besuch im Sonnenhof in Arlesheim und traf dort Robert wieder, dessen Fortschritte ihm unglaublich erschienen. Sie überzeugten ihn von der Fruchtbarkeit des Ansatzes der anthroposophischen Heilpädagogik.

Nach den Faust-Aufführungen im Sommer 1939 ging die Mutter mit Robert in die Ferien nach Deutschland. Der Krieg brach aus, und die Grenze war für sie geschlossen. Zusammen mit einer anderen Dame eröffnete sie in Schwand über Tegernau im Südschwarzwald ein Gästehaus, den «Lindenhof», wo sie auch Kurse für Sprachgestaltung gab und weitere kulturelle Veranstaltungen anbot. In dieser bäuerlichen Umgebung wurde Roberts Mutter wegen ihrer zugreifenden Tüchtigkeit und wegen ihres Fleißes, trotz der doch so anderen Mentalität, von allen geachtet. Allgemein bekannt wurde sie durch die Oberuferer Weihnachtsspiele, die sie jährlich mit ihrer Hausgemeinschaft aufführte, zum Teil im eigenen Haus, zum Teil in Gasthäusern der benachbarten Dörfer, unter Umständen sogar an einem Nachmittag in mehreren Dörfern.

Die Hausgemeinschaft bestand damals aus der Mutter, Robert, zwei weiteren ebenfalls hilfebedürftigen Jugendlichen und jemandem für die Hauswirtschaft.

In Sorge war Roberts Mutter ihres Sohnes wegen, insbesondere daß man ihn ihr wegnehmen könnte. Sie stellte ihn deshalb als möglichst normal dar. So wurde er auch zur Musterung aufgerufen. Als er dort zusammen mit einem der beiden anderen Jugendlichen der Hausgemeinschaft erschien, wurden sie lachend wieder nach Hause geschickt: «Reserve 4.»

Aus ihrer Zugehörigkeit zur Anthroposophie machte die Mutter nie einen Hehl. Einmal war sie deswegen drei Tage von den Nationalsozialisten inhaftiert. Nach ihrer Freilassung mußte sie noch einmal zu einem Verhör zur Polizei kommen. Sie wollte Robert nicht allein lassen und nahm ihn deshalb mit, ließ ihn aber draußen warten. Das Verhör zog sich unerwartet in die Länge, und sie wurde unruhig, was er wohl mache. Schließlich bat sie darum, nach ihm schauen zu

Robert mit seiner Mutter

dürfen. Es wurde ihr gestattet mit der Weisung, ihn doch mit hereinzubringen. Das wollte sie ja nun eigentlich gar nicht, weil Robert dabei als Behinderter auffallen mußte. Aber es blieb nichts anderes übrig. So kam er also herein, grüßte, ging unbekümmert zum Kalender und sagte: «Ach, der ist heute ja noch nicht abgerissen!» Der Polizeibeamte war verdutzt, verstand und sagte zur Mutter: «Das Problem kenne ich. Sie können nach Hause gehen.»

Robert wurde schließlich doch noch kriegsdienstverpflichtet: Er mußte täglich die Sahne der in Schwand gemolkenen Milch im Handwagen die vier Kilometer hinunter zur Milchsammelstelle in Tegernau bringen. – Gegen Ende des Krieges erlebte er die über den Himmel ziehenden Flugzeuggeschwader und dann den Einmarsch der Franzosen.

Nach dem Krieg konnte er, als die Grenze wieder geöffnet war, inzwischen etwa dreißigjährig, auch allein nach Dornach fahren. Er machte dort Besuche bei ihm bekannten Menschen und stand bei Tagungen gern auf dem Parkplatz in seinem hellen, meistens etwas ausgebeulten Trenchcoat, unter dem er in der Regel irgend etwas umhängen hatte, ein Fernglas, einen Fotoapparat oder eine Tasche, seine Arme theatralisch schwenkend: «Hierr ist ein Pllatz frrei!» So haben ihn viele Menschen gekannt.

Gelegentlich besuchte er auch die Vorstellungen im Goetheanum, wie aus seinem Tagebuch aus dem Jahr 1962 hervorgeht. Die Eintragungen beginnen am 16. Mai:

«Sehr schönes Wetter, warm. Vati von Freiburg abgeholt nach Schwand.» Die Wetterbeobachtungen gehen von da ab fast regelmäßig das ganze Jahr hindurch.

Einige Auszüge daraus:

17. 5.: Starker Westwind, starker Regen, Wind aus Westen.
21. 5.: Schöne Alpensicht, schönes Wetter, warm.
22. 5.: Keine Alpensicht, Regen, starker Westwind.
25. 5.: Schönes Wetter, sonnig, Gewitter im Osten, Regen.
29. 5.: Herr ter Hell gestorben um 12 Uhr nachts in Schwand Lindenhof.
31. 5.: Himmelfahrt. Schönes Wetter, warm, bewölkt, Fahrt nach Dornach, gewitterhaft, Regen.
16. 6.: Nebel, kühl, sonnig, sehr warm, blauer Himmel.
26. 7.: Colmar, Grünewald-Bilder angesehen.
31. 7.: Pforte der Einweihung beginnt um 10 Uhr.
12. 8.: Sehr schönes Wetter, warm 20°, nach Dornach, Alexanders Wandlung.
27. 8.: Wunschkonzert Basel 5 Uhr Beromünster.
12. 9.: Sehr schönes Wetter, Westwind, warm sonnig, Bewölkung zunehmend von Westen her, Vollmond.
7. 10.: 2 mal ins Kino gewesen.
19. 10: Lichtbilder-Vortrag über Berg Athos und Mönchen.
9. 11.: Lichtbilder-Vortrag über Afrika.
6. 12.: Nach Zürich, dichter Nebel, Glatteis auf den Straßen.
8. 12.: Schönes Wetter, Alpensicht sehr gut, Alpenglühen.
10. 12.: Fernglas bestellt.
12. 12.: Wind aus Westen, Glatteis sehr arg an manchen Stellen.
13. 12.: Ganz dichter Nebel, kühl.
14. 12.: Bewölkt, Schneefall.
15. 12.: Furchtbarer Sturm mit Regen.
26. 12.: Kostüme richten, knirschender Schnee.
30. 12.: Weihnachtsspiel in Schwand um 4 Uhr Lindenhof.

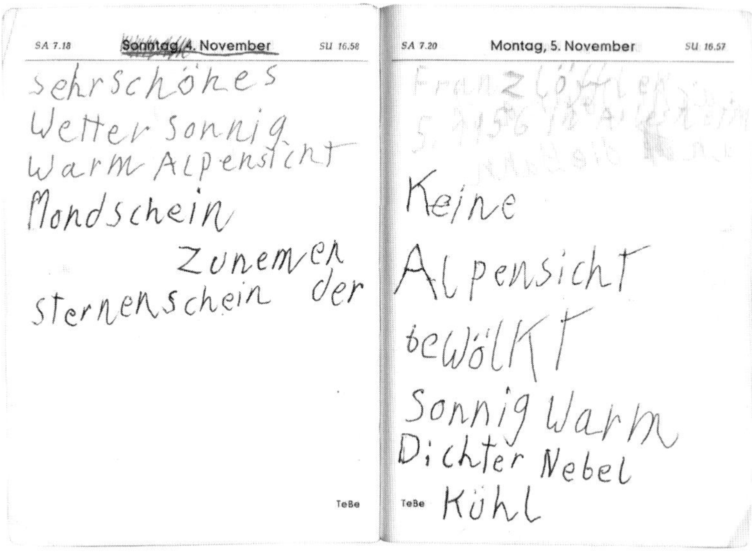

Aus Roberts Tagebuch

Die Art seines Sprechens, das Drängende und das ausgeprägte R hat Robert zeitlebens beibehalten. Heinrich Eckinger schilderte er eine Zugankunft am Bahnsteig folgendermaßen: «Dann kam der Zug, dann kam der Zug immer näher, dann kam der Zug noch näher, dann war der Zug ganz nah, und dann fuhr er langsamer und dann hielt der Zug.» Man habe dieses Geschehen beim Zuhören richtig miterlebt.

Einmal kam er ganz aufgeregt und sagte, seine Mutter müsse sich einer Augenoperation unterziehen: «Der Arzt hat gesagt, wir dürfen nicht zaudern!» Es stellte sich dann heraus, daß diese Operation schon vor Jahren erfolgt war.

Er konnte aber auch in gelöster Stimmung sein. Er war sehr religiös. Einmal hatte er ein Kirchenkonzert gehört, in welchem die Arie aus Händels *Messias* «Ich weiß, daß mein Erlöser lebt» gesungen wurde. Dieses Lied gefiel ihm außerordentlich gut. Die Worte «Ich weiß, daß

Robert

mein Erlöser lebt» habe er in ganz ernster Stimmung nachgesprochen und sei sich ihrer Bedeutung dabei sicherlich bewußt gewesen.

Robert telefonierte gern. Man habe sich immer gefreut, wenn er einen Besuch gemacht oder auch nur angerufen habe. Seine Anrufe von ihm habe man sich gegenseitig froh mitgeteilt. Einmal rief er bei Eckingers in Dornach an, es sei ganz wunderbares Wetter bei ihnen. «Von wo aus rufst du denn an?» – «Von Arlesheim.»

Beim Neubau der Ita-Wegman-Klinik stand er begeistert beim Lastenaufzug und wiederholte: «Rrrauf und rrrunterr!»

Einen Bericht aus dieser Zeit hat uns Rolf Dieter Klemm gegeben:

«Gegen Ende der fünfziger und in den sechziger Jahren waren wir mit unseren damals noch kleinen Kindern häufig auf dem Freundehof am Belchen zu Gast. Ein Ferienparadies für Kinder! Die in der Umgebung verstreut lebenden Anthroposophen hatten nicht sonderlich viel Kontakt miteinander, aber wenn sie sich gegenseitig besuchten – das kam oft unvermutet schnell zustande –, gab es ein kleines spontanes Fest. Der Freundehof war berühmt für seine aus dem Stegreif entstandenen Festlichkeiten.

So rauschten an einem fröhlichen Sonntagnachmittag auch die Mutter Roberts mit der lärmenden Grandezza einer russischen Großfürstin – der Pflegesohn Peter war herrschaftlicher Fahrer des wie ein Rolls-Royce wirkenden Uralt-Mercedes – und ihr Sohn Robert heran. Polternder Empfang, alle vorhandenen Kinder gafften sich erst einmal satt: die ‹Fürstin› mit freundlichem Pathos, leise das Umfeld regierend, Peter mit seinem ein wenig tollpatschig wirkenden, kinderfreundlichen Charme – und natürlich Rrroberrt! Er war von gedrungener Gestalt, kurzfingrig, aber mit weit ausholenden Gebärden, breitem Gesicht, kurzen, struppig wirkenden Haaren, den nicht sehr großen, oben kurzen, aber weit abstehenden Ohren und immer leicht grimmassierenden, ständig durch viele Stimmungen wandernden Mienen. Nach dem ersten Erschrecken über die seltsame Gestalt gewann bei den Kindern die Neugier schnell die Oberhand, und Robert gewann die Kinderherzen rasch durch seine zugewandte Art, die possenhaften Spieleinfälle und schrulligen Geschichten, die er zum besten gab. Vor allem machte dieses wie eine Basler Fasnachtsratsche knarrende ‹Rrr› großen Eindruck. Er liebte Wörter mit R, seine ganze Sprechweise war davon durchsetzt. Was Wunder, daß die Kinder tagelang ‹Robert› spielten. – Schließlich waren die geräuschvollen, alle Anwesenden aufscheuchenden Kaffeetafelvorbereitungen beendet. Irgendwie hatten alle einen Platz, verteilt auf der ohnehin übervollen Tenne, an lauter provisorischen Tischen – Bretter, irgendwie drapiert – überall ein kleiner Schmuck, jeder bekam einen Teller, meist aber Brettchen verschiedener Art, auch richtige Teller, irgendwelche Gefäße als Tassen, und jeder hatte ein Stück Kuchen.

Bald schwirrten die Kinder auseinander, das Fest zerstob. Aber die ‹Fürstin›, nein alle Fürstinnen, die Damen vom Freundehof waren ebensolche, thronten, zwischen ihnen die verbliebenen Erwachsenen – Eltern und anderer Besuch, der sich auch eingefunden hatte –, und das Gespräch erhob sich in ungeahnte literarische Höhen. Wie beiläufig wurden Goethes Balladen erwähnt, ein leiser Wink der Mutter, und Robert legte los: seitenweise, auswendig, mit dramatischen Gebärden, die Augen rollten: ‹Das Wasserr rrauscht.› ‹Wirrr singen und sagen vom Grrrafen so gerrrn.› So schnurrte das ab, zwischen gekonnt leisen Tönen und mächtiger Lautstärke wechselnd, manchmal unheimlich durch die drohende Lebendigkeit seiner Augen, manchmal weich, fast zart, schwankend zwischen sanft grummelnden Augenblicken, dann wieder bis zum Grotesken gesteigert. Eine kaum bemerkbare mütterliche Geste der Augenbraue oder des kleinen Fingers konnte da dämpfen. Immer hatten seine Augen zwischen Wildheit und Zartheit einen Blick für die Wirkung auf die Runde.

Dann Szenenwechsel, mit leisem Wink von der Mutter arrangiert: Die Gebanntheit löste sich, das Gespräch lebte wieder auf. Peter durfte auch etwas Kluges sagen, doch bald war Robert wieder dran. Jetzt wurde Farbenlehre zelebriert. Die Mutter genoß es. Doch bald begann er sich zu verheddern, vermischte Aussagen Goethes mit solchen Rudolf Steiners – lächelndes Verzeihen: Wem würde das nicht auch passieren können? Immerhin, eine ganze Strecke hatte er ohne Stichwort geschafft, genoß es selbst, immer die Wirkung mit prüfendem Blick auslotend. Das Gespräch zog sich noch eine Weile hin.

Ein anderer Auftritt ist mir noch erinnerlich. Ich meine, es sei Dreikönig 1962 gewesen. Ein Anruf, sie kämen mit dem Spiel. So versammelte sich der Freundehof auf der Tenne, in der Mitte ein Freiraum. Draußen stürmisches Wetter, es dämmerte schon. Da polterte es auf der Treppe – das Auto hatten wir wegen des Windes nicht gehört –, die Tür brach herein, und mit einem Windstoß fegten sie mitten ins versammelte Volk: die Mutter als roter König, Peter der blaue, Robert mit geschwärztem Gesicht der grüne. Alle trugen ihre Gaben, ordneten sich zu gemessenem Schritt und zelebrierten ohne sonstige Utensilien ihre Anbetung, tief eindringlich. Der Text war, wenn ich recht erinnere, aus dem Oberuferer Spiel zusammengezogen; nur die Stimmung ist mir noch ganz gegenwärtig: bewegt, doch mit großer, feierlicher Ruhe in seiner Begrüßung der rote König – man spürte alle guten Seiten der erfahrenen Schauspielerin –, ein wenig pathetisch und aufgesetzt der blaue, und dann der grüne als dritter: schon vorher das dunkle Gesicht, in dem die aufgerissenen Augen noch größer wirkten, die ständig in zuckender Beweglichkeit befindlichen Mienen, wie hin- und hergerissenen zwischen Inbrunst und Verzweiflung. Und als sein Text kam, grollte sein Baß wie aus einer unerlösten Tiefe herauf, brummend, langsam, andächtig. Dann klärte sich die Stimme, der Blick wurde ruhig, ein Leuchten lag auf der sich glättenden Miene. Das Myrrhengeschenk stellte er mit unendlich behutsamer Gebärde zum Kripplein, eine feine, scheue Verneigung, ein knappes Abschiedswort des Melchior, in welches alle einbezogen waren, und schon verschwand die Schar mit einem kräftigen Luftzug in die stürmische, inzwischen hereingebrochene Nacht.»

Nach dem Tode des Vaters wurde der Pfarrer des Dorfes zum Vormund von Robert bestimmt. Die Mutter, inzwischen sehr viel älter geworden, war nach wie vor außerordentlich temperamentvoll, dramatisch und auch faszinierend, innerlich immer noch ganz vom Theaterleben erfüllt. Da der «Lindenhof» als Ferienpension finanziell nicht das Allernötigste einbrachte, lebte die Hausgemeinschaft auch von der kleinen Pension, welche die Mutter erhielt, und von den Erträgnissen des Hausgartens.

Am 13. Dezember 1973 starb die Mutter. Kurz zuvor hatte sie dem einen ihrer Schüler das Haus mit der Bedingung überschrieben, daß Robert in seinem kleinen Zimmer im oberen Stockwerk zeitlebens wohnen bleiben dürfe und daß für ihn gesorgt würde. Außerdem besorgte sie ihm einen Kredit bei einer Bank. – Eine weibliche Persönlichkeit für die Betreuung Roberts zu finden war an verschiedenen Umständen, nicht zuletzt an der geringen Möglichkeit der Mutter, auf Bedürfnisse anderer Menschen eingehen zu können, gescheitert.

Gelegentlich machten die drei jungen Männer nun Besuche in der Nachbarschaft, am liebsten an Sonntagnachmittagen, wenn sie eine Bewirtung mit Kaffee und Kuchen erwarten konnten. Sie traten dann auch fordernd auf: «Nun, jetzt bringt mal den Kuchen.» Robert sei aber anzumerken gewesen, daß ihm dieser Ton unangenehm war. Als bei einem Besuch diese burschikose Art ein mitgekommenes Kleinkind fast zum Weinen brachte, rettete er die Situation dadurch, daß er dem Kind unbemerkt ein Kätzchen auf den Schoß setzte.

Im Frühjahr 1977 wurde offensichtlich, daß der Hausstand in dieser Jungmännerwirtschaft nicht zusammengehalten werden konnte. Es fanden sich bald auch nichtzahlende Gäste ein, so daß die Schulden allmählich mehr und mehr wurden. Auch war Robert nicht mehr genügend versorgt. Seine körperliche Verfassung war sehr schlecht, er hatte kaum noch Zähne im Mund und konnte auf dem linken Auge nicht mehr sehen. Ein englisches Ehepaar zog in das Haus mit ein, in

Robert im Alter

der Absicht, es käuflich zu erwerben, bevor es zu einer Versteigerung käme. Dabei war an die Übernahme und Versorgung Roberts gedacht. Dieser Verkauf zerschlug sich aber, auch andere Interessenten konnten das Haus nicht erwerben.

Der Vormund wollte Robert, nachdem die Zustände unhaltbar geworden waren, in ein Altersheim bringen. Robert erkrankte aber vorher so schwer mit unklaren Beschwerden im Bauchraum, daß er am 5. April 1977 ins Krankenhaus nach Schopfheim eingewiesen werden mußte.

In genau dieser Zeit hörte Gotthard Starke, Arzt des heilpädagogischen Heimes in Bingenheim, von der ungenügenden Versorgung Roberts, und daß wohl auch finanzielle Hilfe notwendig sei, und fuhr zusammen mit der Heilpädagogin Annemarie Kempf am

13. April 1977 nach Schwand. Dort hörten sie von der Krankenhauseinweisung und trafen Robert in sehr geschwächtem Zustand an, so daß sie nur kurz mit ihm sprechen konnten. Am Schluß fand etwa dieser Dialog statt: «Robert, erinnern Sie sich noch an Rudolf Steiner?» – «Ja! Aber nun will ich schlafen.» – Entgegen der Meinung der Stationsschwester, welche glaubte, daß Robert bald entlassen werden könnte, hatte Starke den Eindruck, er nehme Abschied von diesem Leben, und bat die Schwester, alles zu tun, was zu seiner Erleichterung noch dienen könne.

Am folgenden Morgen um 5.30 Uhr starb Robert «ganz plötzlich, ohne daß eine genaue Todesursache festgestellt werden konnte. Am ehesten sind die Befunde mit einem Mesenterialinfarkt zu erklären» – so der Arztbericht.

So hat noch, wirklich im allerletzten Moment, eine Begegnung zwischen Robert und der heilpädagogischen Bewegung stattgefunden, aus welcher seine Mutter ihn abrupt herausgenommen hatte.

Seine Aufbahrung konnte durch eine ungewöhnliche Fügung im Lindenhof bewerkstelligt werden, so daß die Freunde die Nachtwachen halten konnten. Die Aussegnung im Hause durch den Pfarrer der Christengemeinschaft wurde durch Gitarrenmusik und lange sprachgestalterische Darbietungen von Gedichten und Sprüchen, etwa Goethes «Urworte, Orphisch», umrahmt. Schließlich gab eine lange Autokolonne Robert das letzte Geleit hinunter zum Friedhof in Tegernau, wo eine wirklich große Beerdigung unter Beteiligung des ganzen Dorfes stattfand.

Die Grabmale, das der Mutter, das einer früher verstorbenen Hausgenossin und das Roberts, heben sich durch schlichte Herzlichkeit von den übrigen des Friedhofs ab: Es sind naturbelassene Granitfelsen, auf welchen neben den Namen die Geburts- und Sterbejahre und jeweils ein kurzer Spruch auf einfachste Weise von den Hausgenossen eingemeißelt wurden. Neben dem Stein der Mutter liegt ein kleinerer, ebensolcher Naturstein mit einem rührend einfachen Bild einer Bühne mit einer Schauspielerin. Die Gräber sind liebevoll bepflanzt und gepflegt.

Auf Roberts Stein steht:

Das Schöne bewundern,
das Wahre behüten.

Ernst
1913 – 1946

Herkunft und Vorgeschichte

Der Vater Friedrich, von Beruf Ingenieur, wurde 1887 in Smichow in Böhmen, die Mutter Ernestine 1889 in Prag geboren. Der Großvater väterlicherseits, Friedrich, war kaiserlich-königlicher Hofrat, Professor an der Deutschen Technischen Hochschule in Prag, hielt bis zum 80. Lebensjahr Vorlesungen und starb 84jährig. Die Großmutter väterlicherseits, Ida, geboren 1863 in Prag, starb 82jährig in einem Gefangenenlager. Der Großvater mütterlicherseits, Josef, war Kommerzienrat und Hutfabrikant in Lieben und starb mit 76 Jahren. Die Großmutter mütterlicherseits, Marie, 1865 in Klagenfurt geboren, starb 79jährig im September 1945 an einem Herzleiden.

Die Geschwister der Eltern waren gesund. Eine Urgroßmutter väterlicherseits litt in hohem Alter an Verfolgungswahn und verbrachte ihre letzten Lebensjahre in einer Anstalt. Ein Großonkel war Neurastheniker. In der mütterlichen Familie kamen früher häufig Verwandtschaftsehen vor.

Ernst, das einzige Kind seiner Eltern, wurde am 24. Juni 1913 in Prag geboren. Die Geburt erfolgte vielleicht vierzehn Tage zu früh. Sie war schwer und dauerte lang, konnte jedoch ohne operativen Eingriff beendet werden. Die Mutter hatte während der Schwangerschaft Aufregungen durchzustehen. Sie soll während dieser Zeit unvernünftig gelebt und auch Alkohol getrunken haben.

Das neugeborene Kind war gesund und bekam zunächst Milch von einer Amme. Seine Verdauungstätigkeit war schlecht. Ernst lernte mit einem Jahr laufen, nach Angabe der Eltern begann er aber sehr spät zu sprechen. Rudolf Steiner äußerte später im Heilpädagogischen Kurs, daß er schon früh das Bedürfnis zum Sprechen gehabt haben müsse.

Vorübergehend wollte Ernst nicht einschlafen, wenn niemand im Zimmer war. Der Appetit war gut, das Essen dauerte aber jeweils lange, da das Kind insgesamt wenig Konzentration zeigte und leicht ablenkbar war. Bis 1921 hatte Ernst noch keine Kinderkrankheiten durchgemacht, in den Jahren zwischen 1921 und 1924 Windpocken bekommen. Gegen Erkältungen war er nicht anfällig. Wenn er aber fieberte, war das Fieber schnell recht hoch.

Mit dreieinhalb Jahren (in einem Bericht des Vaters, der aber auch sonst einige Fehler enthält, ist angegeben: mit zwei Jahren) erkrankte Ernst mit hohem Fieber und erlitt einen kurz dauernden nächtlichen Krampfanfall. Anschließend bestand eine leichte linksseitige Lähmung. Am 13. März 1913, also mit 4 3/4 Jahren, trat wieder ein Krampfanfall auf, dieses Mal von eineinhalb Stunden Dauer. Von da ab wiederholten sich die Krämpfe in Abständen von einigen Wochen bis fast zu einem Jahr immer wieder. Sie traten meist nachts auf, äußerten sich in Zuckungen der linken Körperhälfte sowie Verdrehen der Augen nach links und waren von vollständiger Bewußtlosigkeit begleitet. Anschließend war das Kind sehr erschöpft und mußte oft erbrechen. Es bekam Brom- und Chloral-Klistiere, einmal, bei einem einstündigen Anfall, eine Äthernarkose. Schilddrüsenpräparate brachten keinen sichtbaren Erfolg.

Bis zum achten Lebensjahre besuchte Ernst keine Schule. Eine Kindergärtnerin beschäftigte sich mit ihm. Bei ihr lernte er Ziffern und Buchstaben. Auffällig war, daß er keinen Zeitbegriff entwickelte. Formen, Farben und Tiere kannte er aber. Er hatte ein gutes Gedächtnis und war überdurchschnittlich lebhaft, in der Motorik aber ungeschickt. Er war gut zu führen, nicht jähzornig, wenngleich heftig im Umgang mit Kindern, die er als Einzelkind allerdings kaum erlebte. Bei den Erwachsenen seiner Umgebung verhielt er sich angepaßt, fügsam. Er sei liebevolle Behandlung gewohnt gewesen. Die Hausgenossen, insbesondere die beiden Großmütter, verwöhnten ihn sehr.

Da er keine Normalschule besuchen konnte, wurde er mit 8 3/4 Jahren, am 16. Oktober 1921, in Johannes Trüpers Erziehungsheim «Sophienhöhe» in Jena zur Pflege und Erziehung aufgenommen (zur Geschichte dieses Heims siehe im Anhang, S. 259). Der erste Bericht von dort lautete: «21. 12. 1921: Macht körperlich gesunden und kräftigen Eindruck, sieht frisch und blühend aus. Bald nach der

Aufnahme ein Anfall, der wohl von der Aufregung der Reise herrührte. Zuckungen besonders an der linken Seite. Bei der körperlichen Untersuchung außer lebhaften Haut- und Sehnenreflexen nichts Besonderes. Kein Babinski [Pyramidenbahnreflex]. Diagnose: Epilepsie bei alter Herderkrankung. Seelisch starke Willens-, Konzentrations- und Leistungsschwäche. Zeigt im Kindergarten wenig Interesse für die Umwelt. Zerstört gern, ärgert seine Gespielen.»

Auszug aus dem Bericht über die Zeit zwischen Weihnachten 1921 und Ostern 1922: «3.2.22: Ein epileptischer Anfall, der von ½ 7 bis 11 Uhr anhielt. Zuckungen abwechselnd auf beiden Seiten. Nach Chloral-Klistier ruhig und Schlaf. Tagelang danach körperlich geschwächt. Nach Gaben von 0,1 % Luminal Dämmerzustand, der ihn körperlich und geistig leistungsunfähig machte, bis die Dosis auf eine halbe Tablette herabgesetzt wurde. Beim orthopädischen Turnen sehr geringe Fortschritte. Seelisch langsame Fortschritte in der Bekämpfung seiner Willensschwäche. Lernt sich zu beherrschen. Nimmt am Anschauungsunterricht gern Anteil. Rechnen gut, hört gern Musik und Gesang.»

Ostern bis Juli 1922: «7.5.: Ein Anfall, träge, muß zum Essen und zur Bewegung im Freien angehalten werden. Im Schulischen mit viel Ausdauer nur auf spielerischem Wege zur Konzentration zu bringen.»

September bis Weihnachten 1922: «Macht im Schreiben, Rechnen und Sprechen langsame, geringe Fortschritte.»

Januar bis März 1923: «Nahm in diesem Tertial nicht am Unterricht teil, hatte schweren Anfall, war an Grippe erkrankt. Seine körperliche und seelische Verfassung hat hierunter sehr gelitten.»

Aus einem Brief an die Eltern vom 10. Februar 1923: «Ich möchte Ihnen nun heute nochmals Nachricht über das Befinden von Ernstchen geben. Leider liegt der Kleine immer noch zu Bett, obwohl er sehr vergnügt ist. Kurz nachdem Sie damals weggereist waren, bemerkten wir, daß die linke Seite des Kindes, sowohl Arm wie auch Bein, Lähmungserscheinungen aufwies, und zwar kurz nachdem wir versuchten, ihn wieder aufstehen zu lassen, da er wieder völlig gesund erschien. Gleich beim ersten Mittagessen außer Bett beobachteten wir, daß er das linke Ärmchen gar nicht benutzte und nur mit dem rechten Händchen das linke heranzog. Auch beim Gehen zog er das linke Beinchen etwas nach. Wir legten ihn natürlich sofort wieder zu Bett und baten Prof. Giese um seinen Rat, der zu größter Bettruhe und Schonung riet. Allmählich ist es etwas besser geworden. Sein Gesichtchen, welches ebenfalls durch die Lähmung etwas in Mitleidenschaft gezogen war (das Mündchen stand schief), ist völlig in Ordnung. Herr Professor hat das Kind verschiedentlich angesehen, gestern auch der Direktor der Psychiatrischen Klinik, Herr Prof. Berger, der den Kleinen gründlich untersuchte und Herrn Prof. Giese beipflichtete, daß das Kind fürs erste sehr geschont werden müsse. Er soll auch jetzt noch zu Bett bleiben und täglich nur eine Stunde aufstehen, bei schönem Wetter dann etwas an die Luft, jedoch ganz langsam beginnend mit einer Viertelstunde. Auch schlug er täglich leichte Massage bei dem Kinde vor, sowie Einnehmen von Urotropin. Wir tun nun selbstverständlich alles für das Kind. Es ist nicht unwahrscheinlich, daß der Aufenthalt während der Ferien daheim nicht günstig auf Ernst gewirkt hat, auch schon der vermehrten Fleischkost wegen, die Gift für ihn ist. Das Kind bedarf gerade nach dieser Seite hin einer sehr sorgfältigen Diät, die in völlig reizloser Kost bestehen muß. Sein Appetit ist sonst gut, auch sein Schlaf. Er liegt sehr lieb in seinem Bettchen, und es ist ihm am liebsten, wenn seine Pflegerin etwas erzählt oder Geschichten vorliest. Das Verlangen aufzustehen ist gar nicht sehr groß bei ihm. Wir hoffen, daß wir Ihnen bald Besseres mitteilen können, obwohl Herr Prof. Berger eine völlige Schonungszeit, körperliche wie geistige, für mindestens 6 Wochen notwendig hält. Ernst wird Ihnen aber von jetzt an wieder wöchentlich etwas erzählen, damit Sie auch aus seinem Kindesleben stets Nachricht haben. [...] M. Bickenbach.»

Am 20. 4. 1923 wurde Ernst durch einen weiteren Arzt, Prof. Thiemann, untersucht. Seine Beurteilung lautete: «Es besteht zweifellos noch eine Schwäche des linken Armes und der linken Hand, obwohl der Muskelschwund ein sehr geringer ist und sich in der Hauptsache auf die Muskulatur des Unterarmes beschränkt. An der Schulter nur wenig Unterschied. An den Beinen kein Muskelschwund. – Massage und orthopädische Übungen werden empfohlen.»

Die Berichte von Ostern bis Dezember 1923 lassen keine Fortschritte erkennen. Der Abschlußbericht lautet: «Ernst war vom Oktober 1921 bis Dezember 1923 bei uns. Bei dem damaligen Alter von 8 bis 10 Jahren war eine endgültige Entscheidung über die Aussichten des Jungen noch nicht zu fällen. Bei dem stark entwickelten Phantasieleben und einer ausgesprochenen Konzentrationsunfähigkeit war bei seinem Eintritt mit acht Jahren ein Unterricht auch im Sinn der Hilfsschule noch nicht möglich, so daß wir ihn einer Sonderkindergarten-Gruppe zuführen mußten. – Aus der Vorgeschichte ist uns bekannt, daß der Junge Anfälle epileptischer Natur hatte, die auch hier beobachtet worden sind. Die Anfälle, die zeitweise in ziemlich langen Abständen kamen, haben sich dann zeitweise trotz Luminalgabe so gehäuft, daß sie etwa wöchentlich auftraten. Eine Röntgenuntersuchung des Schädels war wegen der hochgradigen Unruhe des Jungen nicht möglich. Sonst ließen sich Anzeichen für eine erworbene Epilepsie nicht sicher feststellen. Im Jahre 1923 traten im Anschluß an einen Anfall Fiebererscheinungen auf, die vom hiesigen Ordinarius für Psychiatrie als Influenza bezeichnet wurden, und nachfolgend dann eine Lähmung der linken Extremitäten, die einige Monate anhielt.

gez. Dr. Eyferth, Direktor.»

Anscheinend meldeten die Eltern Ernst Ende Dezember 1923 von Jena ab und engagierten seine bisherige Betreuerin, Cläre Führ, für seine Versorgung – jedenfalls betreute sie ihn weiterhin.

Da man, wohl bei einer Untersuchung in Prag, erhöhten Liquordruck der inneren Kammern des Gehirns annahm, wurde nach mehreren Punktionsversuchen im Frühjahr 1924 ein Balkenstich[45] gemacht, was aber auch nicht zum Aufhören der Anfälle führte. Ebenso blieb eine Behandlung mit Calcium lacticum ohne Erfolg.

Im Frühjahr 1924, als Ernst elf Jahre alt war, begegnete Rudolf Steiner dem Knaben auf einer Reise, und es muß damals ein Aufenthalt im Klinisch-Therapeutischen Institut Arlesheim verabredet worden sein. Cläre Führ brachte ihn dorthin (was zur Folge hatte, daß sie am Heilpädagogischen Kurs teilnahm, obwohl sie keine Neigung zur Anthroposophie hatte und auch später keinen Kontakt zur anthroposophischen Heilpädagogik pflegte).

Aufnahmebefund in Arlesheim: Kräftiger Körperbau, guter Ernährungszustand, im Wesen zutraulich, jedoch keine besondere Zuneigung zu bestimmten Personen, auch nicht zu den Eltern. Kann auch jähzornig sein. Lebhafte Phantasie, auch Liebe zu Tieren und Pflanzen. Spätes Einschlafen, er redet oft im Schlaf, besonders wenn er spät gegessen hat. Der Appetit ist gut, aber Abneigung gegen Obst, Säuren und Gemüse, Vorliebe für Fleisch. Die Verdauung ist jetzt gut. Er ermüdet rasch. Er schwitzt viel.

Rudolf Steiner empfahl die folgende Therapie:

1. Belladonna D 10 als Injektionen
2. Schwitzen mit Lindenblütentee
3. Honigmilch morgens und abends.

Heilpädagogischer Kurs.
Siebter Vortrag

Rudolf Steiner berichtete, daß er den jetzt elfjährigen Ernst auf einer Reise kennengelernt habe. Er sei ein verhältnismäßig schwieriges Kind. Er trug die aus der Krankengeschichte entnommene obige Vorgeschichte vor. Bezüglich des Wesens der Epilepsie verwies er auf seine Ausführungen im dritten Vortrag des Kurses. Bis zum vierten Lebensjahr sei aber der Organismus noch nicht so weit entwickelt, daß die Organisation bzw. die Wandungen der Organe die Astral-Organisation zurückstoßen könne. Bei Ernst seien die Krampfanfälle deshalb auch erst im dritten, vierten Lebensjahr aufgetreten. Bei ihm durchbreche die Astralität doch in einem gewissen Grade die Wände mit Hilfe einer – natürlich unbewußten – Anstrengung. Diese dauere so lange, wie der Krampf anhalte. Danach entstehe im Organismus hinter der Stelle, wo vorher die Stauung gedrückt habe, eine relative Leere. Diese Unregelmäßigkeit äußere sich durch Zuckungen.

Die Astralität sei – und darin bestehe ihre Befreiung – nach der schwächeren, der linken Seite ausgewichen. Das zeige sich daran, daß die Augen nach links schauten. Es habe sich also eine Verschiebung der Astralität von rechts nach links ergeben. Und diese habe sich, weil sie heftig war, auf die ätherische und physische Organisation fortgesetzt. Alles, was für eine bestimmte Stelle in der Organisation von außen komme, nicht von ihr selbst an dieser Stelle zubereitet sei, wirke wie eine Giftinfiltration. Und diese Vergiftung habe die anschließende Lähmung bewirkt. Diese sei durch die Massagen nach einem Vierteljahr zwar besser geworden, eine leichte Schwäche, die sich in Ungeschicklichkeit zeige, sei aber geblieben.

Inzwischen (gegenüber Januar 1923) hätten die Anfälle ihren Charakter wesentlich geändert: Sie seien nur noch kurz, träten aber in kürzeren, jetzt wöchentlichen Abständen neun Stunden nach dem Einschlafen auf. Ernst schreie aus dem Schlaf heraus, wache auf und stelle sich auf. Starke Blähungen seien als charakteristische Begleiterscheinungen zu bemerken. Bewußtlosigkeit und Zuckungen seien nicht mehr mit den Anfällen verbunden.

Zu diesem Zustand, so führte Steiner weiter aus, hatten die folgenden Umstände geführt: Der mütterliche Organismus war keine wirklich geeignete Stätte für den Embryo, weshalb die Geburt auch vielleicht um vierzehn Tage zu früh eintrat. Auch der erste (Modell-)Leib kam schon durch den Alkoholgenuß der Mutter in Dekadenz. Sicherlich traten auch im ersten Jahrsiebt schon Unregelmäßigkeiten auf, weil der Astralleib und die Ich-Organisation nicht in die unteren Wesensglieder untertauchen konnten. Das verfrühte Sprechbedürfnis und nervöse Aufgeregtheit (Außer-sich-Sein) wurden von der Familie nur nicht beobachtet. Dieses Mißverhältnis der Wesensglieder machte es auch unmöglich, in die Nachahmung zu kommen.

Im ersten Jahrsiebt sollten normalerweise Ich und Astralleib vom Kopf aus die physischen Organe fertig gestalten. Hier bei Ernst konnten sie das nicht richtig, weshalb um die Hälfte dieses Zeitraumes, mit dreieinhalb Jahren, diese Organe schon verkümmert herauskamen. Als Folge davon konnten einerseits die Organwandungen den Astralleib beim Aufwachen nicht richtig durchlassen, andererseits war auch die Verdauungsorganisation kräftemäßig schwach, da die Ich-Organisation nicht ordentlich in ihr wirkte.

Eine Eigentümlichkeit bei Ernst sei, daß nicht ein bestimmtes Organ den Astralleib am Durchdringen in die Kräfte der ätherischen Welt hindere, sondern daß die Gesamtheit aller Organe gleichmäßig so ausgebildet sei. Dadurch sei aber auch gerade die Möglichkeit für Deformationen gegeben, indem der Astralleib nach der linken, schwächeren Seite ausweiche mit der Folge der Lähmungen links.

Die Änderung im Charakter der Anfälle seit der kritischen Situation 1923 zeige eine Art von Genesung, von naturgemäßem Besserwerden.

Bei der Therapie gehe es vor allem darum, dem im oberen Organismus zu stark wirkenden Astralleib alle Möglichkeit zu entziehen, Kräfte zu entwickeln, die ihn in der Anpassung an den ätherischen und physischen Leib hindern.

Die folgenden Maßnahmen wurden angegeben:

1. *Heilpädagogisch:*
   Als erstes müsse man Ernst sein fertiges Spielzeug wegnehmen, welches Gift für ihn sei. Dafür solle er dazu angeregt werden, an unfertig gestaltetem Material, an dem er selber formen könne, Phantasie zu entwickeln, z. B. durch das Schnitzen einer menschlichen Figur aus Holz. Möglichst viel Malen, vor allem aber Formen Prägen. Überhaupt solle er vieles selber tun. (Diese Anregungen stießen bei Cläre Führ, die glaubte, daß nur sie ihren Ernst richtig kenne, auf großen Widerstand. Sie wollte, daß er seinen Teddybären behalten dürfe.)
2. *Medikamentös bzw. diätetisch:*
   Zur Fleischnahrung sollte Fruchtsäure zugesetzt werden, z. B. durch Kompottbeigabe.
3. *Heileurythmie:*
   Es sollten nicht einzelne Laute angewendet werden, sondern alles, was das Kind in Bewegung bringe, so daß der Astralleib dadurch herausgestaltet werde.
4. *Pädagogisch*:
   Die Methoden der Waldorfschule seien anzuwenden, gleichgültig, wie schnell der Junge in den Ergebnissen vorwärtskomme.

Weiterer Verlauf

Ernst blieb lange in anthroposophisch-heilpädagogischer Betreuung. Zunächst kam er nach einem Jahr in Arlesheim auf den Lauenstein nach Jena. Elisabeth (siehe S. 201ff.) erinnerte sich, wie unsicher er beim Gehen auf den Füßen stand, besonders beim Hinuntergehen auf einer Treppe oder von einem Berg.

Vom Lauenstein zog er mit in das Haus Bernhard in Jena-Zwätzen und kam schließlich für lange Jahre nach Gerswalde in der Uckermark. Dort erlitt er 1937 den Durchbruch eines Magengeschwüres, so daß er im Templiner Krankenhaus operiert werden mußte.

Zwei Episoden: Einmal war in der Halle des Schlosses Gerswalde gerade das Georgspiel gespielt worden. Da sagte Ernst mit seiner sehr

Ernst vorne links in seiner Kindergruppe
(mit Ingeborg Schüler und Wilhelm Wollborn)

langsamen, etwas zittrigen Stimme: «Der Drache war viel zu klein!»

Eine weitere: Eines Tages kam der Schulrat zu Besuch und brachte für die Kinder einen Fußball mit, den er Ernst übergab mit der Aufforderung, ihn doch einmal in die Gegend zu schießen. Ernst traute sich zunächst nicht, vielleicht weil er schon fürchtete, daß ein Unglück passieren könne, nahm aber dann einen Anlauf und schoß den Ball dem Schulrat an den Kopf.

Ernst wurde – nach der Warnung des politisch immer sehr gut informierten Vaters eines anderen Betreuten aus Gerswalde und nach einem im Spätsommer 1941 verdächtig erscheinenden Besuch eines Ministerialrates – zusammen mit einigen anderen Betreuten in Gerswalde polizeilich abgemeldet und bei Gefahr, also bei offiziellen Besuchen, in der Gärtnerei der Gärtnersfamilie versteckt. Wichtig war, daß diese Menschen in der Einwohnermeldeliste nicht mehr verzeichnet waren. Ein sehr lauter Junge, der mit seinem Krach alle verraten hätte, mußte leider von dieser Aktion ausgenommen werden.

Die Eltern wurden verständigt, daß man für das Leben der Schützlinge keine Sicherheit garantieren könne. Man glaubte, daß sie in den großen konfessionellen Heimen besser geschützt seien. So schrieb der Vater von Ernst an eine Heilstätte in Norddeutschland:

«Prag, 29. Okt. 1942 [...] Auf Empfehlung der hiesigen Universitätsklinik wende ich mich an Ihre Anstalt mit der Anfrage, ob die Unterbringung meines Sohnes bei Ihnen in Frage kommt. Mein Sohn ist heute 29 Jahre alt und nach einer überstandenen Meningitis im Alter von zwei Jahren und einer schweren Gehirngrippe mit sieben Jahren unheilbar schwachsinnig. Er war in den letzten Jahren im Erziehungsheim Gerswalde untergebracht, darf aber nach angeblich ergangenen Weisungen als unheilbarer Fall nicht weiter dort in Pflege bleiben. Da es hierzulande nur Irrenanstalten gibt und diese noch rein tschechisch geführt werden, kommt auch weiterhin nur eine Unterbringung im Reich in Frage. Ich bitte daher um Antwort, ob Ihr Institut den Pflegling übernehmen könnte, wenn nicht, bitte ich mir Adressen in Betracht kommender staatlicher Anstalten bekanntzugeben.»

Brief von Franz Löffler, dem Leiter des Heimes in Gerswalde, an die Anstaltsleitung jenes Heimes in Norddeutschland: «Gerswalde, den 8.1.1943 [...] Ich danke Ihnen für die Mitteilung und teile Ihnen mit, daß die Schwester Stephanie Keller am 15.1. (Freitag) Ernst zu Ihnen bringen wird. [...] Ernst ist seit mehr als 18 Jahren von uns betreut worden, und Sie werden verstehen, daß uns an seinem weiteren Wohlergehen sehr gelegen ist. Das Einleben dort wird ihm sicherlich nicht leichtfallen. Schwester Stephanie wird Ihnen gerne über ihn berichten. Ernst wird von sehr vielen Menschen geliebt. Infolge zeitbedingter Notwendigkeiten können wir ihn hier nicht länger behalten, was wir sehr bedauern. – Die Eltern haben sich nie um ihren Sohn gekümmert. Die Mutter hat ihn vor 15 Jahren zum letzten Mal gesehen. Der Vater hat ihn gelegentlich auf Geschäftsreisen für eine Stunde besucht. Um so mehr wurde er aber von unseren Mitarbeitern geliebt. Wir haben ein persönliches Verhältnis zu ihm gehabt. So fühlte er sich wohl. Er muß persönlich angesprochen werden, sonst fällt er in ein dumpfes Brüten. Im Laufe der Jahre panzerte er sich mit einer Reihe von Gewohnheiten, und wenn er in seinen Gewohnheiten gestört wird, kann er leicht in einen Erregungszustand verfallen, der aber ganz harmlos ist (epileptisches Äquivalent).»

Ernst im Jahre 1942

Bei der Aufnahme am 15.1.1943 gab Schwester Stephanie, die Ernst allerdings erst seit dem Mai 1942 kannte, folgende Beurteilung ab: Er sei gutwillig, im allgemeinen folgsam. Sauber. Bei Verweigerung von Wünschen zeige er kleine Erregungen, die aber schnell vorübergingen. Keine Neigung zum Entweichen – einmal habe er sich verlaufen, dabei sei er im Dunkeln in den See gelaufen. Er habe Sinn für Humor und sei anhänglich. Er habe ein gutes Gedächtnis, speziell für Personen, auch noch nach langer Zeit. Bei den kleinen Wutanfällen schimpfe er, richte seine Wut aber nur gegen Gegenstände, z. B. gegen Türklinken. Er habe keine eigentliche Arbeit geleistet, nur ganz kleine Ämter übernommen. Sie wiederholte, was der Leiter von Gerswalde schon geschrieben hatte: Alle hätten ihn gern. Den Grund dafür konnte sie nicht angeben. Absencen (kurzzeitige Bewußtseinstrübungen) seien aufgrund von Angaben der Mitpfleglinge anzunehmen. Sie selbst habe nie eine bemerkt. In der Nacht vom 13. zum 14. Januar, nachdem Ernst von dem beabsichtigten Anstaltswechsel gehört habe, seien angeblich Krampfanfälle aufgetreten. ‹Das Bett hat gewackelt›, hätten die Zimmerkameraden berichtet.

Befund bei der Aufnahme:
167 cm, 46,5 kg. Infantiler Körper, schmales Becken, große Narbe oberhalb des Nabels in der Medianlinie. Schädel rund, Stirn niedrig, Umfang 56 cm, keine Asymmetrie, keine Empfindlichkeit. Augenfarbe blau (auffällig dunkel). Kauzähne defekt. Schmale Hände, lange schmale Finger, grobe Kraft ist schwer zu prüfen. Hypotonie seitengleich. Sensibilität nicht zu prüfen. Alle sonstigen Erhebungen (innere Organe, Reflexe usw.) völlig normal. Psychisch: «Jede Intelligenzprüfung scheitert an der ablehnenden Haltung des Patienten.»

Auszüge und Zusammenfassungen aus der Krankengeschichte:
- 15.1.1943: Aufnahme.
- 16.1.: Zunächst wenig zugänglich, antwortet auf Fragen meist gar nicht, dreht sich auf die andere Seite, wenn er angesprochen wird. Nur sehr langsam gelingt es, einiges wenige aus ihm herauszubringen. Er habe in Gerswalde mit anderen zusammen geschlafen. Mit wie vielen? «Weiß ich nicht.» Sein Lebensalter, seinen Geburtstag weiß er nicht. Wann er gekommen sei, beantwortet er einmal mit «heute», einmal mit «gestern», bleibt dann aber bei «gestern». Freunde habe er in Gerswalde nicht gehabt. Soll die Zahlenreihe aufsagen: Wenn ihm der Anfang vorgesetzt wird, bringt er es fertig, immer die nächste Zahl richtig zu nennen, wenn ihm die vorherige gesagt ist. Über 16 macht er jedoch nicht mit. – Soll zunächst im Bett bleiben, ist damit einverstanden. Erster Eindruck: geistig erheblich beschränkt, durch den Anstaltswechsel aus der Bahn geworfen, mißtrauisch, zunächst unfähig, Beziehung zu der neuen Umwelt zu finden. Erregung nicht erkennbar.
- 18.1.: Bisher Bettruhe. Heute im Untersuchungszimmer. Zuerst wie bisher ablehnend: «Wenn ich das wüßte!» Dann wurde er plötzlich redselig: «Diese Nacht habe ich schlecht geträumt. Aber

den Traum habe ich nicht behalten. Ich bin gleich wieder eingeschlafen.» – «Unterwegs wollte ich brechen. Die Leute haben mich angeguckt, die haben gesagt: ‹Das ist gewiß kein Jung.› Ich habe gesagt: ‹Ich bin aber einer›.» – «Willst du hier bleiben?» – «Ja.» Dann endet der Redestrom. Schneidet Grimassen. Zupft an den Fingern. Leerer, dann wieder suchender, fragender Blick. Manchmal schnaufende Atemzüge. Verlegenheit? Erregung? Auch auf einfachste Fragen erfolgt keine Antwort oder das stereotype «Ich weiß es nicht».

– 22.1.: Es ist vorgekommen, daß der Patient einen Mitkranken geschlagen hat, wenn auch nicht ernstlich. Er beteiligt sich regelmäßig einige Stunden beim Aussuchen von Knöpfen. Exploration auf jede Intelligenzprüfung scheitert an der ablehnenden Haltung des Patienten. Dieser sitzt mit übereinandergeschlagenen Beinen da, den Kopf gesenkt, allerlei zwecklose Körperverdrehungen machend. Einmal sagt er zwischendurch, er sei heute traurig, «weil unser Fischer gestorben ist». Näheres kann er dazu nicht erklären. Ob er rechnen könne: «Wenn ich das wüßte!» Kindlich fragender Gesichtsausdruck. Im Haus findet er sich zurecht.

– 25.1.: In der Nacht anscheinend epileptischer Krampfanfall. Die Mitkranken beobachten Zuckungen. Der dazugerufene Pfleger findet den Patienten ganz bewußtlos, schnaufende Atmung, Schaum vor dem Mund, keine Zuckungen, kein Einnässen. Soweit sich feststellen läßt, kein Zungenbiß. (Der Patient bringt es nur sehr wenig fertig, die Zunge herauszustrecken.)

– 29.1.: Nachts ein, am Tage zwei epileptische Krampfanfälle. Bei einem fällt er aus dem Bett. Wird neben dem Bett völlig bewußtlos liegend gefunden. Es wurden noch einige klonische Zuckungen gesehen. Kein Zungenbiß, kein Einnässen. Über dem linken Auge Schwellung und Hautverfärbung.

– 30.1.: Besuch des Vaters. Dieser hat nur ganz kurz Zeit. Den Arzt spricht er nur telefonisch. Sein Urteil über den Sohn ist, daß «nichts zu machen ist», obwohl seinerzeit alle Kapazitäten herangezogen worden seien. Über das Auftreten von Krampfanfällen ist er sehr erstaunt. Sie seien jetzt lange Zeit ganz weggeblieben. Früher seien sie eine Zeitlang ziemlich regelmäßig in Abständen von einem Vierteljahr aufgetreten.

– 2.2.: Soll regelmäßig abends Luminal 0,1 nehmen.

Luminal → eigentlich ein Schlafmittel

- 10.2.: Unter Luminal kein Anfall mehr eingetreten. Luminal wird heute abgesetzt. – Ist heute wieder einmal redselig, wenigstens einen kurzen Augenblick. Er erzählt, er habe heute richtige Tränen geweint, weil sein Lehrer, Herr Fischer, gestorben sei. Als er näher darüber ausgefragt werden soll, ist wieder nichts aus ihm herauszuholen. Weitere Intelligenzprüfung war wegen des ablehnenden Verhaltens immer noch nicht möglich. Läßt alle Fragen unbeantwortet. Murmelt leise vor sich hin. Auch mit den Mitkranken und den Pflegern spricht er nicht.
- 11.2.: Wird zwecks weiterer Untersuchung in die Epileptiker-Anstalt verlegt. Diagnose: Frühkindliche Gehirnschädigung wahrscheinlich. Enzephalitis im vierten Lebensjahr. Neurologischer Befund dürftig und unsicher.
- 10.3.: Enzephalographischer Befund:
  1. Knöcherner Schädel in Form und Dicke normal. Sella turcica besonders klein, nicht überbrückt. – Impressiones digitatae nicht erkennbar. Oberflächenzeichnung rechts wesentlich stärker als links. Im Bereich des Hinterlappens ist eine – verbreiterten Hirnsulci entsprechende – starke Luftansammlung erkennbar. Die Luftansammlung ist über der ganzen rechten Hemisphäre stärker als links. Nur auf der rechten Aufnahme ist ein stark erweiterter Seitenventrikel erkennbar. Auf der linken, auch nach Wiederholung, bei längerer Lagerung auf der Seite, keine Darstellung.
  2. Beide Vorderhörner dargestellt. Das linke ist annähernd normal konfiguriert. Das rechte wesentlich erweitert, etwa doppelt so groß. Der dritte Ventrikel liegt, als spaltförmige Luftansammlung erkennbar, in der Medianlinie.
  3. Schädel symmetrisch. Die Luftfüllung über der rechten Hemisphäre ist bedeutend stärker als die im Bereich der Norm liegenden über der linken. Es ist nur das rechte Hinterhorn dargestellt, das mächtig erweitert erscheint. Das linke kommt, auch nach Lagerung auf die rechte Seite, nicht zur Darstellung.

Zusammenfassung: Starke Erweiterung des rechten Seitenventrikels. Linkes Hinterhorn nicht gefüllt. Umschriebene Luftansammlung im Bereich des rechten Hinterlappens, die einer Erweiterung der Hirnsulci entsprechen dürfte. Hirnatrophischer Prozeß nach Enzephalitis?

Rückblickend auf das Jahr 1943 wurde in der Krankengeschichte festgehalten, daß Ernst in diesem Jahr 8 kg abnahm. Nach dem März waren unter der Therapie mit Kalium bromatum 2,0, 2 x täglich, keine Anfälle mehr aufgetreten. Ernst war nicht zu beschäftigen, arbeitsunlustig, ging tags unruhig hin und her. Er sprach nur auf Anrede. Er hielt sich trocken und sauber. Im April erfolgte seine Ausmusterung durch das Wehrbezirkskommando, und im Mai wurde er wegen Geisteskrankheit vom Bezirksgericht in Prag entmündigt und unter die Vormundschaft seines Vaters gestellt.

Im Januar 1944 wurde die medikamentöse Therapie abgesetzt. Es traten dann im Laufe dieses Jahres etwa zwei bis sechs Anfälle im Monat auf. Ernst war weiterhin zum Arbeiten nicht bereit, führte Selbstgespräche, pflegte keinen Kontakt zu seinen Mitpatienten und wurde schließlich Bettnässer. Bis Ende des Jahres nahm er 1 kg zu. Im Dezember wurde berichtet, daß er oft stundenlang an einer Stelle stehen bleibe und döse.

Mitte 1945 wurde festgestellt, daß Ernst geistig zurückgehe. Er mied weiterhin den Kontakt zu seiner Umgebung, zeigte keine Interessen mehr, wurde unordentlich in seiner Kleidung und führte Selbstgespräche. Er stand den ganzen Tag umher und döste. Im letzten Quartal 1945 wurden vierzehn Anfälle beobachtet. Die Blutsenkungsreaktion fiel normal aus.

Im Januar 1946 wurde von Ernsts körperlichem Rückgang berichtet. Er lag jetzt gerne im Bett, hatte wechselnde Ödeme. Bei unveränderter Situation im März wurde eine Thoraxdurchleuchtung vorgenommen, welche keinen krankhaften Befund zeigte. Am 15. März wurde notiert: «Siecht auffällig dahin.»

Am 22. März 1946: «Ernst ist um 14 Uhr gestorben.» Am 25.3. wurde er auf dem Anstaltsfriedhof beigesetzt.

Die Anfallstabellen der letzten Jahre zeigen, daß er monatlich mehrere Anfälle gehabt hatte. Er wog zuletzt noch etwa 40 kg. Die Obduktion ergab, daß die rechte Großhirnhälfte kleiner war als die linke. Die weiche Hirnhaut hatte eine sulzige Beschaffenheit und, verglichen mit der linken Seite, ein trübes, graues Aussehen. Die Hirnwindungen der linken Seite waren im Verhältnis zu denen der rechten deutlich verschmälert, und zwar war im wesentlichen die Masse des Marklagers verringert, während die Rinde makroskopisch gegenüber links keine wesentlichen Veränderungen zeigte. Die Konsistenz war links gegenüber rechts vielleicht etwas vermehrt. Herdförmige Veränderungen wie Narben und dergleichen waren nicht festzustellen. Der rechte Seitenventrikel war gegenüber dem linken deutlich erweitert. Befund: Atrophie (mit Mikrogyri und Sklerose) der rechten Großhirnhälfte, rechtsseitiger Hydrozephalus internus. Lungenemphysem und Hypoplasie der Organe.

Aus der Epikrise der Krankengeschichte: «Der erste Anfall ist im zweiten Lebensjahr [Anmerkung: richtig ist wohl mit drei Jahren] zusammen mit einer fieberhaften Erkrankung aufgetreten. Aufgrund der Enzephalographie ist diese Erkrankung nachträglich mit größter Wahrscheinlichkeit als Enzephalitis anzusprechen. Eine typische epileptische Wesensveränderung bestand nicht. Keinerlei erbliche Belastung. Es handelte sich daher um Epilepsie und Imbezillität nach Enzephalitis.»

Richard
1912 – 1992

Dieser Lebensweg wird vorwiegend von Richard selbst in seinen eigenen Worten geschildert. Es wurden hier ausnahmsweise auch die Ausführungen Rudolf Steiners im Heilpädagogischen Kurs im Wortlaut wiedergegeben.

Herkunft und Vorgeschichte

Richards Familie lebte in geordneten Verhältnissen in Bern. Sein Vater Jacob war Revisor bei den Bundesbahnen, exakt und sauber arbeitend, allgemein geachtet, daher in verschiedenen Ehrenämtern tätig. Die Mutter Emma war bei ihrer Heirat 26 Jahre alt. Sie war vorher Handarbeitslehrerin und nähte auch später noch über Jahrzehnte Schwesternkleider für die Schülerinnen eines Rot-Kreuz-Spitals, oft bis spät in die Nacht. Sie war stets liebevoll um die Familie besorgt. Sie hatte die Anthroposophie kennengelernt und sich sehr ernsthaft mit ihr befaßt.

Richard hatte noch einen dreieinhalb Jahre älteren Bruder, der ebenfalls ein sehr zuverlässiger, freundlich-gütiger Bahnbeamter wurde. Der Großvater väterlicherseits war Postbote, Mandatsträger, erfüllte also einen Vertrauensposten. Der Großvater mütterlicherseits war Ausrüster und Verpacker bei einer großen Stickereifirma.

Richards Geburt erfolgte nach zehn Schwangerschaftsmonaten, ist aber, wie auch die erste Entwicklungszeit, ohne Besonderheiten verlaufen. Er war früh auf den Beinen und konnte schon mit zehn Monaten allein Türschwellen übersteigen. Man mußte ihn oft suchen, da er gern weit weglief, einmal z. B. mit zweieindrittel Jahren zur 1,5 km entfernten «Landesausstellung». Bekannte teilten den besorgten Eltern mit, daß er sich höchst zufrieden bei den rotierenden Bären

Richards Mutter

befinde. – Gern stapfte er durch Pfützen und war oft reichlich schmutzig.

Als er dreieinhalb Jahre alt war, zog die Familie in eine andere Straße um. Während des Umzugs schloß er sich dort ein, so daß die Tür aufgebrochen werden mußte. Die schönen Spielzeuge seines Bruders waren oft das Opfer seiner zu genauen Untersuchungen. Bis zum Zahnwechsel sei er ein «herziger lieber Bub» gewesen.

Da er ein aufgeweckter Knabe war, erfolgte sein Schuleintritt schon mit sechs, statt wie üblich mit sieben Jahren.

«Gern lief ich ohne jedes Zeitbewußtsein hinter Möbel- oder Zirkuswagen oder Leichenzügen her. Ich erinnere mich lebhaft an den besonders beeindruckenden Leichenzug mit Musikbegleitung von Bundesrat Müller. Meinen Kommissionenkorb hatte ich irgendwo stehen gelassen. Freundliche Menschen brachten ihn meinen Eltern.» Richard war damals sieben Jahre alt.

«Oft ging ich ohne besonderen Grund von zu Hause weg. Meine Eltern wußten manchmal zwei bis drei Tage nicht, wo ich war. Gelegentlich machten wir auch mit der Familie Wanderungen, zweimal aufs Stockhorn, oder Ausflüge mit der Pferdekutsche einer befreundeten Familie in die Umgebung Berns.»

Von der 3. Klasse an gab es Beschwerden des Lehrers: Statt aufzupassen, betrachte er die Berge oder mache die Mitschüler auf Naturstimmungen oder Vögel draußen aufmerksam. Nur im Singen und Rechnen war der Lehrer ganz zufrieden.

«In den Bäckereien und anderen Geschäften bereicherte ich mich ungesehen, verteilte die ‹Güetzi› dann an meine Kameraden, die draußen warteten.

Einmal sollte ich einen Brief vom Schulvorsteher zu Hause abgeben. Das war mir peinlich. Statt dessen holte ich mir bei unserer Bäckerei eine große Anzahl Güetzi – wir zahlten jeweils am Ende eines Monats –, bummelte nach Thun, später zurück nach Bern. An dem Abend wollte ich durch einen Sturz über die Plattformmauer hinaus das Leben beenden. Die Tore waren aber schon geschlossen. In einem Außenbezirk der Stadt stand ich dann unter einer Straßenlampe, Andersens Märchen lesend, als mich ein Mann ansprach. Es war gegen Mitternacht. Seine Frau hatte schon die Polizei informiert. Es kamen gleich zwei Polizisten, die mich nach Hause begleiten wollten. Ich gab ihnen einen Ort außerhalb der Stadt Bern an, wohin sie mich brachten und in dem angegebenen Haus Leute weckten, die mich natürlich nicht kannten. Ich hatte vorgehabt, ihnen auf dem weiten Weg dorthin davonzulaufen, wagte es aber nicht, da sie einen großen Hund bei sich hatten. Die Polizisten nahmen mich also mit zur Polizeistation, wo ich übernachtete. Ich muß ihnen dann wohl doch den richtigen Namen gesagt haben, so konnte ich am nächsten Vormittag abgeholt werden. Die Moralpredigt des Polizisten beeindruckte mich nicht.

Einmal schraubte ich einem Bäckerjungen etwas vom Velo ab. Da

[illegible]los seine Gliedmaßen bewegt
i Schulzeit

gab es eine Ohrfeige, worauf ich in Hemd und Hose wegwanderte – zu Bekannten auf dem Land. Diese schrieben meinen Eltern, die natürlich schlaflos und tief besorgt gewartet hatten. Meine Mutter holte mich sofort ab. Die großen Sorgen der Eltern, an die ich hätte denken sollen, berührten mich nicht.»

1922 erfolgte der Übertritt in die Sekundarschule. «Der Lehrer erzählte meinen Eltern verwundert, wie ich mitten in der Stunde an sein Pult käme, um ihm Witze zu erzählen.

Bei einem Losverkauf zugunsten der Schule verlangte ich den doppelten Preis und sagte das auch meinen Kameraden, die es der Schulleitung meldeten. Der Erziehungsberater, zu dem ich daraufhin geführt wurde, wollte mich in eine Anstalt einweisen. Meine Eltern sorgten dafür, daß ich anstelle dessen für ein halbes Jahr bei einem Pfarrer in Adelboden untergebracht wurde. Seine Frau war ein eifriges Mitglied einer Sekte, welche mich bis zu meiner Rückkehr nach Bern an Ostern 1923 zu einem frommen ‹Schäflein Gottes› machte. Es wirkte jedoch nicht lange nach, obwohl ich in Bern noch einige Male entsprechende Versammlungen besuchte.

Im Herbst 1923 gab es nach einem Velo-Diebstahl eine größere Untersuchung. Das Velo gehörte einem Polizisten. Unser Schulvorsteher gab mir während einer Unterredung in seinem Büro eine Ohrfeige, wunderte sich aber, daß ich, weder von dieser noch von der Strafpredigt irgend beeindruckt, interessiert die Bilder im Raum betrachtete und dazu Fragen stellte. Wieder mußte ich zum Erziehungsberater. Dieser sagte meiner Mutter, ich sei der verwöhnteste, eigensinnigste Tropf, dem er jemals begegnet sei. Ich vertrüge ein beliebiges Maß Prügel, es nütze aber nichts. Ich werde sicher mein Leben zwischen Zuchthaus und Anstalten verbringen, da ich ein typischer Verbrecher sei. Sie, meine Mutter, solle sich keine weitere Mühe mit mir geben. Meine Eltern wehrten sich dennoch standhaft gegen meine Unterbringung in einer Erziehungsanstalt, die auch vom Jugendamt vorgeschlagen wurde. Die Niedergeschlagenheit und die zitternden Hände meiner Mutter fielen einer Bekannten, Frau Hirter, auf. Diese riet ihr, doch Dr. Rudolf Steiner um Rat zu fragen.

So fuhren wir am 8. November 1923 nach Dornach, wo wir zum Nachmittag durch Frau Hirter angemeldet waren. Vor dem Atelier Rudolf Steiners in der Schreinerei erhielten wir aber den Bescheid, uns am nächsten Morgen um 11 Uhr im Klinisch-Therapeutischen

Institut in Arlesheim einzufinden. Frau Hirter begleitete meine Mutter und mich also am 9. November dorthin.

Außer Rudolf Steiner waren noch Frau Dr. Wegman, Frau Dr. Walter und Frau Dr. Bockholt anwesend. Er empfing uns freundlich in seinem eher abgegriffenen Gehrock im Polsterstuhl sitzend, mit seinen dunklen, gelegentlich bernsteinbraun aufleuchtenden Augen. Zu mir sagte er: ‹Du bist ein kleiner Schlaukopf. Du kannst schlecht lesen, aber gut rechnen.› (Diese Bemerkung hat später meine Fachwahl nach der Maturität bestimmt. Literatur und Geschichte hätten mich ebenso interessiert wie Mathematik und Physik, für die ich mich dann entschied.) Seine Hand fuhr streichelnd über meinen Lockenkopf.

Zu meiner Mutter sagte er: ‹Sie, liebe Mutter, haben das Kind zu lange getragen, es lernte früh gehen, aber spät sprechen.› Mit einem ‹Wir sehen uns wieder, mein lieber Junge!› wurde ich entlassen. – Meiner Mutter berichtete er dann noch weitere Ereignisse aus meiner Kindheit, was sie höchst erstaunte. Sie fragte sich, wie er das alles wissen konnte.

Dann fuhr er fort: ‹Sie werden viel Geduld brauchen, aber es wird schon gut kommen.› (Diese Worte hielten meine Mutter durch viele Jahre des Leidens aufrecht.) ‹Sie finden unter zehntausend Kindern keinen wie Ihren Richard. Er war im letzten Leben ein Richter, der gelegentlich bewußt falsche Urteile fällte. Es gibt keinen anderen Weg, als daß Sie ihn hier lassen – vielleicht ein halbes Jahr, dann werden wir sehen.› Meine Mutter: ‹Was wird das kosten?› Dr. Wegman: ‹Hier kostet der Monat 240 Franken und dann noch das monatliche Schulgeld 60 Franken.› – Meine Mutter: ‹Das können wir nicht zahlen.› Frau Hirter sicherte spontan einen monatlichen Beitrag von 120 Franken zu.

Den Ärztinnen sagte Rudolf Steiner noch, meine Kopfform sei an den Schläfen zurückgeblieben, trotz der schönen Stirn. – Ich glaube, daß dieses später von den Ärzten falsch gesehen wurde, wenn sie in der Folgezeit von nicht entwickelten Schläfen sprachen und davon, daß deshalb die seitlichen Hirnlappen verkümmert seien und ein Teil des Astralleibes freiliegend sei. ‹Da dämmern unwahre Vorstellungen hinein›, wie Rudolf Steiner sich ausdrückte.

So blieb ich in der Klinik, wo sich niemand sonderlich um mich kümmerte. Ich hatte ein Zimmer allein.»

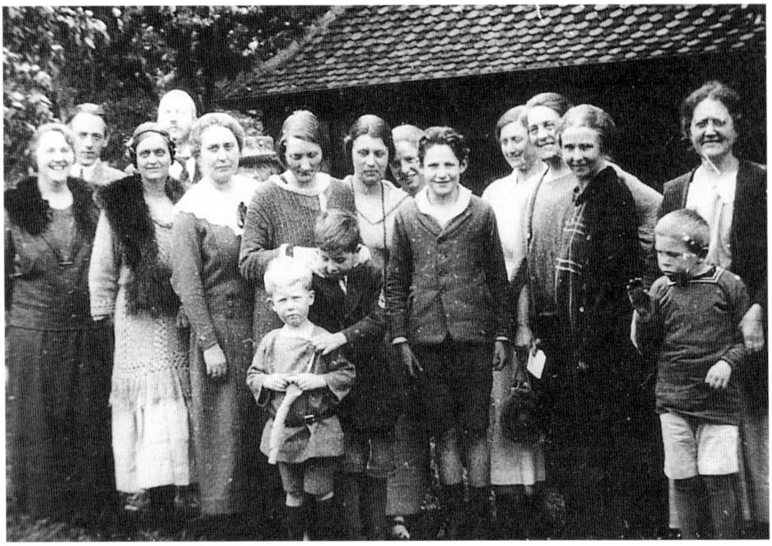

Richard (sechster von rechts) im Sonnenhof

Aufnahmebefund: «Mittelgroß, kräftig gebaut, rotwangig, dunkelbraune lockige Haare; liebenswürdiges Wesen. Die Stirnpartie ist etwas schmal, da die Schläfengegend beiderseits etwas zusammengedrängt ist. – Organisch sonst gesund. Intelligenz dem Alter entsprechend. Macht einen freundlichen und gutmütigen Eindruck.»[46]

Die Zeichnung auf S. 113 ist von Richard selbst angefertigt. Er schreibt dazu: «Meine Kopfwölbung hat eine ganz wesentliche Vertiefung, eine Einwölbung über der Schläfe gegen den Scheitel. Unter dem Haarschopf sieht man das nicht.»

Rudolf Steiner sagte am 19. November 1923: «Er ist nicht ein eigentlicher Kleptomane, er kann nichts dafür, wenn er selber aufsteigende Wünsche hat oder andere sie ihm suggerieren. Diese Partien (Schläfen) sind verkümmert, der Astralkörper bleibt immer draußen.» Und: «[Daß er das immer im Herbst tat,] will ich erklären: Die Bösartigkeit, daß er böse Wünsche hat, ist immer in ihm, aber im Herbst wird er nur schlauer. Im Frühling und Sommer fällt ihm nichts ein, wie er das ausführt. Die Begierden dazu sind immer da. Da ist er dumpf, und im

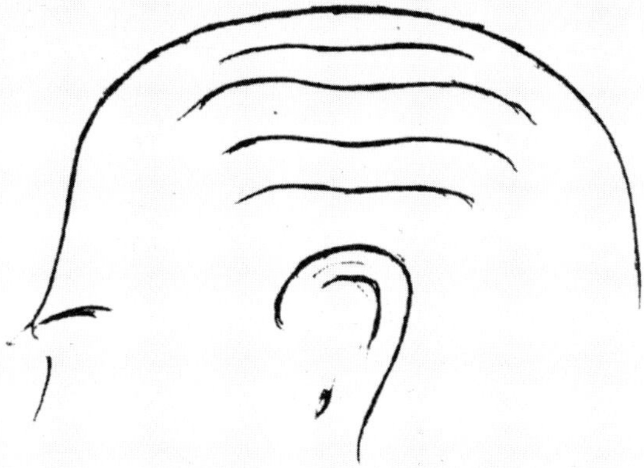

Zeichnung von Richards Kopfform

Herbst wird er heller. Gerade jetzt macht er den Eindruck eines Schlaumeiers, jetzt fällt ihm alles Nichtsnutzige ein. Deshalb wird er mit dem 17. bis 18. Lebensjahre, wenn der Junge nicht mehr so abhängig ist von dem Klima usw., schon etwas besser werden.»[47]

Rudolf Steiner gab als Behandlung an:

1. Medikamentös:
- Schläfenlappen D 10
- Hypophyse D 10 (verarbeitet mit gutem vorjährigem Honig) (beides abwechselnd als Injektionen).

2. Heilpädagogisch:
Tägliche Erzählungen, bei denen er erlebt, wohin das Lügen führt.

3. Heileurythmie:
«Ich mußte vorwiegend in Vokalstellungen springen.»

Am 22. November – Richard hatte einige Versuche zu lügen gemacht – erläuterte Rudolf Steiner bei dieser Gelegenheit: «Sie sehen, daß durch die Verkümmerung der Hirnlappen ein Teil seines Hirn-

ungezügelte, nicht mit das zweite Astralität

astralleibes freigelegt ist. Und in diesen freigelegten Astralleibern dämmern zunächst, wenn sie unbeherrscht sind, unwahre Vorstellungen auf. Man sieht auch hier, wie diese einzelnen Organismen [Wesensglieder] eine Intelligenz für sich haben. Der Junge hat also zum Beispiel einen Brief bekommen, worin steht, daß er ein Körbchen vom Bahnhof abholen soll. Er selbst behauptet, einen Brief erhalten zu haben von seinem Freund, der ihn besuchen wollte und den er zu einer bestimmten Zeit abholen will. Es ist da so, daß beim Lesen der Astralleib, der frei ist und schlau, mit ihm liest und bei dem Wort Körbchen irgend etwas mit Freund und Bahnhof kombiniert. Das wird vom Sehzentrum aufgenommen und in den Brief projiziert.»[48]

Zu der obigen Therapieanweisung ergänzte Steiner noch, daß man für Richard bei der Heileurythmie «feste Strumpfbänder» machen lassen solle, «die das Bein unter den Knien abbinden. Und dann, wenn er dies hat, müßte er im Sprung A ausführen zunächst, und zwar sowohl durch Springen beider Beine und Anziehen im Knie und auch mit den Zehen. Also hauptsächlich diese Beinübung mit A. Und dann muß man ihn auch ein E im Springen machen lassen. Und das können wir ihn einstweilen den ganzen Tag machen lassen.»[49]

Nach Weihnachten wurde Richard zu den anderen Kindern in den «Suryhof» (späterer Sonnenhof) verlegt, wo Frau E. Müller im niederen Anbau diese Kinder betreute. «Es war also jemand da, der mich beaufsichtigen sollte, doch war ich auch hier weitestgehend mir selbst überlassen. Der Sonnenhof war damals eine Art Gästehaus. Auch Auswärtige aßen da mit. Wir Kinder waren nur im niederen Anbau.

In dem folgenden Dreivierteljahr steigerte sich meine Krankheit. Es wurde zu Recht über mich geklagt. Einmal wurde ich zu einer Sprechstunde zu Dr. Steiner geführt. Ein von mir gestohlener Fotoapparat und ein großes Taschenmesser lagen vor ihm auf dem Tisch. Dr. Wegman hatte mir dringlich eingeschärft, die Wahrheit zu sagen, denn Dr. Steiner sähe alles. Das kümmerte mich wenig. Ich erzählte fröhlich irgendwelche Fundgeschichten, die Dr. Steiner sich ohne äußere Anzeichen anhörte.

Als wieder einmal Klagen laut geworden waren, war ich mit meiner Mutter zusammen und Frau Hirter in Rudolf Steiners Atelier in der Schreinerei. Dieser sagte damals zu meiner Mutter: ‹Ja, Sie sind eine arme Mutter, beten Sie für Ihr Kind› und übergab ihr ein entsprechendes Gebet für mich. Dann gab er an Frau Dr. Wegman, zu Händen der mich Betreuenden, die Anweisung, daß man mich wie einen Herrn behandeln müsse. Man solle mich ja nicht strafen, da ich für meine Taten nicht direkt schuldig sei. Mein Schicksal müsse umgebogen werden.

Bei einem Besuch im Sonnenhof malte Dr. Steiner mit mir ein Bild. Ein weiteres Bild malte er, wieder mit Wasserfarben, vor der ganzen Kindergruppe, auf dem er einige Mitarbeiter, wie Dr. Bort, Herrn Manzoni, unseren Hausmeister, die anwesenden Kinder und den Esel, den wir damals hatten, je in einer anderen Farbe darstellte. – Mr. Pyle, der als Gast im Sonnenhof wohnte, sollte mir auf Wunsch von Frau Dr. Bockholt Malstunden geben, doch blieb es bei einem oder zwei schüchternen Versuchen. Er hatte weder Geduld noch Zeit. Er hatte auch sonst nichts mit Kindern zu tun.

Einmal stand ich mit Johannes H. – er war fast drei Jahre älter als ich – vor dem Hühnerstall, als Dr. Steiner vorbeikam. Wir grüßten. Als Dr. Steiner den österreichischen Dialekt von Johann hörte – er war in Linz geboren und erst einige Monate in der Schweiz –, leuchteten seine Augen auf, er drehte sich um und sprach einige Zeit in seinem warmen Wiener Dialekt mit Johann über seine Herkunft und die Schönheit ihres gemeinsamen Heimatlandes.

Daß ich im Volksschulalter die private Fortbildungsschule am Goetheanum besuchte, hatte noch ein Zwischenspiel: Nach einer Schlägerei unter den Dorfbuben, in die ich mich eingemischt hatte, kamen die Betroffenen vor den Gemeindepräsidenten. Dieser fand, ich sei nicht krank und gehöre in die Volksschule. Nach ersten vergeblichen Versuchen von Dr. Wegman und Dr. Blümel (unserem Leiter an der Fortbildungsschule), welche diesen Schritt vermeiden wollten, schrieb Dr. Steiner meinen Eltern einen Entwurf für einen Brief an die Behörden. Dieser wurde abschlägig beschieden. Meine Mutter ließ aber nicht locker und bat den Schulleiter aus Bern, der mich zweimal aus der Schule ausgeschlossen hatte, sich einzuschalten. Nach weiteren Telefonaten und Briefen ging meine Mutter dann mit dem sehr wohlwollenden Schreiben des Berner Schulleiters nach Liestal und bewirkte, daß ich in der Fortbildungsschule bleiben konnte. Diese war in einer Baracke zwischen der Schreinerei und dem Haus de Jaager, also auf dem Goetheanum-Gelände, untergebracht. Unter den Schulräumen hatte die Gärtnerei ihre Geräte eingestellt. Die Baracke ist längst abgebrochen. – Da damals im Kanton Solothurn keine Privatschulen für Kinder erlaubt waren, waren alle meine Mitschüler und Mitschülerinnen Schulentlassene, also älter als ich. Wegen meiner unbekümmerten Offenheit hatte ich immer ein sehr kameradschaftliches Verhältnis zu ihnen.

Dr. Steiner besuchte gelegentlich unsere Schule, hörte sich eine Weile den Unterricht an, sprach selber ergänzend zu einem Thema oder malte uns ein Bild, z. B. die ‹Kreide-Madonna›, die er ganz aus einem Farbendreiklang heraus gestaltete. Recht oft und immer mühsamer schritt er an unserer Schule vorbei zu einem der ‹Eurythmiehäuser›, wo Miss Maryon auf dem Krankenbett lag.»

Heilpädagogischer Kurs. Achter und neunter Vortrag

«Einmal mußte ich mit einigen meiner Bilder, die ich in der Schule gemalt hatte, in die Schreinerei zu einem Vortrag von Dr. Steiner gehen. Ich erwartete, daß bei einem Vortrag von ihm der Saal voller Menschen wäre. Da saßen aber nur in besonders großen Korbstühlen die mir bekannten Vorstandsmitglieder, in der Mitte Albert Steffen und Marie Steiner, daneben und hinter ihnen die kleine Gruppe der Heilpädagogen im sonst leeren und recht dunklen Saal.»

Rudolf Steiner begann seinen Vortrag am 3. Juli folgendermaßen: «Meine lieben Freunde! Ich werde zunächst nur die Zeichnungen von diesem Jungen zeigen. Er macht sehr schöne Sachen; er hat Sinn, die Details der Dinge so stark aufzufassen; gerade hier sehen Sie, wie er sich alles genau anschaut. Da ist ein Blatt, woran Sie sehen, wie er einteilt; er hat wohl gerade eine Neigung, diejenigen Dinge zu machen, die er in der Schule lernt. Er macht das in der Schule drüben, wo das so eingeteilt ist, daß jeder seine eigenen Sachen macht. – Bei uns wird ökonomisch vorgegangen. Es werden alle zwei Seiten [eines Blattes] benutzt.»

Die Schilderung Richards schließt daran an: «Wieder strich Dr. Steiner mir liebevoll über meinen Kopf und fragte freundlich, ob er mich an die Tafel zeichnen dürfe, was ich selbstverständlich bejahte. Dann zeichnete er meinen Kopf an die Tafel.»

Rudolf Steiner: «So, das habe ich von dir gebraucht.» (Steiners Zeichnung ist anscheinend nicht aufbewahrt worden. Ob die obige Skizze, die uns Richard gegeben hat, mit der Tafelzeichnung Rudolf Steiners eine Ähnlichkeit hat, konnte er nicht sagen, da er seitlich von der Tafel stand und gleich darauf entlassen wurde.)

Nachdem anschließend Willfried Immanuel den Teilnehmern des Kurses gezeigt worden war, beschrieb Rudolf Steiner im weiteren Verlauf des achten Vortrags Richards Schwierigkeiten, wie sie oben geschildert sind:

«Sie haben vorher den Jungen gesehen, der eigentlich bei den Menschen die Vorstellung hervorruft: Warum zeigen wir ihn eigentlich? – Denn das ist so; und Sie werden kaum, wenn Sie ihn oberflächlich kennenlernen, ihn anders kennenlernen als einen freundlich entgegenkommenden, gutmütigen Jungen, der so malen lernt, wie die anderen Kinder eben malen lernen, der die gutmütigsten, schönsten Antworten gibt, mit dem Sie sich stundenlang unterhalten können. Ist es nicht so? Die ihn behandeln, werden es wissen. Sie können nichts Abnormes am Kinde bemerken und würden vielleicht sagen: diese Anthroposophen sind doch merkwürdige Leute, die geben ihre Kinder, die als Muster hingestellt werden können für andere Kinder, in ein klinisch-therapeutisches Institut zur Behandlung.

Der Junge ist nun in unglaublicher Weise kleptoman. Fast wie ausgeschaltet vom übrigen Seelenleben ist die einseitige Art der Kleptomanie. Dabei hat dieser Junge gerade die Eigentümlichkeit, daß das Bewußtsein, das, ich möchte sagen, strahlen soll auf alle Lebenserscheinungen, die im Menschen zutage treten, geradezu ausgeschaltet ist für seine kleptomanischen Handlungen. Man hat deutlich das Gefühl: der weiß nicht viel über dasjenige, was er da tut, trotzdem er es – und das bitte ich Sie zu berücksichtigen – in der allerraffiniertesten Weise ausführt. Er mußte überführt werden, als er in Bern die Schule besuchte, und an einem andern Ort die Schule besuchte, da mußte man sehr viel tun, um ihn überführen zu können. Er stellt die Dinge ungemein schlau an, und er ist nicht egoistisch dabei. Er ist imstande, die Dinge, die er sich auf die raffinierteste Weise erstiehlt, einfach an Freunde zu verschenken oder mit ihnen zu verprassen, nur um ihnen eine Freude zu machen: dazu ist er imstande. Dabei entwickelt sich selbstverständlich eine besondere Form des nicht ganz bewußten Lügens; denn da er nicht genau weiß – das Bewußtsein überstrahlt die einzelnen Erscheinungen nicht –, was da vorgeht, erzählt er die unglaublichsten Märchen, wie er zu einer Sache gekommen ist, die er einfach gestohlen hat. Da zeigt er auch in einer recht schlauen Weise, wie er die Dinge gefunden hat, wie sie da waren an diesen Orten, eine ganz lange Geschichte erzählt er, wie er zu einer Sache gekommen ist. Die Dinge geschehen wirklich koboldartig. Wenn ich richtig verstanden habe, wie mir Frau Dr. Wegman erzählt hat, so konnte man eine Zeitlang meinen, daß er ein ganz ordentlicher Junge geworden wäre, bis man eines Tages merkte – man wußte nicht, daß er etwas an sich genommen hatte –, daß aus dieser Tasche etwas verschwunden war, aus einer andern Tasche etwas verschwunden war, so daß auf eine merkwürdige Weise die Leute die Erfahrung machten: sie haben eines Tages ihre Sachen nicht mehr. [...]

Wir haben den Jungen jetzt hier, an dem Sie bitte beachten sollen, wie stark zusammengedrückt hier (an den Schläfen) die Kopforganisation ist und hier (nach rückwärts) auseinandergeht. Und der geistige Befund ist der, daß außerordentlich stark entwickelt sind die Organpartien des astralischen Leibes, insbesondere hier links auf dieser Seite, sonst werden Sie äußerlich nicht viel an ihm bemerken.

[...] Die Behandlungsweise werden wir morgen besprechen.»

Das geschah dann auch. Am nächsten Tag führte Rudolf Steiner aus:

«Sie erinnern sich an unseren gestrigen Fall, an den Jungen, der zwölf Jahre alt ist, den ich als Kleptomanen vorführen mußte. Es ist geistig gesehen bei einem solchen Kleptomanen so, wie ich es charakterisiert habe in der Aussprache über das Prinzipielle [siehe den 3. Vortrag], daß er durch die Hemmungen, die im astralischen Leibe liegen, nicht den Zugang findet zu dem, was die Urteilsmäßigkeit ist unter den Menschen in der äußeren Welt. Sie müssen sich vorstellen, daß dasjenige, was sich auf die Moralität bezieht, alles, was sich auf die Moralität bezieht, was in seinen Begriffsformationen moralische Impulse in sich schließt, daß das nur innerhalb des Erdendaseins zum Ausdruck kommt. Man könnte sagen, wenn das nicht mißverstanden würde von der heutigen Oberflächlichkeit: da, wo die Erde aufhört, wo Sie hinauskommen ins Übersinnliche, gibt es in diesem Sinne wie auf der Erde nicht moralische Urteile, weil dort das Moralische selbstverständlich ist. Moralische Urteile beginnen erst da, wo die Wahl eintritt zwischen Gut und Böse. Dagegen ist Gutes und Böses für die geistige Welt einfach eine Charaktereigenschaft. Es gibt gute Wesen, es gibt böse Wesen. Gerade so wenig wie bei einem Löwen man davon sprechen kann, ob er das Löwenhafte haben soll oder nicht haben soll, ebensowenig kann man, von der Erde weggekommen, von Gutem und Bösem so sprechen. Dazu gehört ein Ja und Nein, das nur innerhalb der Organisation des Menschen in Frage kommt und zwischen den in ihrer moralischen Umgebung lebenden Menschen. Es ist einfach so bei einer solchen Erkrankung, wie es die Kleptomanie ist, daß der betreffende Mensch seinen astralischen Leib nicht so weit zur Entwickelung gebracht hat, weil er die schon charakterisierten Hemmungen hat, daß er einen Sinn für moralische Urteile entwickeln kann. Daher ist es bei einem solchen Jungen so, daß er in dem Augenblick, wo er irgend etwas hat, für das er besonderes Interesse hat, gar keinen Grund einsieht, warum er das Ding sich nicht aneignen soll. Denn er begreift nicht, daß es jemand gehören kann, daß der Begriff: Ich besitze etwas – Bedeutung hat. Er betritt nicht so weit die physische Welt mit seinem astralischen Leib, daß er einen Sinn für solche Urteile hat.

Es ist genau dieselbe Erscheinung, wie wenn jemand blaublind oder rotblind ist, daß er gar keine Empfindung für Blau oder Rot hat und die ganze Welt blaufrei oder rotfrei sieht. [...]

Und wie es da wenig Sinn hat, bei Farbenblindheit von den Farben zu sprechen, ebensowenig hat es Sinn, von Besitz oder Nichtbesitz in der höheren Welt zu sprechen. So weit betritt ein solcher Junge die physische Welt nicht, daß er imstande wäre, irgendwie für sich eine Vorstellung zu verbinden mit demjenigen, was man redet über Besitzverhältnisse. Für ihn gibt es besonders stark den Begriff des Auffindens, den Begriff: etwas überrascht ihn, etwas interessiert ihn. Da hört aber schon das Begriffsvermögen auf. Jetzt ist einfach sein astralischer Leib nicht bis in die Willensregion vorgedrungen, sondern mehr oder weniger in der intellektuellen Sphäre geblieben, was sich so darbietet, daß die Organe des Willens an der Seite verkümmert sind. Die Folge davon ist, daß er das, was im Intellektuellen gut ist, auf den Willen anwendet. Tritt derselbe Fehler auf im Intellektuellen, so sind die Kinder stumpfsinnig. Tritt derselbe Fehler auf im Willensmäßigen, so sind die Kinder kleptoman.

Nun ist gerade eine solche Abnormität außerordentlich schwierig zu bekämpfen. Denn, sehen Sie, zunächst bemerkt man in dem

Lebensalter, wo es darauf ankommt, sich hart dagegenzustellen, die Sache nicht. In diesem Lebensalter ahmen die Kinder nach, machen dasjenige, was die Umgebung macht, und man merkt an ihrem Verhalten nicht, daß sie die kleptomane Veranlagung haben. Diese kleptomane Veranlagung, sie wird erst herauskommen, wenn der Zahnwechsel vorüber ist. Aber wenn der Zahnwechsel vorüber ist, dann ist das Kind immer noch nicht geeignet – weil es noch nicht weit genug draußen ist mit der Seele auf dem physischen Plan –, einen andern Sinn für moralische Urteile zu entwickeln als den: das Gute gefällt mir, das Böse mißfällt mir. Hier bleibt alles beim ästhetischen Urteil. Da ist der Erzieher angewiesen darauf, beim Kinde zu wecken den Sinn für das Gute dadurch, daß das Kind den Erzieher sich zur Norm macht. Deshalb sieht unsere Waldorfschul-Pädagogik darauf, daß in diesem Lebensalter die Autorität wirksam sein muß, daß das Kind in selbstverständlicher Hingebung aufschauen soll zum Erzieher und der Erzieher nur reden soll von dem, was gut ist so, daß es dem Kinde sympathisch wird, und von dem Bösen so, daß es dem Kinde antipathisch wird. Zu alledem ist notwendig, daß die selbstverständliche Autorität da ist. Ist nun diese bei einem sogenannten normalen Kinde notwendig, so ist sie im höchsten Maße notwendig bei einem solchen Kinde, wie dieses es ist. Dasjenige Erziehungsmittel, das am wirksamsten ist, ist die Zutraulichkeit, die das betreffende Kind haben kann zu dem, der sein Erzieher ist. Darauf ist man bei diesen Kindern ganz besonders angewiesen. Es ist durchaus notwendig, daß das als eine Voraussetzung gemacht wird.

Nun, selbstverständlich darf in einem solchen Kurse nicht vergessen werden, darauf hinzuweisen, daß schon dann, wenn man kleine Kinder zur Erziehung hat, wenigstens darauf geachtet werden soll, wie sich die Entwickelung des Kindes gestaltet. Merkt man, daß das Kind sehr früh eine besondere Lebhaftigkeit und Freude entwickelt an dem, was es gelernt hat, also so gelernt hat, wie man eben vor dem Zahnwechsel lernt, wenn man das Sprechen lernt, merkt man, daß das Kind eine Wollust hat an dem Angeeigneten, da muß man voraussetzen, daß da etwas schief gehen kann. Kinder, die später kleptomane Menschen werden, die entwickeln den Egoismus im zarten Kindesalter zum Beispiel in der Art, daß sie mit der Zunge schnalzen, wenn sie sich ein neues Wort angeeignet haben. Das ist in seltenen Fällen bei Kindern der Fall, aber es kann schon durchaus bei Kindern der Fall sein.

Man muß schon ein gewisses Auge haben für das, was in der Folgezeit daraus entstehen kann, was in der Welt vorgeht. Deshalb ist es für den Arzt wie für den Erzieher noch viel notwendiger, als daß er seine Prinzipien kennt – die eine Selbstverständlichkeit sein müssen –, daß er sich einen Sinn aneignet für das, was in der Welt vorgeht. [...] Es ist natürlich ungeheuer viel abhängig davon, wie die ganze Umgebung eines Menschenkindes ist, wenn dieses Menschenkind aufwächst. – Sehen Sie, nehmen Sie einmal den folgenden Fall an: ein Kind hat diese Eigenschaft, die ich bezeichnet habe mit Zungenschnalzen in jedem Moment, wenn es sich etwas angeeignet hat. Nun, diese Freude am Aneignen im Intellektuellen, die wandelt sich, so um die Zeit des Zahnwechsels herum, in eine deutlich bemerkbare Eitelkeit, Eitelkeit auch für die andern Dinge. Es hat etwas Bedenkliches, wenn um die Zeit des Zahnwechsels wie autochthon herauswächst die Gier, besonders sich zu kleiden. Diese Dinge muß man beachten. [...]

Ich habe schon gesagt, ein gutes Heilmittel auf psychologischem Gebiet ist das, daß man erfinderisch ist und dem Jungen eine Geschichte erzählt, die man erfunden hat, in der nun seine Eigenschaft eine Rolle spielt, wo man erzählt, es gibt Menschen, die tun so etwas, aber sie graben sich eine Grube und fallen hinein. Diesen dramatischen Fortgang mit innerem Enthusiasmus entwickelt, das ist etwas, was schon zum Ziele führen kann, wenn man nicht dabei erlahmt. Außerdem muß bei einem solchen Knaben angewendet werden Therapeutik, Injektionen mit Hypophysis cerebri und Honig, weil, wie Sie gesehen haben, verkümmert sind die Schläfenlappen und deshalb gesorgt werden muß, daß diese Deformation durch entgegengesetzte Wachstumskräfte beeinflußt werden kann.

Besonders günstig kann gewirkt werden, wenn es nur stramm energisch angewendet wird, dadurch, daß man Heileurythmie anwendet, daß man alles das, was vokalisch ist, mit den Beinen machen läßt, aus dem Willen heraustreibt das Intellektuelle, und das Bemühen, das in den Vokalen liegt, aber in den Willen hineintreibt.

Nur muß man sich klar sein, daß man solch ein Kind dazu bringen muß, mit ihm durch die Autorität, die man hat, restlos besprechen zu können das Abscheuliche, was in einer solchen Handlung liegt. Nur darf man das nicht zu früh tun. Man muß in den Intellekt das hineinbringen, nur nicht zu früh, weil man sonst alles tötet. Man muß durch erfundene Geschichten wirken und nach und nach das hinüberleiten.

Sehen Sie, es ist außerordentlich schwer, bei diesen Dingen auf Erfolg hinzuweisen, weil die Erfolge nicht beachtet werden. Aber es würde eben mancher Kleptomane nicht da sein, wenn man, wenn sich solche Symptome zeigen, wie ich sie besprochen habe, ganz früh anfangen würde mit solchen Geschichten. Die wirken doch immer, nur darf man nicht die Geduld verlieren. Man kann sicher sein, daß man bei einem solchen Kinde oftmals, wenn die Sache arg eingefressen ist, erst nach sehr langer Zeit etwas erreichen kann.»

Die Therapie zusammengefaßt, wie sie bei Richard angewendet wurde:

1. *Medikamentös:*
   Injektionen von Hypophysis cerebri mit Honig, um die Verkümmerung der Schläfenlappen durch die entgegengesetzte Wachstumskraft zu beeinflussen (Lobus temporalis wurde im Kurs nicht erwähnt).
2. *Heilpädagogisch*:
   Geschichten erzählen, die dramatisch erleben lassen, was für Konsequenzen Diebstahl hat.
3. *Pädagogisch:*
   Mit Autorität und Zuneigung wirken, auch das Abscheuliche zum Bewußtsein bringen, aber nicht in zu frühem Alter.
4. *Heileurythmie:*
   Vokalisches mit den Beinen, stramm und energisch durchgeführt. (Auch das Abschnüren unter dem Knie wurde im Kurs nicht erwähnt.)

Weiterer Verlauf

Wir folgen wieder Richards eigener Darstellung: «Da ich gern etwas behändigte, was in Mänteln im Flur des Sonnenhofes während des Essens, in der Schreinerei oder in Geschäften zu finden war, war es nicht erstaunlich, daß man in den Gebüschen der Umgebung etwa einen Knäuel mit Briefen, Mitgliedskarten, Personalausweisen usw. fand. Eine Uhr, die ich so behändigte, gab ich gleich einem Buben im Dorf, der wußte, woher ich sie hatte.

Einmal, im Frühling nach einer Fassadenkletterei, saß ich auf einem Balkenvorsprung am Schreinereidach, als Dr. Steiner unten vorbeischritt. Ich sang kräftig Lieder aus den Weihnachtsspielen, um auf meine Heldentat aufmerksam zu machen. Er tat mir nicht den Gefallen, mich zu beachten.

Da mich praktisch niemand kontrollierte, verschlechterte sich mein Zustand zusehends. Eines schönen Sonntags besuchte mich mein Vater unangemeldet. Ich war nicht da. Man suchte mich, ohne Erfolg. Gegen 14 Uhr kam ich mit Sandroe im Leiterwagen eben von einer Fußwanderung zum Basler Münster zurück. Man war froh, daß wir wieder da waren, und wir erhielten trotzdem noch unser Mittagessen.

Nach den Sommerferien 1924 siedelten wir in ein anderes Haus, die ‹Holle›, über. Wir lebten im 1. Stock. Später wurde im Keller noch eine Bäckerei eingerichtet, in welcher das Brot für die Klinik gebacken wurde. Hier half ich dann sehr oft am frühen Morgen mit. Dafür bekamen wir dann etwa einen Kuchen geschenkt.

Eines Abends circa halb zwölf strebte ich – nach einem Kinobesuch – vom letzten Tram kommend der Holle zu. Am Wege standen Dr. Bort, Dr. Bockholt und Schwester Irma, die über mein Wegbleiben beunruhigt waren, das ihnen offenbar gemeldet worden war. Als ich ihnen von einem abendlichen Waldspaziergang mit Sternenbeobachtungen erzählte, waren sie beruhigt. – In diesem Sommer besuchte ich nicht selten irgendeinen Kriminalfilm in Basel.»

E. Müller, die Betreuerin im Sonnenhof, hatte mit den anderen Kindern vollauf zu tun, auch war sie in keiner Weise vorgebildet. Ita Wegman war schließlich der Meinung, daß man Richard nicht weiter behalten könne, und teilte ihre Auffassung Rudolf Steiner mit. Er vertrat dagegen den Standpunkt, daß man eine übernommene Aufgabe nicht von sich schieben könne. Man müsse sie durchführen.

Um den 12., 13. Juli 1924 herum war Rudolf Grosse, der aus Zürich stammte und die Waldorfschule in Stuttgart besuchte, in Dornach. Er nahm an Vorträgen Rudolf Steiners teil und sah sich auch den Sonnenhof an, wo er Julia Bort kannte. Diese nahm ihn unter anderem zu einer Heileurythmie-Übung mit Richard mit. Dabei hatte er die Empfindung: «Dieser Knabe gibt seinen Erziehern sicher eine harte Nuß zu knacken auf.»[50]

Grosse war eigentlich gekommen, um mit Rudolf Steiner einen

Termin für ein zweites Gespräch mit der Stuttgarter Abschlußklasse über ihre Berufswahl zu verabreden. Er konnte ihn in der Pause einer Eurythmieaufführung sonntagnachmittags darauf ansprechen. Allerdings mußte Steiner ihn mit einem weiteren Termin nach seiner Englandreise, den 2. September, vertrösten. Kurz nach dieser Begegnung kam Steiner die Einsicht, daß dieser Waldorfschüler die Betreuung Richards übernehmen könnte. Er wußte von Rudolf Grosse bereits, daß dieser Waldorflehrer werden wollte. Da der junge Mann aber bereits nach Zürich abgereist war, mußte auch Rudolf Steiner bis Anfang September warten, um die Schwierigkeiten mit Richard einer Lösung näherzubringen.

Als Grosse Steiner am 3. September in der Landhausstraße 72 in Stuttgart beim Frühstück aufsuchte und das Treffen mit der Klasse auf den Vormittag verabredet war, fragte Rudolf Steiner ihn unvermittelt: «Wollen Sie die Leitung der Erziehung eines zwölfjährigen Knaben übernehmen?» Er schilderte ihm den Jungen noch durch die Charakterisierung: «Es zieht ihn immer zu langen Wanderungen über die Erde hin.» Grosse stand Richard mit Schrecken sogleich vor Augen, da er ihn in der Eurythmiestunde im Juli ja schon gesehen hatte; dennoch nahm er die Aufgabe sofort an. Rudolf Steiner sagte ihm seine Hilfe zu. Er solle dann in Dornach jeweils nach dem Vortrag, den er freitags und sonntags halte, eine halbe Stunde zu ihm kommen, damit er ihn weiter in seine Aufgabe einführen und er, Grosse, seine Fragen mit ihm besprechen könne. Steiner: «Es kommt alles darauf an, daß er Sie liebgewinnt, dann findet er in dieser Liebe die moralische Kraft zu sich selbst. – Ich werde Zeit für Sie haben.»

Die falsche Richtung, die Richards Leben bei einer Entlassung aus dem Klinisch-Therapeutischen Institut vielleicht genommen hätte, war vermieden worden.

Am 13. September 1924 traf Rudolf Grosse in der Holle ein, war allerdings auf der Fahrt von Stuttgart an einem Nierenstein erkrankt und mußte erst einmal gesundgepflegt werden. Diese Aufgabe erhielt Schwester Lucia Becker, Grosses spätere Frau, die am Tag zuvor aus einem anderen Grund nach Arlesheim gekommen war.

Richard: «Wieder einmal sollte ein Diebstahl untersucht werden. Rudolf Grosse war damals schon in der Holle, lag aber krank im Bett, sich allerdings langsam erholend. Schwester Lucia sollte auf mich aufpassen, und als sie einen Moment das Zimmer verließ, sprang ich zum Fenster hinaus, ging zunächst in Arlesheim in eine Waffenhandlung und ließ mir ‹zur Ansicht› einen modernen Revolver samt Munition geben. Dem Wunsch wurde ohne jede schriftliche Bestätigung entsprochen. Dann nahm ich irgendein Velo und fuhr in Richtung Hauenstein fort und kehrte tagelang nicht zurück.

In diesen Tagen waren die Verantwortlichen der Klinik natürlich in Sorge um mich. Man mußte meine Abwesenheit den Eltern telegraphieren, und meine Mutter war nach Arlesheim gekommen. Sie wurde von Dr. Walter und Dr. Bockholt mit dem Auto Dr. Steiners in Basel abgeholt und am Abend auch wieder, ohne ihr einen Trost geben zu können, dahin zurückgebracht. Sie mußten ihr sagen, daß es in diesem Herbst besonders schlecht mit mir ging. Man fragte sich auch, ob man für meine Auffindung die Polizei einschalten müsse, wogegen meine Mutter sich sträubte, weil sie fürchtete, daß dann staatliche fürsorgerische Maßnahmen ergriffen werden könnten. Weil mein Vater nicht das Vertrauen in die anthroposophische Behandlung und Erziehung haben konnte und auch nur einen bescheidenen Lohn erhielt, lag die ganze Last des Durchhaltewillens und des notwendigen Gelderwerbs durch Näharbeiten für den Arlesheimer Aufenthalt bei meiner Mutter.

Man meldete die Lage auch Dr. Steiner auf seinem Krankenlager und fragte ihn um Rat. Er antwortete, daß ich selber zurückkommen werde und daß man nicht darüber reden solle. Meiner Mutter ließ er sagen, daß sie viel Geduld brauche, daß es aber von nun an besser gehen werde. – Dr. Steiner erkundigte sich auch weiterhin wiederholt nach meinem Befinden.

Nach einer Fahrt in die Inner-Schweiz, dann Biel und Delsberg, kehrte ich nach fünf Tagen nach Basel zurück, wo ich Johann treffen wollte. Wir planten einen ‹Weltenbummel›. Das nötige Geld würden wir uns schon beschaffen. – Ich hatte meist im Heu übernachtet, einmal auch in einem einfachen Hotel, welches ich morgens durch die Hintertür verließ.

Nun begann mit biographisch-dramatischer Exaktheit die große Wende – es ging um Minuten, wenn nicht Sekunden: Rudolf Grosse sollte in mein Leben eingreifen. Am Sonntag den 1. Oktober, während die Verantwortlichen in Arlesheim sich wartend fragten, was man unternehmen sollte, drängte es ihn innerlich – er hatte sich von seiner Krankheit weitgehend erholt – nach Basel zu fahren, die Möglichkeit erwägend, mir dort vielleicht irgendwo zu begegnen. Am Äschenplatz stieg er in ein beliebiges Tram mit unbestimmtem Ziel und fuhr so durch die Äschenvorstadt. In diesem Moment fuhr ich mit dem Rad durch die gleiche Straße zu dem Treff mit Johann. Er sah mich, sprang geistesgegenwärtig heraus, die Bahn fuhr glücklicherweise nicht sehr schnell, und hielt mich an. Zusammen gingen wir zum Äschenplatz, wo Johann auf mich wartete und enttäuscht feststellte, daß ich abgeführt wurde.»

Von Rudolf Grosse wurde dieser Moment so erlebt: «Nach meiner Krankheitsattacke ging es nun konzentriert in diese pädagogische Aufgabe herein. [...] Eines der schlimmsten Ereignisse traf gleich am Anfang ein, als der Knabe eines Tages verschwand und nicht wieder auftauchte. Der Abend kam, die Nacht brach herein, und noch immer war er nicht da. Unsere Sorge wurde unerträglich, als ein zweiter, ein dritter Tag vorbeiging und wir keine Spur von ihm entdecken konnten. In einer Art verzweifelter Entschlossenheit, ihn heute unbedingt zu finden, fuhr ich nach Basel und mit dem Tram durch die Stadt. Plötzlich sah ich ihn auf einem Fahrrad gemütlich neben dem Tram herfahren. Ich sprang heraus, kam direkt neben ihm zu stehen und sagte nur: ‹Komm!› Verblüfft stieg er ab, schob sein Rad neben sich her und ging mit mir, wie wenn er das alles erwartet hätte und nun höchst zufrieden sei, daß alles sich so ereignet hätte.

Ich fragte ihn vorläufig nichts. Für mich war diese Lektion bedeutsam: [...] Jede Verschwommenheit und Unklarheit im Tun mußte ausgemerzt werden. Klarheit, Bewußtsein, Form mußten als Gegenpol zu seiner Seelenlage vor ihm stehen und ihn einhüllen und erziehen.»

Sein Kamerad Johannes hat ein dreiviertel Jahr später oberhalb des Goetheanums eine 34jährige Frau, Marion Bowen, die tags zuvor aus Kalifornien zu einem Tagungsbesuch nach Dornach gekommen war, erschossen – um ihre Handtasche zu rauben. Richard bemerkt dazu: «Als mein Bruder und ich in der Zeitung von dem Mord lasen und ich sogleich den Namen des noch unbekannten Mörders aussprach, sagte er: ‹Da hast du wieder einmal Glück gehabt!› Dieser Kamerad wurde nicht so liebevoll behütet wie ich. Sein Vater war neunzehnmal vorbestraft. In seiner Jugend war er bei verschiedenen Leuten untergebracht.

Mit Rudolf Grosse und dem Velo stieg ich in das Tram nach Arlesheim. Ich nahm alles ruhig hin, ohne mich aufzubäumen, ohne Dankbarkeit, fühlte mich erleichtert. Rudolf Grosse und ich bezogen in der Klinik ein Dachzimmer. Ich lag einige Tage mit Fieber im Bett. Zwei Tage später kam meine Mutter zu einem kurzen Besuch, überglücklich, daß ich wieder da war. Von nun an war Rudolf Grosse durch Jahre hindurch Tag und Nacht mit mir zusammen. Wir aßen, schliefen, wanderten nicht nur zusammen, er kam mit in den Unterricht und saß immer an der Seite im Schulzimmer, was von mir, wie von den anderen Mitschülern, ohne Bemerkung akzeptiert wurde. Rudolf Grosse hatte eine grenzenlose Geduld. Ich war zunächst weit entfernt, mich anzustrengen. Als er vor meinem Weggang noch im Bett lag, behändigte ich seine zusammenklappbare Schere, die mir sehr imponierte. Jetzt aber war ich plötzlich ganz umhüllt und getragen.» Grosse selber beschrieb diesen Zustand als «Symbiose». Wenn man sich in diese Lebenssituation vertieft, dann kann man deutlich spüren, wie hier Grosse Richards Karma auf sich genommen hatte. Er hatte sich für ihn regelrecht an die Kette gelegt.

In seiner Erinnerung fährt Richard fort: «Ich sehe rückblickend kaum besondere therapeutische Maßnahmen, wohl aber den ungeheuren Opferwillen eines jungen, intelligenten und willensstarken Menschen, bereit, die übernommene Aufgabe mit allen Konsequenzen durchzutragen. Ich nahm das mit größter Selbstverständlichkeit hin und dachte nicht daran, mich selber anzustrengen.

Ich erinnere mich mit großer Freude und Dankbarkeit, wie er mir oft jene erzieherischen Bücher wie ‹In Nacht und Eis› von Nansen oder die vielen Bücher von und über Sven Hedin oder die Sagen der verschiedenen Völker vorlas. Vor allem aber trugen unsere Wanderungen über die Jurahöhen viel zur inneren Befreiung und Festigung bei.»

Grosse schreibt dazu: «Die Abendstunden unseres Zusammenseins wurden immer mehr solchen Geschichten gewidmet. ‹Herkules mit seinen zwölf Arbeiten› sind ein Beispiel für Seelenvorgänge, in denen der Mensch sich in seinen Kräften steigert, um Aufgaben schwerster Art zu bestehen. Theseus gehört dazu, die Argonauten, dann der ganze Nibelungensagenkreis, die schweizerischen und germanischen Heldensagen und viele andere. – Eingetaucht in diese Welt kam die Phantasie des Knaben zum Blühen. Auf neuen Wegen wurde eine Innenwelt gewonnen. Die Kräfte regten sich und bekamen Glanz von Herzlichkeit, Hilfsbereitschaft und unendlicher Gutmütigkeit. Als unsere Lektüre dann überging zu Max Eyth, zu

Richard mit Rudolf Grosse

Biographien von Sven Hedin und anderen Entdeckern und Erforschern, wurden Vorbilder hingestellt, die Wegbereiter für die eigene Entwicklung wurden.»

Weiter Richard: «Am 30. März 1925 spielten wir in der 10-Uhr-Pause um und auf einem großen Bretterstapel, die für den Neubau des Goetheanums benötigt wurde, als Frau Mitscher von der Schreinerei kommend uns zuwinkte, wir sollten in die Schulzimmer kommen. Die Lehrerschaft unterrichtete uns noch eine Stunde – wir ahnten nicht, mit wie schwerem Herzen! –, rief dann beide Klassen zusammen in ein Zimmer und teilte uns mit, Rudolf Steiner sei heute morgen gestorben. Wenn man uns gesagt hätte, die Sonne sei stillgestanden, wir hätten es nicht fassungsloser hingenommen. Uns wurde bewußt, wieviel bis in die Kleinigkeiten hier von ihm bestimmt wurde, wie sehr man für alles um seinen Rat fragte, wie sehr das ganze Leben in Dornach durch ihn angeregt und mitgetragen worden war.

Es war ein prächtiger Frühlingstag. Einige Schüler und Schülerinnen sammelten auf den Wiesen und am Waldrand die ersten Frühlingsblumen, um sie am Nachmittag mit ins Atelier zu tragen und am Sarg Rudolf Steiners hinzulegen. Man hatte ihn ein halbes Jahr nicht gesehen. Sein Gesicht war viel schmaler geworden, die Augenhöhlen lagen tief und dunkel und doch fast wie schlafend.

Meine Mutter kam für drei Tage nach Dornach, und mit ihr besuchte ich das Atelier noch zweimal, das sich immer mehr mit Blumen füllte. Während der Abend-Totenfeier in der Schreinerei mit der Trauermusik von Stuten, der Ansprache von Steffen und der Toten-Weihehandlung der Priester sah ich unseren geliebten Helfer im geöffneten Sarg zum letzten Mal.

Die weitere Entwicklung verlief in keiner Weise gradlinig. Rudolf Grosse mußte noch lange Zeit helfend zur Seite stehen. – Als er im Sommer 1926 Schwester Lucia heiratete und seine Hochzeitsreise nach München antrat, wagte man noch nicht, mich für diese Zeit völlig von ihm zu lösen, und so nahmen sie mich einfach mit. München wurde für mich ein erstes, mich tief ergreifendes Kunsterlebnis, welches meine zweite Lebenshälfte stark beeinflussen sollte.

Nach der Hochzeit bezogen ‹wir› ein eigenes Haus am Unteren Zielweg, und ich war nun einfach ein Teil der Familie.

In diesem Herbst drückte Maria Groddeck, unsere Hauptlehrerin der Fortbildungsschule, welche in der Zwischenzeit in das Haus Friedwart umgezogen war, meiner Mutter ihre vollste Zufriedenheit mit mir aus. Welch völlig neue Töne für sie nach so langen schmerzlichen Jahren!

Eine Wendung sehe ich rückblickend im Winter 1926/27, während der Skiferien unserer Schule auf dem Weißenstein. Beim Einnachten befand ich mich allein auf einem winterlichen Waldweg, stand still und betete, daß mir Kraft gegeben werde, meinen Lebensweg selber positiv zu gestalten. Vorher hatte ich meinen Betreuern noch zeigen wollen, daß ich mich von ihren Lenkungsversuchen nicht verführen lasse.

Den folgenden Sommer verbrachten Rudolf Grosse und ich in Rochefort in Neuenburg. Ich sollte etwas besser französisch lernen, doch sprachen wir fast nur deutsch, da auch der Schneider, bei welchem wir wohnten, stets deutsch sprach. Dafür beobachtete ich, wenn irgend möglich, die abendlichen Bewegungen der Sterne und lernte die Sternbilder kennen.

Nur einmal konnte Rudolf Grosse sich ein wenig von mir erholen, als er mit Walter Molt, dem Sohn Emil Molts, bei welchem er während seiner Stuttgarter Zeit gewohnt hatte, in Italien Ferien machte. Diese zweieinhalb Monate verbrachte ich im heilpädagogischen Heim Lauenstein in Jena und stand dort vor allem unter der Obhut von Werner Pache, mit dem wir auch eine längere eindrückliche Wanderung durch den Thüringer Wald, auf den Kickelhahn, nach Erfurt und Weimar unternahmen.»

Hier auf dem Lauenstein begegnete Richard auch dem anderen kleptomanischen Jungen, Karlheinz, der gleich ihm im Heilpädagogischen Kurs besprochen worden ist (siehe S. 222).

«Als ich wieder freier gelassen wurde, hatte ich oft Mühe, mich arbeitsmäßig und in bezug auf meine Konzentration zusammenzuhalten. Ich erinnere mich noch, daß es mir eine große Hilfe war, als Rudolf Grosse einmal, als ich mich recht labil verhielt – sich mit mir wie mit einem Erwachsenen unterhaltend –, über meinen ausfließenden Astralleib sprach und darüber, wie ich den Weg finden könne, ihn mir besser einzugliedern.»

Aus der «Familiensituation» heraus wurde es schließlich für möglich gehalten, daß Richard im Frühling 1929 ins mathematisch-naturwissenschaftliche Gymnasium von Basel überwechseln könne. «Vor diesem Wiedereintritt ins öffentliche Schulwesen sprach ich auch mit Albert Steffen über meine Berufswahl. Dieser erteilte zwar nicht gern Ratschläge, doch kannte er mich von der Schule her und riet mir sehr, das Gymnasium zu absolvieren und nicht den Schreinerberuf zu ergreifen, was ich damals auch ernstlich erwog. Im Gymnasium fehlten mir zwar recht viele Grundlagen, auch war der Wille, sie nachzuholen, nicht allzu groß. Immerhin bestand ich die Matur 1932. Schon während der ganzen Gymnasialzeit hatte ich meine Krankheit völlig überwunden.

Richard – etwa dreißigjährig

1935 erlangte ich das Sekundarlehrer-Patent und übernahm zunächst Stellvertretungen in den verschiedensten Schultypen. So war ich auch ab Herbst 1937 für ein halbes Jahr an der Basler Rudolf Steiner-Schule.

Ende März 1938 fuhr das ganze Kollegium nach Stuttgart, um bei der Schließung der dortigen Waldorfschule anwesend zu sein. Wir nahmen auch teil an den letzten Lehrerkonferenzen, in denen über die Hintergründe der Schließung orientiert wurde. Am 30. März war die Aula der Schule übervoll. Mitten unter den Schülern, Lehrern und Eltern saßen auch Menschen in SA-, SS- und Polizei-Unifor-

Richard mit Rudolf Grosse (am 80. Geburtstag von Richard)

men. Sprecher wie Erich Schwebsch, Emil Bock und Graf Bothmer sprachen, umrahmt vom Schulorchester, frei und kräftig aus, daß der Geist der Freiheit, der hier an dieser Schule gepflegt wurde, trotz Macht und Gewalt weiter leben und wirken werde.»

Richard schloß seine Studien mit dem Dr. phil. ab, wurde Leiter eines Volksbildungsheimes, kam in führende Stellungen in pädagogischen und anthroposophischen Bereichen und war Präsident verschiedener politischer, gemeinnütziger und kultureller Institutionen. 1935 heiratete er eine Kollegin. In der Familie wuchsen vier gesunde Kinder auf.

«Zu der Bemerkung Rudolf Steiners über meine ‹Wanderlust über die Erde hin› möchte ich beifügen, daß ich in der Gymnasialzeit oft morgens um 3, 4 oder 5 Uhr aufstand und vor dem Frühstück Wanderungen in den nahen Wäldern um den Gempen unternahm oder in der Birs badete. Gleich nach der Matur fuhr ich nach Tunis. Universitätsferien, die ich eigenmächstig verlängerte, nutzte ich zu einer viermonatigen Rucksackreise durch Griechenland, Ägypten, Palästina und Syrien – dann wieder Wanderungen in den skandinavischen Bergen.

Später, nach meiner Pensionierung, durfte ich – vor allem für Lehrer – Kunstreisen durch die verschiedensten Kunstgebiete Europas und des Nahen Ostens führen auf weit über einhundert Routen. – So hat auch dieser Hinweis Rudolf Steiners sich voll bestätigt.»

Richard starb völlig unerwartet am 3. September 1992 auf einer dieser Lehrer-Bildungsreisen – von Polen kommend – nach einem Besuch der Marienkirche in Rostock.

Seinen Lebenslauf, welchen er uns dankenswerterweise in dieser Offenheit zur Verfügung gestellt hat, schloß er mit den Worten:

«Diese Lebensabriß-Notizen schrieb ich in tiefster Dankbarkeit gegenüber meiner Mutter, die unerhört viel Schweres mit unerschütterlichem Vertrauen zu Rudolf Steiner getragen hat, gegenüber Rudolf Steiner, der die Fäden des Schicksals so glücklich leitete, gegenüber Rudolf Grosse, der so enorm viel opferte und mit großer Zielsicherheit durchgetragen hat.»

„Aufbruch der Kinder" (1924) Mutter
Edition Bingenstein

Es gab noch keine Drainagen zu der Zeit.

Steinie hat sehr, sehr um ihn gekämpft

Willfried Immanuel
1923 – 1925

Herkunft und Vorgeschichte

Willfried Immanuels Vater, Ernst, war Musikwissenschaftler. Er starb am 2. Juli 1924 an einem Herzinfarkt. Die Mutter, Theodora, am 8. Oktober 1896 in Innsbruck als österreichische Offizierstochter geboren, Nationalökonomin und spätere Schriftstellerin, starb am 7. Januar 1968 – zwei Tage, nachdem sie ihr Buch *Aufbruch der Kinder 1924* mit den Erinnerungen an ihr Kind beendet hatte.[51]

Willfrieds Vater

Willfried wurde am 8. August 1923 in Osterburg, einem kleinen Städtchen in der Altmark, als einziges Kind seiner Eltern geboren. Rudolf Steiner, um den Namen gefragt, telegraphierte aus Ilkley, wo er zu dieser Zeit war: «Mit herzlichem Gedenken an Willfried Immanuel. Steiner.» Zur Schreibweise dieses Namens: In manchen Schriftstücken steht Willfried Emanuel oder Wilfried (mit einem «l»). Im Alltag wurde das Kind nur mit dem Namen Willfried genannt.

Die Lebensgeschichte Willfrieds ist uns von seiner Mutter in dem genannten Buch so ergreifend beschrieben worden, daß dem eigentlich nichts hinzuzufügen ist. Nur einige Daten, aus anderen Quellen entnommen, sollen hier zusammengefaßt werden. Sie müssen aber in den Zusammenhang des Berichts der Mutter hineingedacht werden.

Die Mutter war während der Schwangerschaft immer gesund, fühlte sich in dieser Zeit sogar besonders wohl. Sie mußte sehr viel Schreibmaschine schreiben. Die Geburt am 8. August 1923 verlief normal. Das Kind wog 2750 Gramm. Es hatte die Nabelschnur zweimal um den Hals gewickelt, zeigte sonst keine Besonderheiten. Im Fruchtwasser war Kindspech (ein Hinweis auf intrauterinen Sauerstoffmangel?). Der Kopf war eher klein.

Etwa 22. August: Als das Kind gerade vierzehn Tage alt war, wurde von der Mutter erstmals ein Krampf beobachtet: «Es schlug mit den Ärmchen um sich, wurde vor meinen entsetzten Augen erst rot, dann blau und wieder weiß. Ganz kurz nur.»

September: Langsame Zunahme des Kopfumfanges, was die Mutter aber nicht für abnorm hielt, bis das Kind einmal im Laufe einer Woche 380 g an Körpergewicht zunahm.

1. Dezember: Umzug nach Leipzig. Dort wurde dann die Zunahme des Kopfumfangs deutlicher.

Mitte Dezember: Der Kopfumfang betrug 49 cm. Das Kind wurde sehr still, weinte nicht viel. An der Kopfhaut traten kleine Eiterbläschen auf. An Weihnachten fiel den Eltern auf, daß das Kind nicht zu den Kerzen schaute.

Ende Januar 1924: In den letzten Tagen des Januar 1924 fuhr die Mutter mit dem Kind nach Arlesheim, weil sie eine Punktion des

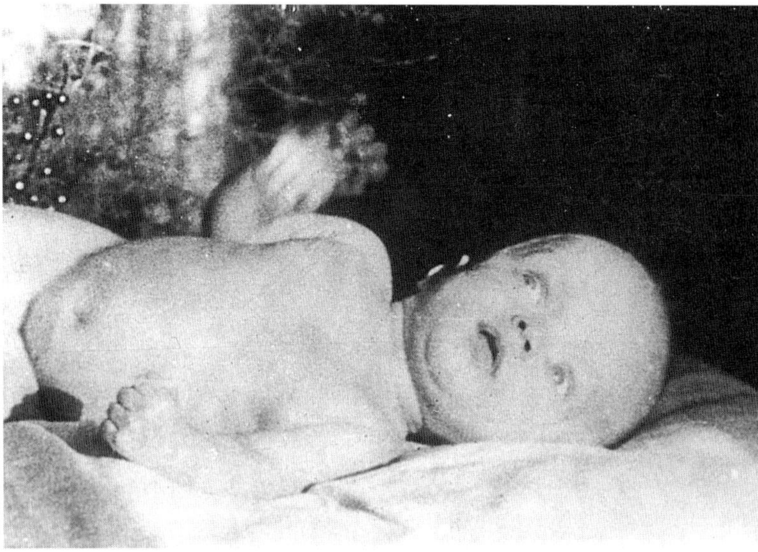

Willfried im Alter von sechs Monaten

Kopfes nicht vornehmen lassen wollte und zur anthroposophischen Therapie mehr Vertrauen hatte. Sie hatte Rudolf Steiner während ihres Studiums in Leipzig kennengelernt. Mit Elisabeth Vreede war sie befreundet.

4. Februar: Erste Konsultation im Klinisch-Therapeutischen Institut im Beisein Rudolf Steiners: Nachdem die Anamnese auf der Ambulanzkarte notiert worden war, fragte Steiner die Mutter: «Hat er Licht gern?» – «Er sucht beim Aufwachen gleich das Licht.» «Reagiert er rasch auf Gehöreindrücke?» – «Ja. – Er schläft viel.»

Rudolf Steiner stellte daraufhin folgende Diagnose: «Es liegt vor ein überempfindliches Sinnessystem, so daß fortwirkt ein Zustand wie die mütterliche Umgebung während der Schwangerschaft. Und versprechen kann ich mir nur etwas, wenn er abgeschlossen wird im absolut finsteren Zimmer und bei absoluter Ruhe ringsherum. Von Medikamenten kann höchstens wirken, wenn man des ganze Konglomerat von Kieselsäure, Tonschiefer und Orthoklas als D 6 beibringen kann. – Vom Punktieren verspreche ich mir gar nichts, das

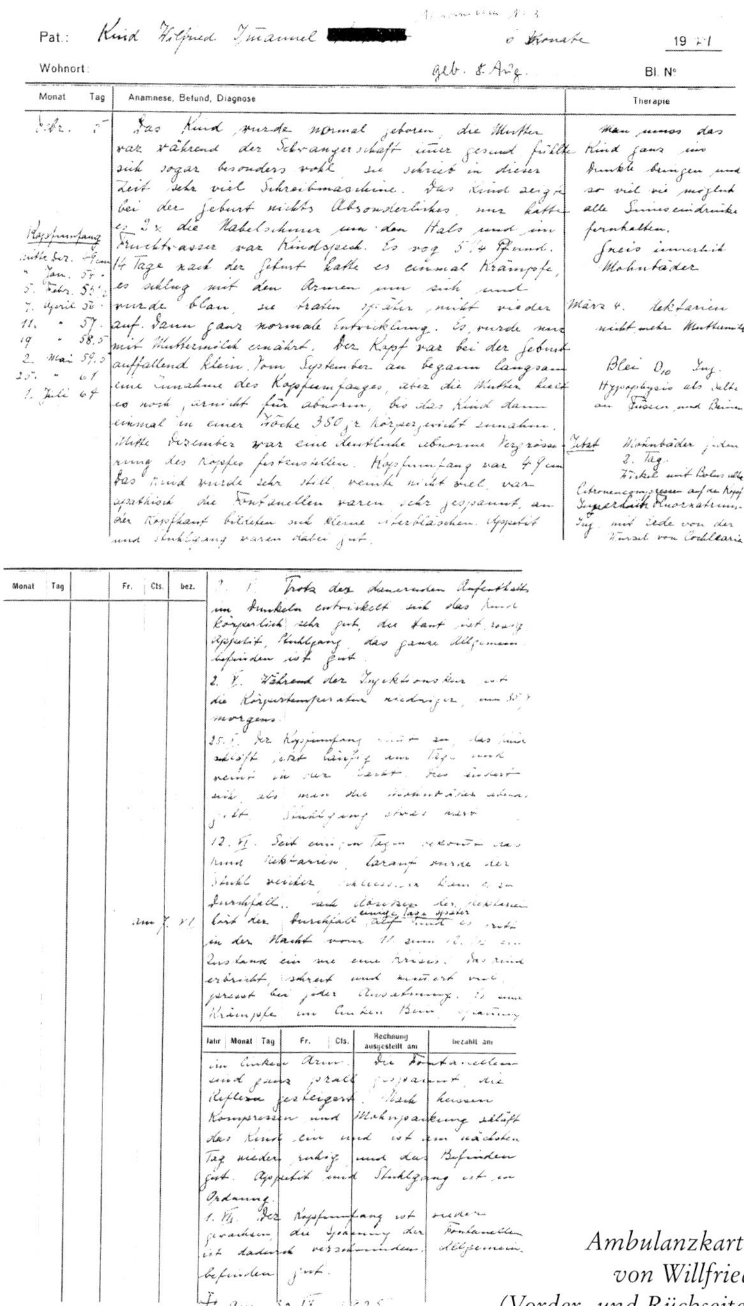

Pat.: Kind Wilfried Imanuel [redacted] 6 Monate 19 [illegible]

Wohnort: geb. 8. Aug. Bl. No

Monat	Tag	Anamnese, Befund, Diagnose	Therapie
Dez.	5	Das Kind wurde normal geboren, die Mutter war während der Schwangerschaft immer gesund, fühlte sich sogar besonders wohl, sie schrieb in dieser Zeit sehr viel Schreibmaschine. Das Kind zeigte bei der Geburt nichts Absonderliches, nur hatte es 2x die Nabelschnur um den Hals und im Fruchtwasser war Kindspech. Es wog 5 1/4 Pfund. 14 Tage nach der Geburt hatte es einmal Krämpfe, es schlug mit den Armen um sich und wurde blau, sie traten später nicht wieder auf. Dann ganz normale Entwicklung. Es wurde nur mit Muttermilch ernährt. Der Kopf war bei der Geburt auffallend klein. Vom September an begann langsam eine Zunahme des Kopfumfanges, aber die Mutter hielt es noch für nicht abnorm, bis das Kind dann einmal in einer Woche 350 gr Körpergewicht zunahm. Mitte Dezember war eine deutliche abnorme Vergrösserung des Kopfes festzustellen. Kopfumfang war 49 cm. Das Kind wurde sehr still, weinte nicht viel, war apathisch. Die Fontanellen waren sehr gespannt, an der Kopfhaut bildeten sich kleine Aderbläschen. Appetit und Stuhlgang waren dabei gut.	Man muss das Kind ganz ins Dunkle bringen und so viel wie möglich alle Sinneseindrücke fernhalten. Ignis innerlich. Mohnbäder
Kopfumfang			
Mitte Dez.	49 cm		
" Jan.	57		
5. Febr.	55 1/2		
7. April	56		März 4. Nektarien nicht mehr Muttermilch
11. "	57		
19 "	58.5		
2. Mai	59.5		Blei D_{10} Inj. Hypophysis als Salbe an Füssen und Beinen
25. "	61		
1. Juli	64		Zutat Mohnbäder jeden 2. Tag. Wickel mit Bolus alba Citronencompressen auf den Kopf Injektion Fluorcalcium. Inj. mit Erde von der Wurzel von Cochlearia

Monat	Tag		Fr.	Cts.	bez.	
						9. V. Trotz des dauernden Aufenthalts im Dunkeln entwickelt sich das Kind körperlich sehr gut, die Haut ist rosig, Appetit, Stuhlgang, das ganze Allgemeinbefinden ist gut.
						2. V. Während der Injektionskur ist die Körpertemperatur niedriger, um 35,? morgens.
						25. V. Der Kopfumfang nimmt zu, das Kind schläft jetzt häufig am Tage und weint in der Nacht. Dies änderte sich, als man die Mohnbäder abends gibt. Stuhlgang etwas hart.
			am 7. VI			12. VI. Seit einigen Tagen bekommt das Kind Nektarien, darauf wurde der Stuhl weicher [illegible] dann [illegible] Durchfall. Nach Absetzen der Nektarien hört der Durchfall einige Tage später auf. Und es [illegible] in der Nacht vom 11. zum 12. VI. ein Zustand ein wie eine Krise. Das Kind erbricht, schreit und stöhnt viel, presst bei jeder Ausatmung. Es [illegible] Krämpfe im linken Bein, Spannung

Jahr	Monat	Tag	Fr.	Cts.	Rechnung ausgestellt am	bezahlt am

im linken Arm. Die Fontanellen sind ganz prall gespannt, die Reflexe gesteigert. Nach heissen Kompressen und Mohnpackung schläft das Kind ein und ist am nächsten Tag wieder ruhig und das Befinden gut. Appetit und Stuhlgang ist in Ordnung.

1. VI. Der Kopfumfang ist wieder gewachsen, die Spannung der Fontanelle ist dadurch verschwunden. Allgemeinbefinden gut.

† am 30. VI. 1925

Ambulanzkarte von Willfried (Vorder- und Rückseite)

hilft ganz sicher nichts. Kieselsäure muß man ihm geben, daß er die Kieselsäure, die er selber aus der Atmosphäre aufnimmt, zurückweist. Von einem Hydrozephalus ist nicht die Rede. [...] Blöd braucht er nicht zu werden; nur ist es so stark, daß man nicht weiß, ob er das Leben erhält.»[52]

Die Behandlung wurde von Rudolf Steiner wie folgt angegeben:

- Dunkelheit und Ruhe.
- Gneis D 6 innerlich (2 x täglich als Tablette, «was er nicht gern hat, weil es, auch zerstoßen, im Hals kratzt» (so die Angabe der Mutter).
- «Bäder, in die man etwas Mohnsaft von Wiesenmohn hineintut, um auch die Haut unempfindlich zu machen.»[53]

11. Februar: Nochmalige Vorstellung bei Rudolf Steiner, da dieser ihn noch einmal sehen wollte. Er gab die folgende Anweisung:
- Die Mutter solle auf den Hinterkopf stündlich eine Acht streichen (vermutlich eine liegende Acht). «Er wird das gern haben, es wird ihn beruhigen, und er wird dadurch die Augen dirigieren lernen.»

4. März: Weitere Anordnungen:
- Abstillen, dafür Gabe von Nektarien. Rudolf Steiner: «Man will dabei an die Ich-Organisation des Kindes appellieren. Das Ich in der Willensregion wird dadurch gestärkt.»
- Blei D 10-Injektionen.
- Hypophysen-Salbe an Füßen und Beinen.
- Silber-Salbe auf die Blase.

7. März: Wiedervorstellung, nachdem es dem Kind schlechter ging. Gespräch mit der Mutter über ihr eigenes Befinden, wobei Rudolf Steiner den Verdacht hatte, es könne sein, daß die Gebärmutter sich nicht zurückgebildet habe, was aber bei einer Untersuchung durch Ita Wegman nicht bestätigt werden konnte.

17. März: Der Kopfumfang hatte in einer Woche um 1 cm zugenommen. Rudolf Steiner: «Die Kur ist richtig. Geben Sie keine Muttermilch mehr. Die Gebärmutter ist bei der Mutter geschrumpft. Ich kann nur denken, daß die Mutter das Kind mit großer Wollust getragen hat. Es besteht eine große Verbindung. Wenn die Mutter das Kind angreift, kommt das Kind ganz in Feuer.[54]

Der Kopfumfang nahm weiter zu:

7. April: 56 cm.
19. April: 58,5 cm.
22. April: Aus Einsicht, daß es aus dem angegebenen Grund (eine zu starke Verbindung zwischen Mutter und Kind) für ihr Kind vielleicht besser sei, reiste die Mutter schweren Herzens ab. Stationäre Aufnahme Willfrieds im Klinisch-Therapeutischen Institut. Die Krankenschwestern Wilma Kunz und Lucia Becker betreuten ihn.

25. April: Trotz des dauernden Aufenthaltes im Dunkeln entwickelt sich das Kind körperlich sehr gut, die Haut ist rosig. Appetit, Stuhlgang, das ganze Allgemeinbefinden ist gut.

2. Mai: Kopfumfang hat weiter zugenommen (59,5 cm). Während der Injektionskur ist die Körpertemperatur niedriger, liegt etwa bei 35,7° C.

25. Mai: Kopfumfang 61 cm. Das Kind schläft jetzt häufig am Tage und weint in der Nacht. Dies ändert sich, als man die Mohnbäder abends gibt. Stuhlgang etwas hart.

Anfang Juni: Auf die Nektarien war der Stuhl weicher geworden, schließlich kam es zu Durchfall. Absetzen der Nektarien.

7. Juni: Nach Absetzen der Nektarien hörte der Durchfall einige Tage später auf.

11. / 12. 6.: In der Nacht eine Krise: Erbrechen, Pressen der Atmung, ganz prall gespannte Fontanellen, Verkrampfung der Beine und der Arme links, Reflexe gesteigert, Schreien und Wimmern. Nach heißen Kompressen und Mohnpackung schläft das Kind und ist am anderen Morgen wieder ruhig und bei gutem Befinden.

Neuverordnungen nach Rudolf Steiners Angabe:
- Chorionsaft der Kuh als Injektionen
- Tonerde-Wickel
- Natrium jodatum D 5 innerlich.

1. Juli: Der Kopfumfang ist wieder gewachsen (64 cm), doch weniger Spannung der Fontanellen. Allgemeinbefinden gut.

Weitere Verordnungen:
- Mohnbäder nur jeden zweiten Tag
- Wickel mit Bolus alba

- Zitronenkompressen auf den Kopf
- Fluornatrium 0,05 % anstelle von Jodnatrium
- Cochlearia e rad. (mit etwas von der umgebenden Erde) D 6 als Injektion
- Zirbeldrüse D 5 innerlich.

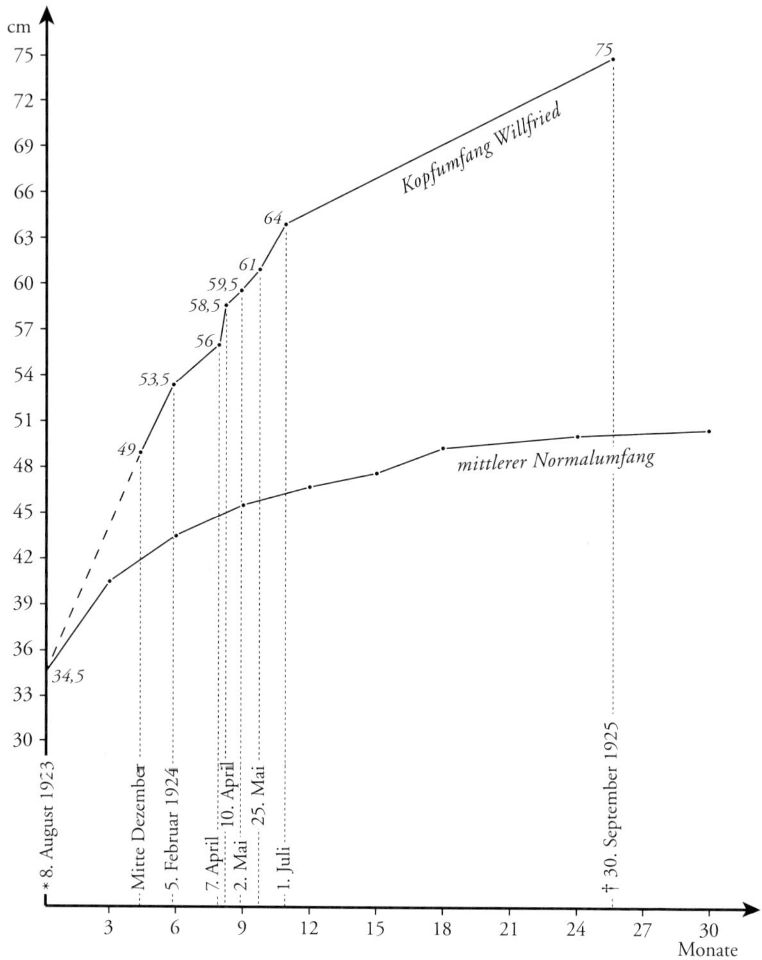

Schematische Darstellung des Kopfwachstums bei Willfried.

Heilpädagogischer Kurs. Achter und neunter Vortrag

Am Vorabend (2. Juli) war Willfrieds Vater nach körperlicher Überanstrengung an einem plötzlichen Herzversagen gestorben. Rudolf Steiner erfuhr dies durch ein Telegramm, das ihm auf dem Wege zur Schreinerei ausgehändigt wurde.

Der elf Monate alte Willfried wurde im Körbchen von Richard in den Vortragssaal getragen und den Teilnehmern herumgezeigt. Frau Marie Steiner soll erschreckt die Hände vor ihr Gesicht gehalten haben. Siegfried Pickert berichtete, daß Rudolf Steiner das Kind dann auf den Arm nahm und daß es – während es sonst überhaupt nicht schaute – in diesem Moment mit seinen Fingerchen die Augenlider ein wenig öffnete, um ihn anzusehen. – Die Besprechung von Willfried wurde der von Richard vorgezogen, weil er schnell wieder in die Dunkelheit zurückgebracht werden sollte.

Rudolf Steiner wies zunächst auf die ungeheure Vergrößerung des Kopfes (Umfang 64 cm) hin und betonte, daß im übrigen das Kind sich normal entwickelt habe. Der Gesichtsanteil des Kopfes sei auch normal groß. Die Vergrößerung beginne erst über den Ohren. Das Kind sei munter, habe einen guten Appetit und greife nach den Dingen. Man könne den Eindruck haben, es nehme mit den Augen wahr. Diese hätten aber nur einen ganz allgemeinen, nicht präzisen Lichteindruck.

Das hervorstechende Phänomen, der übermäßig große Kopf, erinnere an einen Riesenembryo. Er zeige auch gleich die Grundstörung: Das Kind setze die Embryonalgesetze nach der Geburt fort. Es sei bisher noch kein Behandlungserfolg erreicht worden, «weil die Dinge außerordentlich stark von innen her sind». Er hoffe aber, fügte Steiner hinzu, daß nach dem Überschreiten eines bestimmten Punktes die Harmonisierung noch zu erreichen sei.

Dann las Rudolf Steiner die Vorgeschichte von der Ambulanzkarte ab, wie sie auch im Buch der Mutter, dort noch ausführlicher, beschrieben ist. Er flocht dabei die folgenden Bemerkungen ein: Das Kind habe unmittelbar nach der Geburt noch nichts Abnormes gezeigt. Erst nach dem Beginn der Lungenatmung habe die Abnormität angefangen. Der Krampfanfall vierzehn Tage nach der Geburt und das Blauwerden dabei hätten sie angezeigt: Blauwerden bedeute immer ein Nicht-Untertauchen-Können der Ich-Organisation und des astralischen Leibes in den physischen Leib, z. B. bei der Geburt. Das könne schon allein dadurch eintreten, daß der astralische Leib bereits sehr stark konfiguriert sei.

Die geistige Anschauung zeige, daß der Astralleib dieses Kindes sehr dem der Mutter ähnlich sei, was so ausgeprägt selten vorkomme. Auf das Ich treffe dies nicht zu. Dieses sei noch verkümmert und wegen des damals schon außerordentlich stark entwickelten astralischen Leibes etwa im sechsten, siebten Schwangerschaftsmonat stehengeblieben.

Die embryonale Orientierung der Wesensglieder dauere nach der Geburt noch eine Weile fort, so daß eine Ähnlichkeit des Zustandes mit demjenigen vor der Geburt zunächst noch nicht ungewöhnlich sei. Die radikale Umstülpung – z. B. in der Atmung, durch die das Kind nun mit der äußeren Luft in Berührung komme – müsse sich langsam einleben und allmählich den ganzen Organismus ergreifen. Deshalb sei in der ersten Zeit ein solcher Zustand, wie hier, noch nicht zu bemerken gewesen, sondern erst, nachdem die verheerenden Folgen der verkehrten Orientierung eingetreten seien.

Das Mißverhältnis zwischen der zu mächtigen Kopforganisation und dem normal großen Körper sei ein Ergebnis zu starker kosmischer Wirkungen: Der mütterliche Uterus sei ein Raum, in welchem nur kosmische Kräfte ihre Wirkung entfalten könnten, die irdischen Kräfte dagegen ausgeschaltet seien. Wenn man sich vorstellte, ein Kind könnte länger als die zehn Monate im Mutterleibe sein, würde der Kopf ständig weiterwachsen, die Gliedmaßen müßten zurückbleiben.

Hier bei Willfried, so stellte Steiner dar, hatten kosmische Kräfte über die Geburt hinaus weitergewirkt und dadurch die Überhand bekommen über dasjenige, was dem Kind von irdischen Kräften für die Stoffwechsel-Gliedmaßen-Organisation hätte gegeben werden sollen. Wie konnte es zu diesem Mißverhältnis kommen? Zwischen Mutter und Kind bestand ein außerordentlich starker Zusammenhang. Rudolf Steiner fand diese Tatsache durch die bejahende Antwort der Mutter bestätigt, als er sie fragte, ob sie das Kind gern getragen habe und ob es ihr leid gewesen sei, es bei der Geburt hergeben zu müssen. Die mütterlichen Vererbungskräfte wirkten deshalb besonders stark, und zwar, wie dargestellt, über die kosmische Wirkung in die Kopfgestaltung des Kindes hinein.

Demgegenüber sei der väterliche Einfluß, der mehr in die von irdischen Kräften bestimmten Gliedmaßen hätte wirken sollen, schwach gewesen. Das habe sich in tragischer Weise dadurch dokumentiert, daß gerade am gestrigen Tag der Vater gestorben sei – und zwar an einer Herzerkrankung, die sich doch wohl schon länger vorbereitet habe. Der Einfluß eines kranken Herzens auf die Gliedmaßen sei ja bekannt. Es werde deutlich, daß durch das Unvermögen, die väterlichen, irdischen Kräfte in die Organisation hineinzubringen, das Übergewicht der mütterlichen, mehr kosmischen, kopfbildenden Kräfte verursacht worden sei.

Wir haben es hier, so Steiner, mit einem Urphänomen zu tun, einem maximal ausgebildeten Infantilismus. Auch im Übergang zwischen den anderen Jahrsiebten tritt solches Zurückbleiben vorheriger Phasen auf.

Die therapeutischen Angaben waren die gleichen wie oben schon beschrieben:

1. Dunkelheit und Ruhe. Durch Vermeiden von Sinneseindrücken werde innerlich Wille angeregt, beim Kind zunächst das Zappeln. Rudolf Steiner bemerkte hierzu, er habe zunächst die Wirkungsmöglichkeit dieser Maßnahme überschätzt, da das Kind erst ganz schwach lichtempfindlich sei. Es lebe noch so wenig in der Augenorganisation, daß die Dunkelheit von geringerer Bedeutung gewesen sei.

2. Medikamentös:

- Gneis innerlich «in hoher Potenz» (gegeben wurde D 6). Die im Gneis verteilten Quarzkräfte wirkten mild. «Sie breiten sich im Organismus aus und kommen leichter an die Peripherie heran.» Im Quarz selber wirkten sie zu strahlig.
- Wiesenmohn-Bäder, zuerst morgens, dann abends, um das Aufgeregtsein der Nerven auch in der Willensregion zu beruhigen. Der ganze Mensch sei als Kind Nerven-Sinnes-Organisation.
- Blei als Injektionskur. (Es wurde D 10 angewendet.) Blei rufe Zerfallskräfte auf, die den wuchernden Aufbaukräften dieses Riesenembryos entgegenwirken sollten.

- Hypophysis-Salbe an den Beinen, um formende Kräfte (vom Kopf her) in das Gliedmaßen-System hineinzubringen.

3. *Ernährung:*

- Abstillen. Muttermilch soll sich normalerweise vom Verdauungssystem aus in das Nerven-Sinnes-System hinein umsetzen. Das solle hier vermieden werden.
- Durch Nektariensäfte, als etwas, was sich dynamisch-parasitär aus der Blütenregion entwickelt, appelliere man an die innere Individualität des Kindes, um diese herauszubringen, sie zur Tätigkeit zu bringen, was auch in gewisser Weise gelungen sei, indem vorübergehend Durchfall aufgetreten sei.

«Und so wird in einer solchen Weise die Heilung formiert. Natürlich handelt es sich darum, daß man Anreize hervorrufen muß, damit die Heilmittel wirken.»

Die aufgetretene Krise vom 11./12. Juni bezeichnete Rudolf Steiner als etwas, was man nicht vermeiden könne, wolle man nicht die Gesundung vermeiden.

Abschließend bemerkte er: «Ich will noch darauf aufmerksam machen, daß bei einem solchen Kinde mit einem Punktieren und Ablaufenlassen des Wassers nichts zu machen ist, weil die Sache von selbst wieder in Gang kommt und sich vergrößert. Natürlich können wir nicht, solange wir nicht Erfolge haben im Zurückgehen des Kopfumfanges, über die Sache mit Bekrittelung von andern Behandlungsweisen reden.»

Weiterer Verlauf

Von Rudolf Grosse haben wir eine Schilderung aus dieser Zeit: «Eine ihrer [Schwester Lucias] Hauptaufgaben dort war die Pflege jenes Babys, das den ungeheuren Wasserkopf hatte. Für dieses Kind [...] hatte Rudolf Steiner eine komplizierte Therapie entwickelt, die durchzuführen hohe Anforderungen an die Schwester stellte. Mich zog es oft an das Bettchen dieses Kindes, das ganz im Dunkeln liegen mußte. Ich war ergriffen von der Schönheit des Antlitzes und darf sagen, daß ich nie mehr ein Kleinkind gesehen habe, das einen so

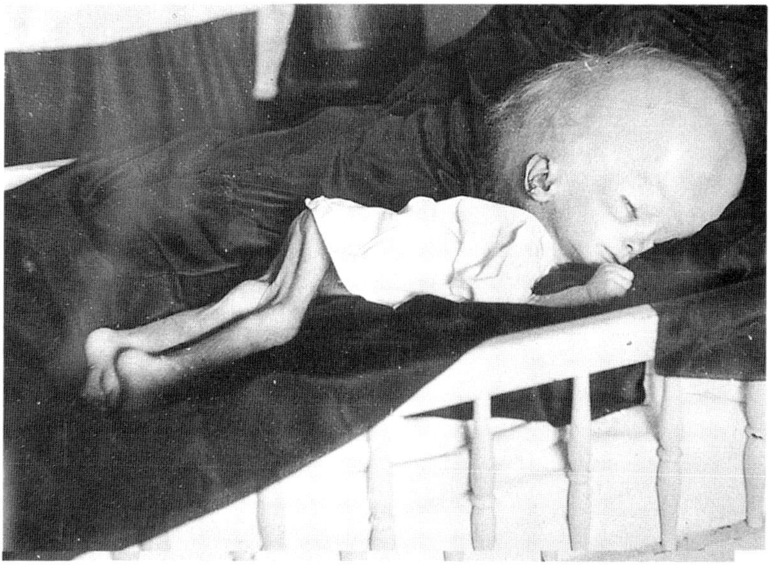

Willfried Immanuel (†) am 30. September 1925 mit 25 Monaten

übermenschlich-engelhaften Ausdruck hatte wie dieser kleine Emanuel [richtig: Immanuel]. Dann aber dieser riesenhafte Kopf! Wie behutsam mußte man ihn aufheben, um ihn auf die andere Seite zu legen oder ihn zu baden und zu wickeln [...]»[55]

Trotz aller Bemühungen war der Wachstumsprozeß nicht aufzuhalten. Der Kopfumfang nahm stetig zu, der Kopf war schließlich wie ein großer, aufgeblasener Ballon, der Körper dazu im Verhältnis allmählich mehr wie ein abgemagerter Appendix. Es traten öfter Verkrampfungen auf. Das Augenlicht war allmählich ganz erloschen. Der Kopfumfang betrug schließlich circa 75 cm.

Am 30. September 1925 starb Willfried in Arlesheim.

Zum Abschluß ein Brief der Mutter:

«Weihnachtsabend 1925. Meine liebe Schwester Wilma, ich kann nicht sagen, wie es mich gerührt hat, Ihr Bildchen – gerade *dieses*

Bildchen. – Haben Sie innigsten Dank! Das beiliegende Bildchen von Willfried hatte ich schon gerichtet, wie ich es Ihnen bereits versprochen, es ist gemacht, als er 3 Monate alt war, von seinem Vater. Wie sehr ich mich Ihnen, die Sie diesen heißgeliebten Jungen gepflegt und geliebt haben, dankverschuldet fühle, geht über Worte. Möchte Willfried selbst, der jetzt ja kein Kind mehr und mächtiger ist als ich, mit seinem Dank bei Ihnen sein, daß er Segen werde für unsere große Sache, in der wir alle durch die Zeiten verbunden sind.

Mit Weihnachtsgrüßen *Ihre Theodora K.»*

Lore
1919 – 1990

Herkunft und Vorgeschichte

Die väterliche Familie stammte von einem Hof am Möhnesee. Der Vater (1882 – 1958), Kaufmann, war Prokurist und Teilhaber einer Elberfelder Firma. Seine Lieblingsbeschäftigung, der er sich in seiner freien Zeit widmete, war Gartenarbeit. Die Mutter (1884 – 1935) entstammte einer Bochumer Familie. Sie war oft krank: Mit drei Jahren hatte sie Diphtherie, war bleichsüchtig und immer sehr zart, sie litt später unter Ohnmachten, besonders bei Hitze, zuweilen an Schwindelattacken. Im Alter von 16 Jahren erkrankte sie erstmals an Gelenkrheumatismus, der später häufig wieder auftrat. Mit 17 Jahren hatte sie Magengeschwüre, welche aber später ausgeheilt waren. Bis zu ihrer Heirat 1917, mit 33 Jahren, fühlte sie sich dann ganz wohl. 1918 erste Schwangerschaft. Sie litt während dieser ganzen Zeit unter heftigem Erbrechen, mußte fast immer liegen und war sehr niedergedrückt.

Die Geburt von Lore war termingerecht und sehr leicht. Die Nachgeburt aber war angewachsen, ein Stück von ihr blieb in der Gebärmutter zurück, und es kam zu starken Blutungen und hohen Temperaturen, bis das Stück am siebten Tag ausgestoßen wurde. Nach der Geburt blieb Lores Mutter dicker, als sie vorher gewesen war, und fühlte sich immer schwach, bekam stechende Herzschmerzen, Atemnot und hatte geschwollene Beine bis zum Knie. Bei einer zweiten Schwangerschaft 1921 traten Bauchfellentzündung und Blutungen auf, und es kam zu einer Totgeburt im sechsten Monat. 1922 hatte sie eine Grippe und Rippenfellentzündung mit Schmerzen an der rechten Seite, die seither, vor allem bei Witterungswechsel, immer wieder auftraten. 1926 Totgeburt von Zwillingen.

Lore berichtete selbst: «Immer wieder werde ich gefragt, ob ich keine persönliche Erinnerung an Rudolf Steiner habe, und muß dies leider verneinen. Als Kind bin ich Rudolf Steiner begegnet, aber damals war ich fünf Jahre alt. Was ich aus dieser Zeit weiß, weiß ich aus Erzählungen meiner Mutter. Da ich Einzelkind und sehr oft krank war, mußte meine Mutter immer wieder dieselben Geschichten erzählen, so daß sich diese in mein Gedächtnis eingraviert haben.

Am 26. Juni 1919 wurde ich in Elberfeld, jetzt Wuppertal, geboren. Da ich bei meiner Geburt kaum 2 kg wog, wurde ich von meiner Mutter in einem Körbchen hinten auf den Küchenherd gestellt; damals gab es noch keine Brutkästen. Ich hatte eine umsorgte, liebevolle Kindheit.»

Das Kind wurde sieben Monate lang gestillt. Mit einem Jahr lernte es gehen. Auch das Sprechenlernen begann zur rechten Zeit. Als Lore eineinhalb Jahre alt war, näßte sie nachts nicht mehr, aber noch lange tags. Im Alter von dreieinhalb Jahren erkrankte sie (zusammen mit der Mutter) an Grippe. Sie hatte damals hohes Fieber und Kopfschmerzen. Drei Wochen danach bekam sie Masern. Seither war sie anfällig, hatte wenig Appetit und träumte oft unruhig.

«Mein Vater war Kaufmann und Mitinhaber einer Firma. Leider blieb ich Einzelkind, da 1926 aufgrund einer fehlerhaften Diagnose meine Geschwister – Zwillinge – tot zur Welt kamen. Näheres weiß ich nicht, dieses Thema war wohl für meine Eltern zu schmerzlich, um darüber zu sprechen.

Wir lebten damals in recht guten Verhältnissen, so daß es möglich war, jeden Winter einige Monate zu verreisen, was nötig war, weil meine Mutter das Klima nicht vertrug. So lernte sie 1923 im Schwarzwald Imme von Eckartstein kennen, welche sie auf Waldorfpädagogik und Anthroposophie aufmerksam machte. Mutter besuchte daraufhin Einführungsvorträge von Dr. Hermann Poppelbaum in Elberfeld.

Im nächsten Winter wollte meine Mutter mit mir nach Lugano fahren. Freunde schlugen ihr vor, auf dem Wege dorthin in Dornach Zwischenstation zu machen. Da wir aber einen durchgehenden Schlafwagen hatten, wollte Mutter diese Unterbrechung nicht. Auf der Reise wurde sie aber so krank, daß sie die Fahrt nicht fortsetzen konnte, in Basel ausstieg und sich in einem Taxi in die Klinik von Frau Dr. Ita Wegman, von der sie gehört hatte, fahren ließ. So kamen wir nach Arlesheim bzw. Dornach und blieben fast ein Jahr. Gelegentlich besuchte uns mein Vater.»

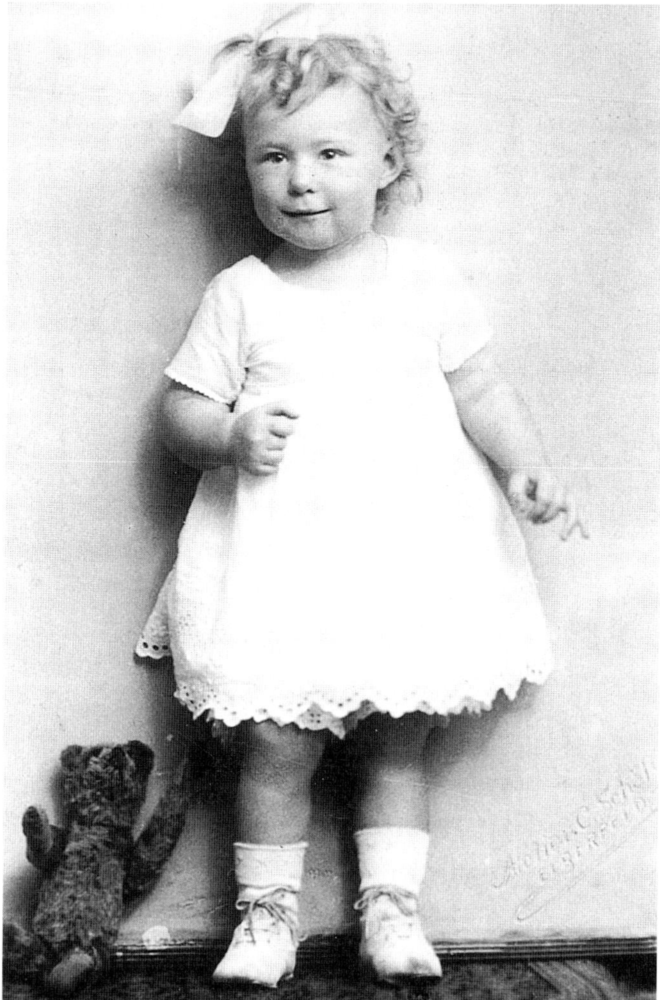

Lore im Alter von zweieinhalb Jahren

Lore im Alter von vier Jahren mit ihrer Mutter

So wurde Lore mit fünf Jahren Rudolf Steiner vorgestellt. Denn ihre Mutter blieb vom 16.4. bis zum 16.8.1924 und noch einmal vom 17.12.1924 bis zum 28.2.1925 in Behandlung des Klinisch-Therapeutischen Instituts wegen rheumatischer Entzündungen mit Herzbeschwerden, beginnender Herzschwäche und Adipositas. Auch die Mutter war, wie Lore, hellblond und in ihrem Wesen etwas unstet. – Lore wurde während dieser Zeit im Sonnenhof, damals noch eine Dépendance des Klinisch-Therapeutischen Instituts, wo die Kinder untergebracht waren, mitversorgt.

«Als es meiner Mutter besser ging, nahm Frau Dr. Wegman sie zu Vorträgen von Rudolf Steiner mit. In einer Veranstaltungspause sagte dieser zu Frau Dr. Wegman: ‹Bringen Sie bitte die blonde Dame› (meine Mutter hatte besonders auffallendes, blondes Haar) ‹aus der x-ten Reihe einmal zu mir.› – Bei einer der mehrmaligen Begegnun-

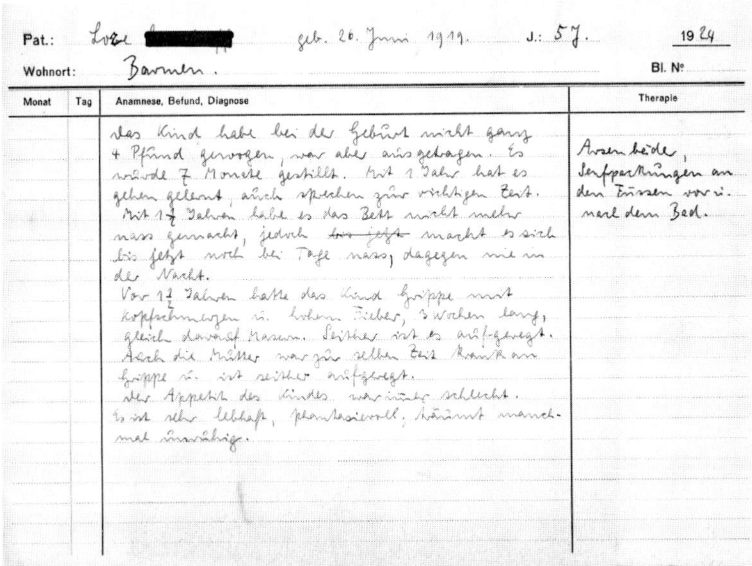

Pat.: Lore [redacted] geb. 26. Juni 1919. J.: 5 J. 1924

Wohnort: Barmen. Bl. №

Monat	Tag	Anamnese, Befund, Diagnose	Therapie
		das Kind habe bei der Geburt nicht ganz 4 Pfund gewogen, war aber ausgetragen. Es wurde 7 Monate gestillt. Mit 1 Jahr hat es gehen gelernt, auch sprechen zur richtigen Zeit. Mit 1½ Jahren habe es das Bett nicht mehr nass gemacht, jedoch ~~bis jetzt~~ macht es sich bis jetzt noch bei Tage nass, dagegen nie in der Nacht. Vor 1½ Jahren hatte das Kind Grippe mit Kopfschmerzen u. hohem Fieber, 3 Wochen lang, gleich darauf Masern. Seither ist es aufgeregt. Auch die Mutter war zur selben Zeit krank an Grippe u. ist seither aufgeregt. Der Appetit des Kindes war immer schlecht. Es ist sehr lebhaft, phantasievoll, träumt manchmal unruhig.	Arsen beide, Senfpackungen an den Füssen vor i. nach dem Bad.

Ambulanzkarte von Lore

gen mit Rudolf Steiner erhielt meine Mutter die folgende persönliche Meditation auf ein kleines Blatt eines Notizbuches geschrieben:

Morgens: Ein weißer Strahl
der hellen Sonne
fällt mir ins Herz.
Ich erstarke
durch den weißen Strahl.
Dreimal stärkt er mein
Ich.

Abends: Dunkel
Geistesdunkel
nimmt mich auf.
Ich werde aus dem Dunkel empfangen
das helldunkle Licht.

Wann meine Mutter Mitglied der Anthroposophischen Gesellschaft geworden ist, weiß ich nicht. Die Mitgliedskarte meines Vaters ist am 5.5.1924 ausgestellt.

Als meine Mutter mit mir Rudolf Steiner besuchte, tobte ich schrecklich. Rudolf Steiner saß in einem Sessel, ich stand vor ihm, und er hielt mich an den Handgelenken fest, bis ich ganz ruhig war. Trotzdem riß ich mich, als wir an einem anderen Tag auf einem Spaziergang Rudolf Steiner begegneten, von meiner Mutter los und lief zu ihm hin.

Auch die ersten Diätanweisungen stammen von ihm. Ich durfte nur Pflanzenteile essen, die in der Erde gewachsen waren.

Im Sonnenhof, der damals, wie schon erwähnt, noch kein heilpädagogisches Heim war, haben wir Kinder manchmal die Ruhe und Erholung der anderen Patienten gestört. Folgende Begebenheit mag das veranschaulichen: Ein Patient liegt im Parterrezimmer bei offenem Fenster, es ist Sommer, draußen wächst Spalierobst. Da erscheint im Fenster zuerst ein braunes Bein, dann das zweite und dann die ganze kleine Person in seinem Zimmer. Es entspinnt sich folgender Dialog: ‹Bist du krank?› – ‹Ja.› – ‹Wie heißt du?› – ‹Prinz Moritz von Sachsen-Altenburg.› – ‹Du bist kein Prinz. Du hast keine Krone und keinen Purpurmantel. Und Moritz ist ein Pferdename.› Ich soll dann einen Kamm und eine Bürste genommen haben, um den Armen zu kämmen, weil ich meinte, er sei strubbelig. Auf des Prinzen Aufforderung, das Zimmer durch die Tür zu verlassen, sei ich dann wieder aus dem Fenster geklettert. Ein Nachspiel zu dieser Geschichte passierte 1958, im Herbst. Ich fuhr mit einer Freundin mit dem Schiff auf dem Gardasee nach Riva. Auf der Fahrt erzählte ich ihr die Begebenheit mit dem Prinzen, an die ich viele Jahre nicht gedacht hatte. In Riva gingen wir in ein Café; dort saßen zwei Herren. Meine Freundin erkannte in einem der beiden Dr. Geraths. Der andere Herr war besagter Prinz. Meine Freundin fing an zu lachen und erklärte den Grund dafür. Darauf sagte der Prinz von Sachsen-Altenburg: ‹Und das war 1924!›»

Soweit der persönliche Bericht von Lore. Nun weiter zu der Zeit in Arlesheim:

Ihre damalige Lebhaftigkeit bewies sie auch bei der folgenden Begebenheit: In ihrem Zimmer lag noch ein zehnjähriges Mädchen mit Kinderlähmung (Inge Goyert). Die beiden Betten standen längs an der Wand, zwischen ihnen ein Aquarium, welches sie eines Tages dem anderen Kind ins Bett kippte, so daß alles schwamm. Julia Bort habe sie daraufhin, damit sie ruhig würde, auch in ein nasses Laken gewickelt.

Weiter folgende Erinnerung von Lore: «Dann ist noch von einer Malstunde zu berichten, die Rudolf Steiner hielt, um zu zeigen, wie man mit noch nicht schulpflichtigen Kindern malt: Rudolf Steiner malte eine grüne Wiese, darauf einen Tisch. Sandroe rief: ‹Die Lore soll auch dabei sein›, und Rudolf Steiner malte eine rosarote Lore.» (Zur Malstunde siehe auch den Bericht über Sandroe, S. 40ff. und die Abbildung von S. 41.)

Heilpädagogischer Kurs. Achter und neunter Vortrag

Lore war fünf Jahre alt, als sie im Heilpädagogischen Kurs vorgestellt wurde. Nachdem Rudolf Steiner die Teilnehmer darauf aufmerksam gemacht hatte, wie nett und prachtvoll sie sei und welch schöne Farbnuance sie in ihren blonden Haaren und was für schöne blaue Augen sie habe, berichtete er eine Begebenheit, wie die Kinder einmal unbeaufsichtigt noch gespielt hätten. – In der Erinnerung von Lore lebte diese Begebenheit so:

«Eines Abends steckte die Kinderschwester uns früh ins Bett und ging zu einem Vortrag Rudolf Steiners. Wir standen natürlich wieder auf. Man machte mir aus Knetmasse einen Kranz und setzte ihn mir auf. Die Knetmasse ging aber nicht wieder aus den Haaren heraus, und so wurde die Schere aus dem Nähkorb der Schwester geholt – von Sandroe, dem amerikanischen Gentleman – und damit der Kranz herausgeschnitten. Das hatte zur Folge, daß ich am folgenden Tag zum Dorffriseur gebracht wurde (Arlesheim war damals noch ein Dorf). Die restlichen Locken fielen dort noch, und ich wurde fast ganz kurz geschoren. Meine Mutter weinte, und Rudolf Steiner, der davon erfuhr, hat» (zur Krankenschwester mit einem großen Donnerwetter) «gesagt: ‹Erst kommt die Pflicht, dann erst meine Vorträge!›» Steiner kommentierte diese Begebenheit mit den Worten: «Sie [Lore] ist kein Philister!»

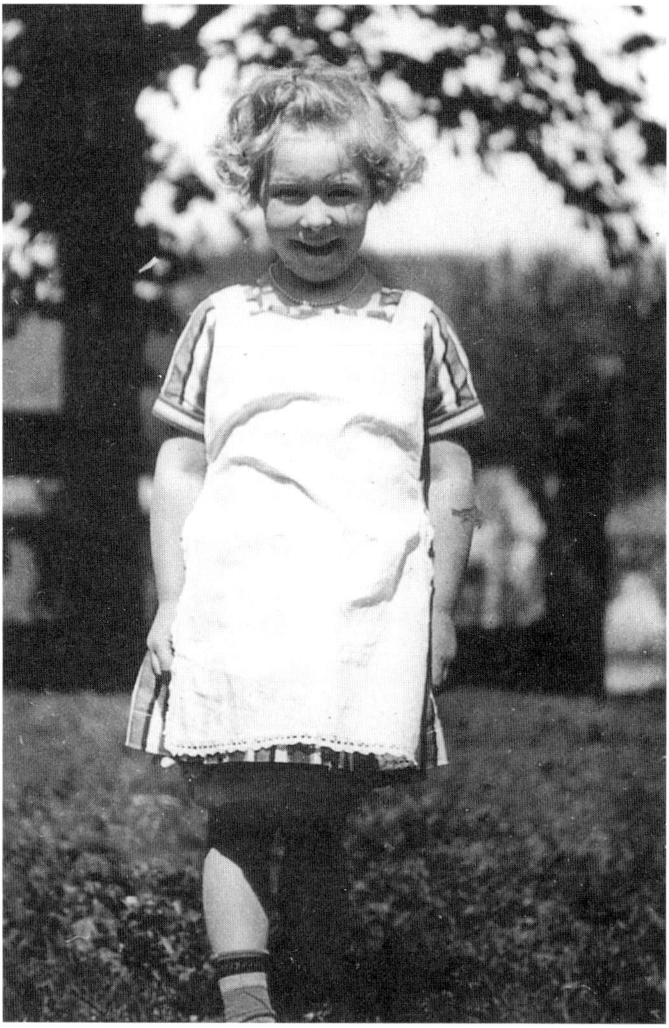

Lore im Sonnenhof

Lore nach dem Haarschnitt

Rudolf Steiner führte dann im Heilpädagogischen Kurs weiter aus: «Sie werden da unmittelbar [aus dem Aussehen des Kindes] den Eindruck bekommen, daß das Kind sehr sulfurig ist, in seinem Benehmen auch außerordentlich sulfurig. Sie ist ein liebes Kind, aber sie hat in sich ein Sulfuriges, sie ist in sich beweglich und auch stramm.» Wie zum Beweis biß Lore ihn daraufhin in den Arm. Rudolf Steiner zu den Zuhörern, die ihm zu Hilfe eilen wollten: «Sie beißt bloß ins Gewand.»

Anschließend trug Rudolf Steiner die Krankengeschichte von Lore vor, wie sie oben schon geschildert ist. Dazu wies er auf die folgenden Erscheinungen hin:

- Zum Einnässen: Die Tatsache, daß dies nur tags passiere, zeige, daß sich Lores schwache Organisation nach dieser Richtung hin nur dann geltend mache, wenn der Astralleib eingeschaltet und nicht ausgeschaltet sei.
- Es sei zu beachten, daß die Grippe mit der nachfolgenden Masernerkrankung im Alter von dreieinhalb Jahren aufgetreten sei, also genau in der Mitte der ersten Siebenjahresepoche, ein Zeitpunkt von großer Bedeutung. (Ebenso sei der entsprechende Zeitpunkt im zweiten Jahrsiebt zu beachten.) Seither sei das Kind aufgeregt, wie auch die Mutter nach der Grippe aufgeregt sei. «Sie sehen den Parallelismus zwischen Mutter und Kind.»
- Zum schlechten Appetit: Rudolf Steiner erinnerte an die Aussage, die er anhand der Besprechung von Sandroe gemacht hatte (siehe S. 44), daß die Gliedmaßen-Organisation nicht von der Ernährung her stofflich aufgebaut werde, sondern vom Kosmos her über die Atmungs- und Sinnesbetätigung. Daher sei Lore (trotz des schlechten Appetits) so stramm in sich. Der schlechte Appetit müsse sich in der Betätigung des Kopfes ausleben. Dadurch, daß ihre Phantasie (wie auch ihre Lebhaftigkeit) so stark sei, bezeuge sie, daß die Phantasie nicht vom Kopf her komme. Denn ihre Kopforganisation sei sehr schwach. Das Phantasievolle komme von den Gliedmaßen.
- Zu den unruhigen Träumen: Man solle darauf achten, ob das Kind vor dem Aufwachen oder nach dem Einschlafen träume. (Bisher waren nur Einschlafträume beobachtet worden.) Bei Lore seien sehr interessante Aufwachträume zu erwarten. Man solle sich diese erzählen lassen.

Lore sei, wie es häufig vorkomme, ein normal-abnormes Kind, bei dem vor allem dafür gesorgt werden müsse, daß der astralische Leib sich so formiere, daß er in harmonischer Weise in die unteren Wesensglieder eingreife.

Therapeutisch sei folgendermaßen vorzugehen:

1. *Medikamentös:*
   Arsen als Badezusatz oder zuweilen Arsen innerlich, was das Eingreifen des Astralleibes in den Ätherleib und physischen Leib fördern und harmonisieren soll. (Bei Lore wurden Bäder angewendet.) Unterstützt durch Packungen von Senf oder frisch geriebenem Meerrettich vor und nach den Bädern an den Füßen.
2. *Diätetisch:*
   Wurzeldiät (siehe Lores Bemerkung; wurde nicht im Kurs erwähnt).
3. *Heilpädagogisch:*
   Die Eigenheit des Kindes, so aufgeregt zu sein, müsse gebrochen werden. Man solle beobachten, wodurch ein solches Kind besonders aufgeregt werde, wenn man ihm etwas erzähle. Dann solle man es zwingen, dabei nicht aufgeregt zu werden, innerlich etwas steif zu werden, an sich zu halten, und sei es selbst durch Anwendung mechanischer Mittel. Wenn man so das Kind zur Ruhe gebracht habe, werde es vielleicht sogar müde erscheinen. Diese Müdigkeit solle etwa acht bis vierzehn Tage wirken, dann solle man in der Behandlung eine Pause eintreten lassen, in der die alte Aufgeregtheit zunächst wiederkehre, dann die Behandlung wieder fortsetzen. Die leise Depressionserscheinung, die Müdigkeit, dürfe nicht zu weit getrieben werden, da sie in körperliche Depressionszustände übergehen könne und das Kind dadurch eher verdorben werde. Durch dieses «wohltätige Brechen von Charaktereigenschaften» könne außerordentlich viel erreicht werden. (Man beachte, daß Rudolf Steiner Lore mit der Hand festhielt, wobei er sie sicherlich intensiv beobachtet hat.)

Lore berichtet weiter:

«Es wurde damals [in den Sommerferien 1924] ein Stockwerk in einem in Richtung zur Eremitage gelegenen Chalet namens ‹Holle› gemietet, eine Kinderschwester engagiert und mit einigen Kindern dort untergebracht. Wir waren eine internationale, bunte Gesellschaft. Nur einige Vornamen sind mir in Erinnerung: Sandroe, Joachim, Johannes, Robby, Laszlo. Ich war das einzige Mädchen. Es waren nach meiner Erinnerung nur zwei heilpädagogisch zu behandelnde Kinder darunter.

Meine Mutter, die hauswirtschaftlich und organisatorisch sehr begabt war – im Krieg 1914 – 18 war sie Krankenschwester –, wurde von Rudolf Steiner gebeten, einige Mißstände auf diesem Gebiet im Sonnenhof zu beseitigen, aber leider hat sie darüber nie nähere Angaben gemacht.» (Ita Wegman dachte daran, daß sie als Hausdame in der Klinik oder im Sonnenhof mitarbeiten könnte, wozu sie aber aus ihrer familiären Situation heraus nicht in der Lage war.) «Ihr früher Tod 1935 hat verhindert, daß sie mir über anthroposophische Inhalte und Vorträge von Rudolf Steiner berichtet hat. – 1925 müssen wir noch einmal längere Zeit in Arlesheim gewesen sein.

Als ich 1926 eingeschult werden sollte, stellte sich heraus, daß ich noch nicht geimpft war. Das war aber Vorschrift. So wurde ich Ende Januar geimpft, und daraufhin bekam ich eine schwere, lebensbedrohende Sepsis und konnte erst an Pfingsten wieder aufstehen. Ein Erlebnis hat sich mir in diesem Zusammenhang eingeprägt wie ein Bild: In der Nacht, in der zwei Ärzte um mein Leben kämpften – Dr. Wiener, unser Hausarzt, und Dr. Weigel, ein anthroposophischer Arzt aus Köln –, waren meine Eltern, ein Onkel, der den Arzt aus Köln geholt hatte, und die beiden Ärzte im Zimmer anwesend. Ich habe aber später immer wieder behauptet, daß hinter meiner rechten Schulter noch eine dunkle Gestalt gestanden habe. – Ich kam also erst mit siebeneinviertel Jahren in die Volksschule in Barmen. Wir hatten eine junge, sehr engagierte Lehrerin, deren erste Klasse wir waren; wir liebten diese Lehrerin sehr. Ich habe bis zum Ende des 2. Weltkrieges Kontakt mit ihr gehabt.

Die Weltwirtschaftskrise machte auch vor uns nicht halt. Die Firma meines Vaters machte Konkurs, und mein Vater, Kaufmann alter Schule, haftete mit seinem ganzen Privatvermögen. Von einem Tag auf den anderen waren wir arme Leute. Vater war damals längere Zeit arbeitslos. Das war keine Seltenheit: Als in der Schule einmal gefragt wurde, wessen Vater arbeitslos sei, meldete sich mehr als die halbe Klasse. 1930 bekam mein Vater beim Bleiwerk Goslar im Harz eine neue Stellung, und wir zogen dorthin, in eine Kleinstadt mit allen konventionell-bürgerlichen Gepflogenheiten. Zum Beispiel machten meine Eltern einige Sonntage hintereinander Besuche bei den Honoratioren der Stadt oder gaben Visitenkarten ab. Mein Vater wurde Mitglied eines Kegelklubs.

Dann kam das Dritte Reich. Ich kann mich heute noch ganz genau daran erinnern: Wir mußten im Schulhof antreten, und die Hakenkreuzfahne wurde gehißt. Jemand fragte: ‹Und was wird aus der alten Fahne?› Und ich frech wie immer: ‹Daraus bekommt unser Direx eine Badehose›, was dann nicht gerade zu meiner Beliebtheit beitrug.

Dann zogen wir noch im Jahre 1933 nach Hannover, und ich kam auf die Waldorfschule. Ich übersprang eine Klasse, damit ich mit Gleichaltrigen zusammen war. Ich war zuerst in der Klasse von Herrn Rittersbacher und dann in der Klasse von Herrn Faust. Es war, aus heutiger Sicht betrachtet, eine glückliche Schulzeit in der Jägerstraße, am Beginn der Herrenhäuser Allee. Im Hause meiner Eltern entfaltete sich ein reges anthroposophisches Leben. Vorträge, Konzerte und Jahresfeste fanden bei uns statt.

Im Sommer 1935 starb meine Mutter an den Folgen eines Schlaganfalls, 51jährig. Ich war gerade 16 Jahre alt. Mein Vater zog wieder nach Goslar, da es für ihn beruflich günstiger war. Ich blieb in Hannover, wohnte möbliert bei einer alten Dame, ging zur Waldorfschule und aß mittags in einem vegetarischen Restaurant. Zum Wochenende fuhr ich nach Goslar und führte recht und schlecht Vater den Haushalt. In der Schule machten sich immer mehr die Schwierigkeiten durch das Dritte Reich bemerkbar. Es durfte keine 1. Klasse mehr aufgenommen werden. Wir mußten die Reden Hitlers im Radio anhören. Ein Lehrer opferte sich und wurde Parteimitglied. Inzwischen war ich in der 11. Klasse, und unser Lehrer war René Maikowski. Wir waren noch sieben Schüler, ich das einzige Mädchen. Mit Maikowski fuhren wir nach Berlin, sahen die Museen an; besonders der

Pergamon-Altar machte mir großen Eindruck. Meine spätere Liebe zu Griechenland dürfte dort geboren worden sein. – Eine 12. Klasse gab es nicht mehr, die Verbotszeit begann.

Mein Vater hatte die Ansicht: ‹Ein Mädchen heiratet ja doch›, und so konnte ich nicht das Abitur machen. Ich habe einige Monate meinem Vater den Haushalt geführt. In diese Zeit fällt ein besonderes Ereignis: Lizenziat Emil Bock war unser Gast für etwa vierzehn Tage. Wir hatten interessante Gespräche. Einmal fragte er mich, welche Vorstellungen ich von meinem weiteren Leben habe. Ich wollte gern ins Ausland. Er sagte dann: ‹Das gibt es nicht› – und nach einer Pause: ‹Das gibt es noch nicht.› Freunde von Bekannten wollten mich nach Bolivien mitnehmen. Als mein Vater aber hörte, daß die meisten jungen Damen, die im Turnus von zwei Jahren mitgenommen wurden, sich dort verheirateten – es gebe viele deutsche Ingenieure –, gab mein Vater seine Einwilligung nicht.

Und so landete ich durch Vermittlung von Frau Dr. Wegman in Arlesheim im Sonnenhof. Damals war der Sonnenhof schon lange ein heilpädagogisches Heim geworden. Allerdings waren die Arbeitsbedingungen für die Mitarbeiter noch sehr einfach. Wir mußten z. B. mit den kranken Kindern ein Zimmer teilen. Nach drei Monaten war ich nahe einem Nervenzusammenbruch. Mein ehemaliger Lehrer, Herr Rittersbacher, der auch ein Freund meiner Eltern war, brachte mich dann bei dem Dornacher Schauspieler-Ehepaar Nevar-Dziuballe unter. Dort kümmerte ich mich halbtags um den Haushalt und besuchte nachmittags die Kleinodien-Schule – eine interessante Zeit. Noch heute kann ich die Rolle der Helena teilweise auswendig, denn ich hörte Frau Nevar üben. Das war das Jahr 1938, in dem *Faust I* und *II* zum erstenmal als Gesamtaufführung stattfand. Ich konnte daran teilnehmen. Da ich nur aushilfsweise für diese Tätigkeit der Haushaltsführung vorgesehen war, fuhr ich nach Valbella in Graubünden ins Kinderheim ‹Sonnenreich›. Das Heim gehörte der Mutter einer Dame, die ich in Arlesheim kennengelernt hatte. Noch heute bin ich mit ihr befreundet.

Dann rief mich ein Brief meines Vaters nach Hause: ‹Du erlernst einen Beruf mit Abschluß, später kannst du machen, was du willst.› So fuhr ich wieder nach Deutschland, nicht ohne einige anthroposophische Bücher, die dort verboten waren, zu schmuggeln. Ab Oktober 1938 besuchte ich das Chemische Laboratorium Fresenius in

Lore mit 21 Jahren

Wiesbaden und wurde dort innerhalb von zwei Jahren als Chemotechnikerin ausgebildet. Im Sommer 1940 machte ich mein Staatsexamen. Zu Hause hatte sich inzwischen einiges geändert. Mein Vater hatte seit Kriegsbeginn eine Hausdame, eine ältere Witwe, der einzige Mensch in meinem Leben, mit dem ich nicht zurechtgekommen bin. Sie hatte keinen günstigen Einfluß auf meinen Vater, hat ihn aber gut versorgt, was man ihr zugute halten muß.

Im Februar 1940 habe ich meinen späteren Mann kennengelernt. Er war Chemie-Ingenieur, 1916 geboren, Sudetendeutscher und stammte aus Deutsch-Gabel bei Reichenberg. Er wurde von der Firma Dyckerhoff, Zementwerke in Wiesbaden, nach Stramberg, Kreis

Neuditschein im damaligen Ost-Sudetengau, versetzt, wo er einen leitenden Posten in der Aluminiumherstellung erhielt. Das veranlaßte mich, den Vertrag mit meiner Münchener Firma zu kündigen und nach Wien zu gehen. Im Herbst 1940 bekam ich – die Ursache wurde nie geklärt – eine Gesichtslähmung, ein sehr harter Schlag für ein junges Mädchen! Es dauerte Jahre, bis die Folgen einigermaßen beseitigt waren. Von 1940 bis 1944 blieb ich dann in Wien und arbeitete bei dem damals größten Lebensmittelkonzern im Labor. Im Juni 1943 haben wir geheiratet. Die kirchliche Trauung fand in Reichenberg statt, dem Wohnsitz meiner Schwiegereltern. Noch ein Jahr blieb ich in Wien und zog dann nach Stramberg, was damals angesichts der damaligen Kriegslage kein vernünftiger Entschluß war – aber was wußte der Normalbürger von der wirklichen politischen Lage?!

Im Januar 1945 spitzte sich die Situation zu. Frauen und Kinder wurden evakuiert. Ich blieb bei meinem Mann. Im April, als schon die Amerikaner am Rhein waren, kamen vom Firmeninhaber zwei Telegramme aus dem Schwarzwald, die uns verschlüsselt mitteilten, wir sollten flüchten. Unser hundertfünfzigprozentig nationalsozialistischer Direktor reagierte nicht. Das sollte den Tod einiger Menschen zur Folge haben. Später wurde ich gebeten, in einem Prozeß gegen ihn auszusagen. Ich habe es nicht getan. Ich dachte an seine Frau und seine fünf Kinder. – So blieben wir bis zum 4. Mai in Stramberg. In den letzten Tagen hatten wir das Generalkommando der Schörner-Armee[56] bei uns einquartiert. Es ist im allgemeinen nicht bekannt, daß die Reste dieser Armee über den Waffenstillstand (8.5.) hinaus bis zum 28.5. weitergekämpft haben.

Wir verließen Stramberg zwei Stunden, bevor eine Straße, die wir passieren mußten, Hauptkampflinie wurde. Dann begann ein Wettlauf mit der Zeit über überfüllte Straßen: Flüchtlinge, Militär, die Reste der Wlassow-Armee – Russen,[57] die auf deutscher Seite kämpften und auf ihre kleinen Panje-Pferde einschlugen. Unser LKW, ein Holzvergaser, ging kaputt, und wir – mein Mann, ein Kollege von ihm und ich – wurden von einem Militärfahrzeug mitgenommen. Man hatte ein Lazarett geräumt, und schwerstverwundete Soldaten lagen auf der hölzernen Pritsche. Wir fuhren durch tschechische Dörfer, die Bevölkerung hatte schon rote Fahnen gehißt und stand mit roten Fähnchen an der Straße, um die direkt hinter uns fahrende

Rote Armee zu begrüßen. Außer vereinzelten Schüssen fanden keine Kampfhandlungen mehr statt. Dann kamen wir an die Demarkationslinie. Ein amerikanischer General fuhr an unserem Konvoi vorbei; obwohl der Waffenstillstand erst am Abend in Kraft treten sollte, ließen uns die Amerikaner nicht mehr hinüber, weder Militär, noch Zivilisten. Die Kriegsgefangenen, die schon auf ihrem Gebiet waren, lieferten sie an die Russen aus – eine der vielen Tragödien dieses Krieges! Die Russen überrollten uns dann, und wir mußten unsere Fahrzeuge verlassen. Meinen Mann zerrten sie in eine Garage, stellten ihn an die Wand, und ein Russe stand mit angeschlagener Maschinenpistole bereit. Ich stürzte auf ihn los und gab ihm eine Ohrfeige. Die andern lachten und fragten: ‹Das dein Mann?›, und ich konnte ihn mitnehmen. Das war kein Zeichen von Mut, sondern pure Verzweiflung.

Dann wurden Männer, Frauen und Kinder in ein von Maschinengewehrnestern umgebenes Wäldchen getrieben. Was sich dort abspielte, möchte ich nicht beschreiben. Nach zwei Tagen wurden alle Männer von den Russen weggeschleppt. Ich schnitt meine Haare ab und zog mir eine weggeworfene Uniform an. Aber dann hieß es, wenn zwischen den Männern eine Frau gefunden würde, würden zehn Männer erschossen. Daraufhin blieben ein paar Menschen zurück.

> Die Sonne sinkt, ich muß dich lassen,
> Wohin, wohin führt dieser Weg?
> Dein Bild, ich kann es kaum noch fassen,
> Ist wie ein Traum, der bald verweht.
> Wir waren glücklich, doch liegt dies so fern,
> geblieben ist die Liebe, die unendlich weit
> Reicht über Raum und Zeit.
> Die Sonne sinkt, ich bin allein.

Meinen Mann habe ich nie wieder gesehen. Von einem seiner Kameraden, einem Schuhmacher aus Hannover, bekam ich später eine Postkarte zugeschickt, daß er nach Bessarabien und auf die Krim gekommen sei. Erst nach 39 Jahren, 1984, bekam ich dann ein Schreiben vom Roten Halbmond aus Moskau mit der Mitteilung, daß mein Mann am 18.11.1945 verstorben sei.

Ich habe mich dann, um nicht den Verstand zu verlieren, dem Roten Kreuz zur Verfügung gestellt. Wir arbeiteten auf einem mit ein paar Stricken abgegrenzten Waldstück, außer mir zwei alte Schwestern und ein junger deutscher Arzt. Dieser erzählte mir, daß er bei der SS sei, und das letzte Morphium sei für ihn selbst. Er bat mich, wenn es mir gelänge, in den Westen zu kommen, einer Ärztin in Wien von seinem Tode zu berichten, was ich später auch tat. Nach einigen Tagen sagte dieser Arzt, bald werde in diesem Lager der Teufel lossein: Fleckfieber, Cholera und Typhus. Dieses Lager war ja nur ein mit Maschinengewehren umstelltes Waldstück; kein Essen, kein Wasser. Nacht für Nacht kamen die Russen: ‹Frau, Frau.› Auch mich packte einer an den Füßen. Doch ein neben mir liegender Wehrmachtsoldat – täglich wurden noch aus den umliegenden Wäldern Soldaten in unser Lager gebracht – hielt mir geistesgegenwärtig die Kehle zu, damit ich nicht schreien konnte, und sagte: ‹Nix Frau, nur Soldaten.› Später sagte er zu mir: ‹Ich habe in Breslau Frau und drei Kinder, was aus denen wohl geworden ist?› Dann tauchte ein russischer Kommissar auf. Er sprach fehlerloses Deutsch, hatte Augen wie Gletscherspalten und sorgte für Ordnung, indem er nachts mit einem Jeep um das Lager fuhr. Einen Russen, der sich an einer Frau vergangen hatte, tötete er zwei Meter von uns entfernt per Genickschuß. Dann wurde eine Gruppe Gefangener weitergeschickt, und es gelang mir, dabei zu sein. Wir kamen in ein Dorf und sollten auf einer Wiese kampieren, die knöcheltief unter Wasser stand. Zwei resolute Krankenschwestern, die tschechisch konnten, gingen zum Pfarrer, der uns die Kirche aufsperrte. Zwischen Altar und Wand war ein schmaler Spalt, ich quetschte mich hindurch, der Altar war hinten hohl, und legte mich hinein wie in einen Sarg. Was sich in dieser Nacht unter dem Bild des Gekreuzigten abgespielt hat, läßt sich nicht schildern. Ich schlief trotz der Verzweiflungsschreie vor Ermüdung ein. Als ich morgens aus meinem Versteck herauskam, wichen die Menschen zurück: Ich hatte auf dem goldgestickten Altarkissen geschlafen, und das Monogramm Christi hatte sich auf meiner Stirne eingeprägt. Wir wurden dann auf die umliegenden Bauernhöfe verteilt und bekamen auch etwas zu essen. Dort schliefen wir auf dem Heuboden und zogen nachts die Leiter herauf. Nach einigen Tagen bekamen wir Passierscheine und konnten hingehen, wo wir wollten. Die meisten gingen in Richtung Österreich, ca. 15 km entfernt, aber durch dichte Wälder, in denen es von Russen wimmelte. In Unkenntnis der Situation, die jetzt in der Tschechoslowakei herrschte, ging ich mit einer anderen Dame zur nächsten Bahnstation. Wir bestiegen den nächsten Zug und landeten in Prag. Dort wurden wir aus der Menschenmenge herausgefischt und in einen Raum gebracht, in dem ein provisorischer Schalter war. Eine Hand kam aus dem Schalter und reichte uns eine Tasse Kaffee und ein Stück Brot. Eine Stimme sagte: ‹Ich habe Frau und Kinder, aber ich will sehen, was ich für Sie tun kann.› So kamen wir nicht in ein Lager, sondern in einen Viehwaggon mit Frauen und Kindern, der dann in Richtung deutsche Grenze fuhr. Menschlichkeit in Zeiten der Unmenschlichkeit! Wenn der Zug hielt, konnten wir wenigstens unsere Toten herausreichen. Dann mußten alle aussteigen, weil eine Brücke zerstört war, und nach einem langen Fußmarsch landeten wir in Zittau.

Eine wildfremde Frau nahm uns für die Nacht auf. Da es mir gesundheitlich sehr schlecht ging – ich hatte hohes Fieber –, gab die Frau mir ihr eigenes Bett. Am nächsten Morgen, immer noch in Unkenntnis, daß der ‹Sudetengau› nun wieder zur Tschechoslowakei gehörte, fuhr ich mit der Bahn nach Reichenberg. Ich ging zum Eingang des Bahnhofs hinaus – mein Glück, denn alle Deutschen, die ankamen, wurden festgenommen und ins Lager gebracht. Meine Schwiegereltern waren erschüttert über alles, was vorgefallen war. Am nächsten Tag – ich war zeitweise schon ohne Bewußtsein – kam ich ins Krankenhaus. Diagnose: Paratyphus B. Die Patientinnen der Infektionsabteilung waren Jüdinnen aus dem KZ Theresienstadt. Bejammernswerte Gestalten, kahlgeschoren, mit Haut überzogene Skelette. Sie starben alle, eine nach der andern. Sie sangen in ihrer Todesstunde hebräische Gesänge. Die Nonne, die uns pflegte, meldete einen Todesfall immer einen Tag später, um für mich noch gutes Essen zu haben. Nachdem die Krankenhausleitung in tschechische Hände übergegangen war, bekamen Deutsche nur Einheitsnahrung, Steckrüben oder Sauerkraut und Kartoffeln. Eines Tages stand der Bakteriologe, einer der wenigen Deutschen, die noch übriggeblieben waren, an meinem Bett und sagte mir, der neue tschechische Chefarzt habe angeordnet, daß mein Befund negativ zu sein habe. Er sei es aber nicht. Ich wurde entlassen und verbrachte einige Wochen bei meinen Schwiegereltern. Wir zitterten täglich, daß wir von den anreisenden Tschechen aus der Wohnung geworfen würden. Sie besetzten alle Villen und Wohnungen der deutschstämmigen Bevölkerung.

Nach einiger Zeit erschien ein Aufruf, daß diejenigen, die die Tschechoslowakei freiwillig verlassen wollten, mit der Bahn ausreisen könnten unter Umgehung des Lagers und der Mitnahme von so viel Gepäck, wie sie tragen konnten. Nicht ahnend, daß die Tschechen später 3 Millionen der deutschstämmigen Bevölkerung ausweisen würden, machten nur wenige von diesem Aufruf Gebrauch. Ich meldete mich und konnte mit der Bahn ausreisen. Der Zug fuhr bis Dresden, hielt dort auf freier Strecke. Die Weiterfahrt in Richtung Leipzig erfolgte von einem entfernten Kohleverladungsplatz. Ich ging fast eine Stunde durch das völlig zerstörte Dresden. Ein schauerlicher Anblick, kein Haus stand mehr. Dann ging es weiter nach Leipzig. Man riet mir, die Nacht nicht in einem Bunker zu verbringen, wegen der Russen. So schloß mich ein Bahnbeamter in einen Waggon ein, der am nächsten Tag weiterfahren würde. Die Fahrt ging weiter bis Ilsenburg an der Zonengrenze. Der ganze Ort war überfüllt mit Flüchtlingen, die teilweise auf dem blanken Boden einer Schule nächtigten. Aber wenigstens gab es am Tage einmal etwas zu essen. Nachdem man nicht weiterkam und die Gerüchte so umeinanderschwirrten, wann die Russen die Grenze öffnen würden, ging ich zum russischen Kommandanten und fragte. Seine Antwort – übrigens in fehlerlosem Deutsch – war bezeichnend: ‹In zwei Tagen, in zwei Stunden oder nie.› Daraufhin tat ich mich mit einem Lehrer zusammen, der auch in den Westen wollte. Von einem Einheimischen ließen wir uns nachts hoch im Harz an die Grenze führen. Dort gab es einen Waldweg, der die Grenze bildete. Alle fünfzig Meter ein Russe, außerdem Stolperdrähte. Wir beobachteten die Gewohnheit der Russen, sich von Zeit zu Zeit Zigaretten anzuzünden, und benutzten eine solche Gelegenheit früh, als das Büchsenlicht noch schlecht war. Wir kamen über das Brockenmoor. Dort lagen noch die Gefallenen aus den letzten Kämpfen vom April und ganze Unterstände mit Panzerfäusten. Ich habe nicht fertiggebracht, ihre Erkennungsmarken abzumachen. Wir kamen nach Braunlage, ich ging zur englischen Kommandantur und meldete die vielen Leichen im Brokkenmoor.

Für mich kam eine der größten Enttäuschungen dieser Zeit. Mein

Vater begrüßte mich mit den Worten: ‹Mit dir haben wir (seine Hausdame und er) nicht mehr gerechnet. Wir dachten, ihr hättet euch naturalisieren lassen.› Nach einer sachlichen Schilderung dessen, was ich erlebt hatte, sagte mein Vater: ‹Hör auf, sonst können wir heute nacht nicht schlafen.› Goslar – eine Kleinstadt, in der im Krieg nicht eine Fensterscheibe kaputtgegangen war. Die Menschen hatten keine Ahnung von den Leiden der Flüchtlinge und Bombengeschädigten.

Mein Aufenthalt in Goslar gestaltete sich immer unerfreulicher. Als dann im November Freunde aus Reichenbach nach Goslar kamen, ließ ich mich mit ihnen in einem Flüchtlingstransport weiterfahren. Wir landeten in Afferde bei Unna und wurden bei einem Bauern untergebracht. Unseren Lebensunterhalt verdienten wir uns durch Anfertigung und Verkauf von Kasperle-Figuren aus Pappmaché. – Im November 1946 zogen wir nach Donndorf bei Bayreuth. Dort hatten Bekannte meiner Freundin eine Werkstatt für Keramik eröffnet. Wir brauchten nun unsere Puppenköpfe nicht mehr von Hand anzufertigen. 1947 bekam ich nochmals Paratyphus, anschließend war ich in einem Flüchtlings-Kinderheim halbtags tätig und konnte mich dort erholen. Danach leitete ich – etwa für zwei Monate – aushilfsweise ein Kinderheim in Bad Berneck. 1947 wurde ich Mitglied der Anthroposophischen Gesellschaft. – Später bekam ich in Bayreuth eine Stellung in meinem Beruf, allerdings nicht lange, die Firma ging in Konkurs.

1949 ging ich nach Regensburg, erst zu einer befreundeten Familie, um im Haushalt auszuhelfen, dann habe ich in einem Nahrungsmittelbetrieb ein Labor eingerichtet und bis 1952 geleitet.

Im Januar 1953 kam ich nach München bzw. zuerst einmal drei Monate zur Einarbeitung meiner neuen Firma nach Wien. Es war eigentümlich, nach Jahren wieder in Wien zu sein. Zu einer Stadt gehören auch die Menschen, mit denen man dort gelebt hat – und die waren zum Teil nicht mehr da.

Im April 1953 begann ich meine Tätigkeit in München, auch wieder die Einrichtung eines Labors einer Lebensmittelfirma.

1954 lernte ich dann meinen Freund und Bergkameraden kennen. Wir haben in den folgenden Jahren mit Freunden über einhundertfünfzig Bergtouren gemacht. Auch die ersten Auslandsreisen fielen in diese Zeit, nachdem ich vorher schon – seit 1951 – öfters bei Freunden in der Schweiz war. 1957 nahm ich zum erstenmal an einer

1964

Gruppenreise mit Hans Scheck nach Oberitalien teil. Von Scheck sage ich immer: ‹Rudolf Steiner hat uns einen Schlüssel gegeben, und Herr Scheck hat uns damit die Kunst erschlossen.› 1958 fuhr ich mit ihm nach Griechenland. Ich habe später noch viele Reisen mit Scheck unternommen, nach Apulien, Rom, in die Bretagne usw.

1958 starb mein Vater während eines Urlaubs in Hindelang im Allgäu.

Ab 1960 organisierte ich in München anthroposophische Vorträge von Paul Regenstreif in privatem Rahmen, bis er aus gesundheitlichen Gründen mit seiner Reisetätigkeit aufhören mußte.

Von 1962 an war ich für zwei Jahre am Pharmakologischen Institut der Universität München tätig. Meine Arbeit bestand darin, die internationalen Einheiten von Insulin im Tierversuch zu überprüfen. Wir hatten Pelzkaninchen, nette Tierchen, die immer nach einiger Zeit dem Züchter zurückgegeben wurden. Nach einer schweren Krankheit mußte ich diese Tätigkeit aufgeben, und nach einer längeren Pause begann ich eine ganz andere Beschäftigung in der Bibliothek einer namhaften Münchener Revisions- und Treuhandgesellschaft. Nun mußte ich mich mit Juristerei und Steuerrecht auseinandersetzen, hatte mich aber bald eingearbeitet und war in dieser Firma sehr gerne, da dort eine menschlich sehr angenehme Atmosphäre herrschte. Auch kam ich in dieser Zeit regelmäßig zu den Bayreuther Festspielen. Es waren noch die großen Jahre mit den Inszenierungen Wieland Wagners. – Auch eine meiner bedeutsamsten Reisen fiel in diese Zeit: nach Ägypten bis in den Sudan zum zweiten Nilkatarakt. Unser Reiseleiter – wir waren nur sechzehn Teilnehmer – war ein Wisenschaftler vom Pelizaeus-Museum in Hildesheim mit den fundiertesten Kenntnissen, die man sich vorstellen kann. Wir hatten überall Sondergenehmigungen und konnten z. B. das Tal der Könige eine Stunde vor dem allgemeinen Besucherstrom besichtigen.

1969 mußte ich mich einer Krebsoperation unterziehen, ging aber nach einem halben Jahr wieder zur Arbeit. Aus gesundheitlichen Gründen habe ich 1972 meine Arbeit aufgegeben und nur noch aushilfsweise gearbeitet. In all diesen Jahren in München nahm ich sehr eifrig am Opern- und Konzertleben teil. Auch meine besondere Liebe zu Griechenland habe ich gepflegt. Von 1958 bis 1976 war ich achtzehnmal in Griechenland. Wenn ich auf meine Vorliebe für dieses Land angesprochen wurde, sagte ich: ‹Ich lebe meine griechische Inkarnation zu Ende.›

Seit meinem Rentnerdasein arbeitete ich bis 1977 in meiner alten Firma und für frühere Kollegen noch nebenberuflich. Auch reiste ich viel und war im Schnitt 140 Tage des Jahres nicht in München, zumal ich seit 1977 wußte, daß ich Zystennieren habe, und die Dialyse auf mich zukam. – Seit 1982 galt meine besondere Vorliebe dem Tessin. Im September 1986 wurde ich in Arco am Gardasee schwer krank und mußte mit dem Roten Kreuz nach München ins Krankenhaus gebracht werden. Ich war zweieinhalb Monate in verschiedenen Krankenhäusern und bin seit dem 18.11.1986 Dialysepatient – ausgerechnet dem Todestag meines Mannes! Seit diesem Tag änderte sich mein Leben. Es trat eine gewisse Vereinsamung auf, weil ich ja an vielen Unternehmungen nicht mehr teilnehmen konnte, auch kräftemäßig keine Einladungen mehr aussprechen konnte, was ich früher gerne gemacht habe. Allerlei Nebenwirkungen traten auch auf, mit denen man fertig werden muß. Auch das Reisen ist natürlich sehr beschränkt, da ich nur zu solchen Orten fahren kann, an welchen es eine Dialysemöglichkeit gibt.

Aber mein Schicksal habe ich mir ja selber ausgesucht, das muß ich mir immer wieder sagen. Wenn ich früher nach dem Motto gelebt habe: ‹Ein jed' Gelüst ergriff ich bei den Haaren›, so muß ich jetzt mehr nach innen leben und tragen, was mir auferlegt ist.»

Soweit der Bericht von Lore.

In mehreren Gesprächen hat sie auf verschiedene Fragen folgende Antworten gegeben:

– Wie war es mit Ihren Träumen? Waren sie lebhaft? Kommen sie beim Einschlafen oder beim Aufwachen? «Das letztere weiß ich nicht. Ansonsten sind meine Träume ‹abendfüllende Geschichten›, vom Inhalt her Kindergeschichten in Fortsetzungen, das heißt, wenn ich nach einem Traum erwache und wieder einschlafe, geht es weiter.»

– Was würden Sie sagen, welches Temperament Sie haben? «Ich glaube, ich habe meine Cholerik im Griff.»

Im Zusammenhang mit der Nierenerkrankung ist noch erwähnenswert, daß Rudolf Steiner schon 1924 im Heilpädagogischen Kurs sagte, daß «eine schwache Organisation in dieser Richtung hin» bei Lore vorliege, der astralische Leib in der Nierenfunktion schwach sei – wenn diese Schwäche sich damals auch nur im Einnässen bei Tag äußerte – und daß solcher Schwäche auch heilpädagogisch, das heißt durch Einwirkung vom Erzieher selber, durch ichhaftes Widerstand-Bieten der Unruhe des Kindes (also durch direkte Einflußnahme auf den Astralleib), entgegengewirkt werden könne. Dieser Bemerkung folgte der erneute Hinweis auf die Wirksamkeit der Sprachgenien im deutlichen Sprechen des Erziehers, in der Eurythmie, der Heileurythmie und in den Gebärden beim Sprechen.

Trotz ihrer zum Teil sehr schlechten körperlichen Verfassung – bei schwankendem Blutdruck – reiste Lore gern, soweit ihr dies möglich war. So war sie in der Weihnachtszeit 1987 für ein paar Tage mit einer Freundin per Flug in Mailand und im Jahr 1988 dreimal bei Freunden am Bodensee. Die Reisen mußten eben immer so geplant werden, daß sie zu ihrem Dialysetermin – und der war dreimal in der Woche – wieder in München war. 1988 traf sie ein Herzinfarkt. Es war bewundernswert, wie sie mit allem fertig wurde.

Im Oktober/November 1989 war Lore in St. Johann in Tirol in einer Pension, in welcher sie schon häufig Ferien gemacht hatte, von wo aus sie auch eine Dialysestation erreichen konnte. Ihr Zustand wurde plötzlich sehr viel schlechter, so daß sie in ein dortiges Krankenhaus gebracht werden mußte. Von hier aus wurde sie nach München verlegt. Auch ihre andere Niere hatte nun versagt. Eine Freundin berichtete, sie habe den Eindruck, Lores Charakter habe sich seit Weihnachten 1989 verändert: Sie sei weniger positiv dem Leben gegenüber, so als wenn sie die Kraft zum Leben nicht mehr aufbringen könne. – Mitte März 1990 wurde sie wieder nach Hause entlassen, stürzte aber kurz darauf in ihrer Wohnung, so daß sie mit einer Platzwunde erneut eingeliefert wurde. Sie sah ein, daß sie wohl nicht mehr allein leben könnte, und plante, in das Altersheim des Roten Kreuzes in München umzuziehen, sobald dies möglich sei. In dieses Heim wollte sie gehen, weil sie von dort aus leicht in die Innenstadt fahren konnte, um am Kulturleben teilzunehmen. Die Einstellung der Nierenwerte durch die Dialyse und durch Medikamente war wohl doch zu schwierig. Und so verstarb sie, nachdem sie am Nachmittag von einem Priester der Christengemeinschaft das Sterbesakrament erhalten hatte, in den Abendstunden des 1. Mai 1990. Ihre Asche ist in Hannover beigesetzt.

In der Lebensschilderung bei der Beerdigungsfeier wurde hervorgehoben, daß Lore immer Geborgenheit für sich gesucht, aber nie dauerhaft gefunden habe, daß sie dafür jedoch immer Freunde um sich versammelte, denen sie viel geben konnte.

Mit dem Dank an Lore für ihre eigene, so ausführliche und rückhaltlose Schilderung ihres Lebens, welche uns nicht nur ihr individuelles Dasein, sondern mit ihm zugleich ein bewegtes Stück Zeitgeschichte nahebringt, soll dieser Bericht schließen.

Lothar
1908 – 1954

Herkunft und Vorgeschichte

Lothar entstammte einer Familie, die zunächst in guten Verhältnissen lebte. Der Vater (1874 – 1940) war Bau- und Regierungsrat bis 1920, dann übernahm er die Leitung des Baubüros einer großen Braunkohlenfirma in Köln. Seine Nerven wurden als «nicht sehr widerstandsfähig» beschrieben. Er beendete im Mai 1940 sein Leben freiwillig, nachdem er als Jude keinen Ausweg mehr für sich sah. Der Großvater väterlicherseits (geb. 1842), Hüttendirektor, ist über 80 Jahre alt geworden. Die Großmutter väterlicherseits war zu einer unbekannten Zeit vorübergehend wegen Verfolgungswahn in psychiatrischer Behandlung, zum Teil mit Aufenthalt in einer Anstalt. Später, 1922, war sie aber wieder gesund. Zwei ältere Brüder des Vaters waren gesund.

Die Mutter (1871 – 1940), Tochter des Oberbürgermeisters einer deutschen Großstadt, war (1922) «etwas lungenkrank». Sie starb 1940, ein halbes Jahr nach ihrem Mann. Der Großvater mütterlicherseits starb 60jährig an Tuberkulose. Die Großmutter mütterlicherseits (geb. 1847) wurde 75 Jahre alt. Lothar hatte noch einen 1911 geborenen Bruder Klaus, der als Architekt zunächst in Kairo, nach dem Krieg in Berlin arbeitete.

Lothar wurde am 16. Juni 1908 in Arnsberg geboren. Im fünften Schwangerschaftsmonat erlitt die Mutter einen kleinen Schock, als sie ein paar Stufen einer Leiter herunterstürzte, was aber für sie keine besonderen Folgen hatte. (Rudolf Steiner postulierte später ein solches Ereignis als Ursache für Lothars Störung, was dann von der Mutter auf Nachfrage hin bestätigt wurde.)

Die Geburt erfolgte normal. Das Kind war klein und wog nur 2.250 Gramm, mußte mit der Flasche ernährt und von Anfang an ärztlich betreut werden. Mit neun Monaten traten Krämpfe auf (mehrere Minuten Bewußtlosigkeit, Zyanose, verkrampfte Hände und Schaum vor dem Mund). Die Anfälle wiederholten sich in Abständen von etwa vier Monaten bis zum Alter von zweieinhalb Jahren. In der anfallsfreien Zeit war das Kind unruhig. Während der nächsten zwanzig Jahre waren keine Anfälle zu verzeichnen, sie traten danach aber nachts wieder auf. Lothar hat von den Anfällen nichts gemerkt, er hatte nur Zungenbisse.

Im Alter von einem Jahr lernte Lothar gehen, konnte aber als Vierjähriger noch nicht zusammenhängend sprechen. In der Zeit von vier bis sechs Jahren – also von 1912 bis zum Kriegsausbruch – war er in Behandlung eines Arztes in Bern, der ihn operieren wollte, wovon die Kölner Ärzte jedoch abrieten. Mit sechs Jahren erkrankte Lothar an Masern. Im gleichen Alter wurde er in Osnabrück, wo die Familie inzwischen wohnte, eingeschult. Lothar besuchte diese Schule aber nur ein halbes Jahr, weil er unter den Hänseleien der anderen Kinder zu leiden hatte. Er erhielt einen Privatlehrer und machte bei diesem gute Fortschritte. 1919, als Elfjähriger, kam er in ein Institut in Godesberg, wo er schulisch und auch ärztlich betreut wurde. Dort erhielt er Schilddrüsenkuren, schließlich wurde auch eine Schilddrüsentransplantation vorgenommen, «die eine gewisse Besserung des Gesamtzustandes unverkennbar hervorrief».[58]

Mit 14 Jahren, am 1. September 1922, wurde Lothar im Trüperschen Erziehungsheim «Sophienhöhe» in Jena aufgenommen, wo er bis zum 9. April 1924 blieb. Er sei ein kräftiger Junge gewesen und habe reichlich gegessen; er bekam aber wenig Fleisch. Er konnte schon schwimmen, es fehlte ihm jedoch an Gelegenheiten, ausreichend Sport zu treiben. Charakterlich wurde er – auch in allen späteren Berichten – als pflichtbewußt, fleißig, obgleich auch wieder egozentrisch, aber als absolut wahrheitsliebend und gutmütig geschildert. Die folgende Situation kann das illustrieren: Bei einem Test wurde er gefragt: «Dein Freund und du bekommen ein großes und ein kleines Stück Kuchen angeboten. Du darfst zuerst nehmen. Was tust du?» Nach einigem Überlegen: «Ich werde mit einem Messer beide Kuchen teilen und von jedem die Hälfte nehmen.» Es zeigte sich schon damals – außer dem Gerechtigkeitsempfinden – eine gewisse rechnerische Begabung. Lothar konnte schon gut Schreibmaschine schreiben und hatte auch technische Interessen. Außerhalb der Schule bekam er noch Klavierunterricht. Als Fortschritt wurde in einem Bericht gemeldet, daß er sich zu einem gewissen Zeitpunkt «wohl zum ersten Mal in verschiedenen harmlosen Zwischenfällen kräftig seiner Haut gewehrt» habe. Geklagt wurde über Schwerfälligkeit z. B. beim An- und Ausziehen, er höre nicht, wenn er gerufen werde, und zeige bei Unterhaltungen völlige Teilnahmslosigkeit. Erziehern gegenüber verhalte er sich «gleichbleibend folgsam, freundlich und wohlerzogen». Eine Neigung zu Gleichförmigkeit könne man daraus erkennen, daß er spontan die 600 Nummern des Gesangbuches addiert habe.

Auf der Sophienhöhe wurde Lothar im letzten halben Jahr von Siegfried Pickert betreut, der dort am 1. Oktober 1923 eingetreten war. Dieser erzählte, daß es die Abteilung derjenigen Kinder gewesen sei, von denen nicht soviel Erfolg erwartet wurde. Am 9. April 1924 nahmen die Eltern den Jungen nach Hause. Als sie durch Siegfried Pickert bei einem Elternbesuch von der Gründung des «Lauensteins» hörten, meldeten sie ihn als ersten Zögling dort an.

Lothar wurde von Mitarbeitern immer als vierschrötig mit mächtiger Gestalt, gutmütigem Charakter, mit langsamer, bedächtiger Sprache, als pedantisch, in seinen Gedanken als schwerfällig geschildert. Er konnte sich z. B. lange damit beschäftigen, wie man in Jena einen Ozeandampfer bauen und dann zum Meer transportieren könne. Eine Besonderheit von ihm war, daß er ein Verhältnis zu Zahlen hatte. Außerdem fragte er jeden Besucher nach seinem Geburtstag. Nach kurzem Überlegen gab er den entsprechenden Wochentag an, sagte zum Beispiel: «Das war ein Montag», was immer stimmte.

Besuch Rudolf Steiners auf dem Lauenstein

Am 18. Juni 1924 besuchte Rudolf Steiner das Institut Lauenstein und gab den Betreuern Hinweise zur heilpädagogischen Behandlung der Kinder.[59] Nachdem er Lothar angeschaut hatte, gab er ihm (als einzigem der ihm vorgestellten Kinder) eine Rechenaufgabe, und zwar eine Subtraktionsaufgabe nach der Methode, wie sie in der Waldorfschule in Stuttgart geübt wurde: «Es wird dir vielleicht ungewohnt sein, so zu rechnen. Aber nimm einmal die Zahl x [die Zahlen sind nicht überliefert]. Wieviel muß man abziehen, so daß y herauskommt?» Er gab ihm für die Lösung eineinhalb Stunden Zeit und entließ ihn aus dem Zimmer. Nach Ablauf der gesetzten Frist kam Lothar freudig mit der richtigen Lösung.

Rudolf Steiner beurteilte Lothars Schwierigkeiten so: «Es fehlt ihm an Gehirnsand. Die Krämpfe und der ganze Krankheitszustand müssen zurückgehen auf einen Schreck der Mutter während der Schwangerschaft. In solchen Fällen muß man immer nach der Schwangerschaft der Mutter fragen. Die Krämpfe sind sekundär.»

Beim Rundgang durch den Garten trat Lothar an die Gruppe heran mit seinem neuen, vor zwei Tagen an seinem Geburtstag erhaltenen Fotoapparat: «Wie wäre es, wenn ich eine Aufnahme machte?» Bereitwillig ging Rudolf Steiner darauf ein, man gruppierte sich, mußte vortreten, zurücktreten usw., bis es endlich soweit war. Ein Versuch, dem Jungen dabei zu helfen, wurde von Rudolf Steiner abgewehrt: «Lassen Sie nur ...» – wie wenn es für ihn keine wichtigere Sache auf der Welt gäbe, als sich von einem schwachsinnigen Jungen fotografieren zu lassen. Danach forderte er ihn auf, noch eine weitere Aufnahme von Elisabeth Vreede zu machen. Dazu war er aber nicht zu bewegen. Er hatte nämlich keinen Film mehr, auch nicht in seinem Zimmer, was aber von Rudolf Steiner überhört wurde. Im Heilpädagogischen Kurs hat er diese Weigerung deshalb nicht richtig gedeutet. Was er aber menschenkundlich daran illustrieren wollte, war für Lothar dennoch zutreffend. Die Gruppenfotografie ist leider nicht gelungen. Andere Bilder, die Lothar in der Folgezeit vom Lauenstein und den Kindern gemacht hat, sind zumeist auch nicht sehr deutlich herausgekommen. Sie waren noch längere Zeit in Franz Löfflers Besitz. Leider existieren sie heute nicht mehr.

Zur Therapie hat Rudolf Steiner das Folgende angegeben: «Schilddrüsensekret injizieren, zentripetal hineinbringen [an den Beinen injizieren?], damit die Gegenwirkung, welche herausgefordert werden soll, zentrifugal [vom Kopf her] zurückwirkt – man muß sehen, daß Epithelkörperchen darin enthalten sind. Dazu Arsenik: Levicowasser 1:8 auf ein Glas Wasser, den Tag über trinken.» Am Tag nach der Injektion sollten Fieber, Puls und Atem qualitativ und quantitativ gemessen werden. Heileurythmie: O, I, L und Stabübungen.

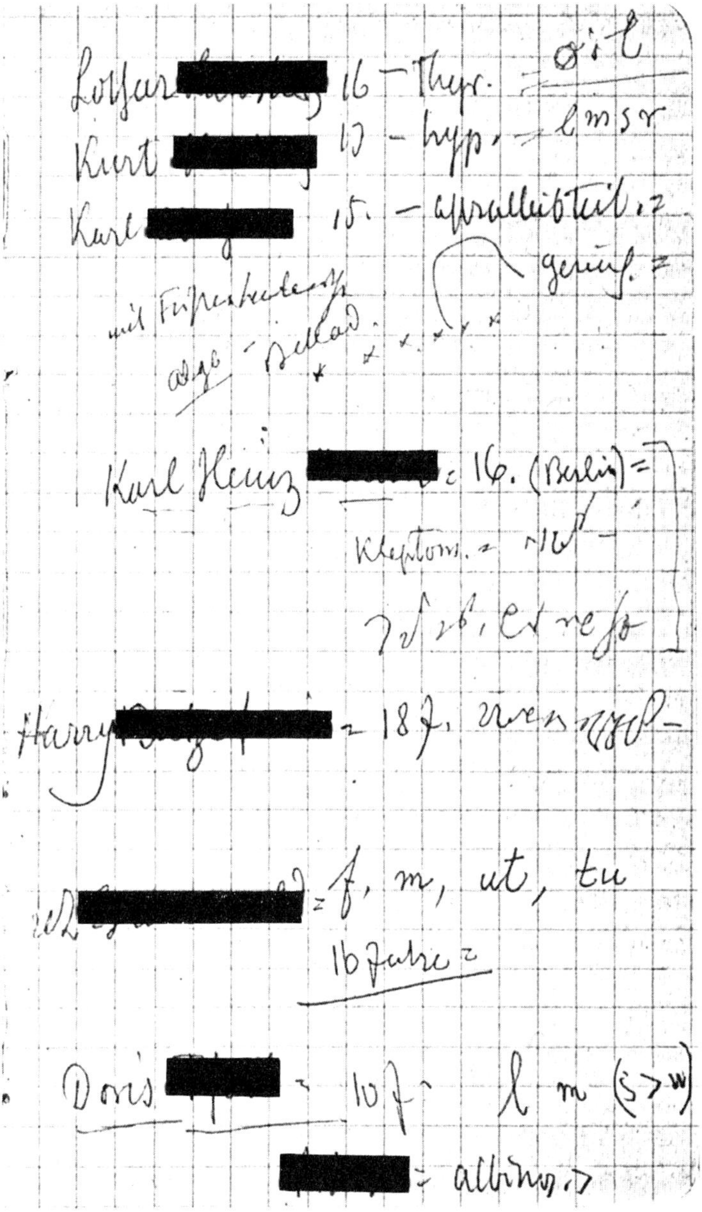
Lothar [redacted] 16 – Thyr. [illegible]
Kurt [redacted] 17 – hyp. [illegible]
Karl [redacted] 15. – [illegible]
[illegible]

Karl Heinz [redacted] = 16. (Berlin) =
Klepto[illegible] [illegible]

Harry [redacted] = 18 J. [illegible]

[redacted] = J. m, ut, tu
16 Jahre =

Doris [redacted] = 10 J. l m (S > W)
[redacted] = albino [illegible]

Aus dem Notizbuch Rudolf Steiners
anläßlich seines Besuchs auf dem Lauenstein am 18.6.1924

Heilpädagogischer Kurs. Zehnter Vortrag

Rudolf Steiner erklärte, Lothar zeige im wesentlichen eine Minderwertigkeitsform dadurch, daß er mit seinem Ich und astralischen Leib nicht durch die physische Organisation hindurchkomme. Anschließend wurde von Steiner auseinandergesetzt, daß Lothar ein ganz anderes Seelenniveau erreicht hätte, wenn er in der Schulzeit nach den Prinzipien der Waldorfpädagogik erzogen worden wäre. Dazu hätte man zwischen Zahnwechsel und Geschlechtsreife das Autoritätsprinzip anwenden müssen. Und man hätte unter Beobachtung seiner Interessen, an diese anknüpfend, sein Interessenfeld erweitern können, wenn man damals noch mit einer sanften Bleikur auf ihn eingewirkt hätte. Denn der Junge habe ja Interessen und auch ein gewisses Können.

Die relativ leichte Rechenaufgabe nach der Waldorfmethode (sie fördere die Entwicklung mehr als die übliche) habe gezeigt, wie die Sache bei ihm liege: Der Junge könne die Aufgabe lösen, aber nicht sofort, er brauche dafür eineinhalb Stunden. Alle Glieder seines Organismus seien eingestellt auf die Sache, aber sein Ätherleib und sein physischer Leib stemmten sich dagegen, entfalteten ihre Funktionen nicht, so daß er eine längere Zeit brauche, um etwas in die Tat umzusetzen. Die vorhandenen Interessen blieben in der Kopforganisation stekken, könnten nicht hinunter in die übrige Organisation wegen mangelnder Perzeptionsfähigkeit des Stoffwechsel-Gliedmaßen-Systems.

Als Behandlung für Lothar gab Rudolf Steiner an:

1. *Heilpädagogisch:*
   Dinge, die Lothar interessierten, müßten als Ausgangspunkt genommen und nach allen Seiten hin erweitert werden. Er müsse zu einer gewissen Geschicklichkeit gebracht werden, dadurch werde das Interesse erweitert, vor allem, wenn er seine geschickten Bewegungen mit dem Blick verfolge. Dann könne man solche Kinder – er sei vielleicht schon zu alt dafür – mit dem Kopf ihre Füße erreichen, z. B. die eigenen Zehen küssen lassen. Er könne lernen, mit den Füßen zu schreiben. Und vor allem: Freude daran zu haben. Das sei auch schon eine Art Heileurythmie.

2. *Heileurythmie:*
   Geschicklichkeit werde auch durch die heileurythmischen Übungen geweckt, wenn bei ihnen besonders Zehen und Finger energisch zur Beweglichkeit gebracht würden und dieses mit den Augen verfolgt werde. (Alle diese Übungen hat Lothar später auch sehr gut gekonnt.)
3. *Medikamentös:*
   Auf die in Jena angegebene medikamentöse Therapie (Schilddrüse und Arsen) ist Rudolf Steiner im Heilpädagogischen Kurs nicht mehr eingegangen. Wenn man trotz des Alters noch eine Bleikur versuchen wolle, sei eine gute Beobachtung notwendig.

Weiterer Verlauf

Lothar hat sich gut entwickelt. Zu den Eltern bestand weiterhin ein guter Kontakt. Er blieb bis zum 15. September 1925 auf dem Lauenstein. Anschließend kehrte er zu seinen Eltern zurück. 1925 bis 1927 besuchte er eine private Handels- und eine Berlitzschule und erhielt Zeugnisse mit «fast gut» und «gut». Er lernte Stenographie, kaufmännisches Rechnen und Rechtsvorgänge kennen sowie Englisch, Französisch («leidliche Übersetzungsfähigkeit bei sehr schlechter Aussprache») und auch etwas Italienisch.

Vom Sommer 1927 an arbeitete er sieben Jahre lang als Büroangestellter bei der Baugesellschaft des Rheinischen Braunkohlereviers unter der Aufsicht des Vaters, wo er einfache Arbeiten erledigen konnte. Er lebte bei seiner Familie in Köln.

1934 wurde ihm und 1935 auch dem Vater gekündigt. Diesem gingen dabei auch seine Rentenansprüche verloren. Die Familie mußte nun vom vorhandenen Kapital leben. Sie zog von Köln nach Bad Godesberg in ein eigenes Haus.

Nach seiner Entlassung traten bei Lothar wieder Krampfanfälle auf, wieder nachts, vor allem nach vorangegangenen Aufregungen. Nach Aussage der Mutter ließen in dieser Zeit, in der er nur noch im Haushalt tätig war, seine geistigen Fähigkeiten merklich nach. Zeitweise sei er regelrecht verdüstert gewesen. Es sei dann kaum etwas mit ihm anzufangen gewesen.

Am 27. April 1936 schrieb der Vater nach einem vorherigen mündlichen Gespräch einen Brief an eine psychiatrische Anstalt in Norddeutschland mit der Anfrage für eine spätere Aufnahme Lothars: «Es handelt sich darum, für ihn nach dem Tode seiner Eltern eine bleibende Stätte zu wissen, da er alleine dem Lebenskampfe nicht gewachsen ist und Angehörige oder Verwandte, bei denen er sein Leben verbringen könnte, nicht vorhanden sind. Vorläufig würde mein Sohn also zu Hause bleiben.»

Am 20. Juni 1938 schrieb ein befreundeter Pfarrer ebenfalls dorthin: «Die ganze Familie ist wohl evangelisch, aber Herr L. ist nicht arischer Abstammung. Sie haben früher in sehr guten Verhältnissen gelebt. Durch die Zeitumstände haben sie ihr ganzes Vermögen bis auf einen kleinen Rest verloren. Auch dieser Rest wird auf die Dauer nicht zu erhalten sein. Sie werden wohl über kurz oder lang genötigt sein, ins Ausland auszuwandern, wo sie dann vor dem Nichts stehen werden. Das Tragische ist, daß sie einen Sohn haben, der epileptisch ist. Zwar hat er nicht sehr viele und schwere Anfälle. Sie werden sich von ihm trennen müssen. Das können sie nur, wenn sie ihn gut untergebracht haben. Es liegt eine große Tragik über der ganzen Familie. Es ist nicht möglich, das in einem Brief ausführlich zu schildern. Aber es stehen hier Menschenkinder in der letzten Verzweiflung und, wie ich leider auch den Eindruck habe, vor der letzten Verzweiflungstat. Die Schwester [des Vaters?] hat sich vor einigen Wochen vor den Zug geworfen. Mir geht es darum, daß das Ehepaar L. einmal mit Pfarrer B. persönlich zusammenkommt und ihm persönlich unter vier Augen alle ihre Nöte vortragen kann.»

Ein solches Gespräch fand am 10. August 1938 statt, dem Vater wurde zugesagt: «Jedenfalls wollen wir gern später für den Sohn zu sorgen suchen, wenn das einmal notwendig würde.»

Am 29. März 1939 wurde ein befreundeter Jurist notariell als Bevollmächtigter in allen persönlichen und vermögensrechtlichen Angelegenheiten für Lothar eingesetzt.

Am 3. Februar 1939 wurde vom Amtsarzt in Bonn ein Antrag auf Unfruchtbarmachung gestellt wegen angeborenen Schwachsinns gemäß dem Erbgesundheitsgesetz. Das Verfahren wurde allerdings am 5. April 1939 ausgesetzt unter der Voraussetzung, daß Lothar in nächster Zeit Deutschland verlasse.

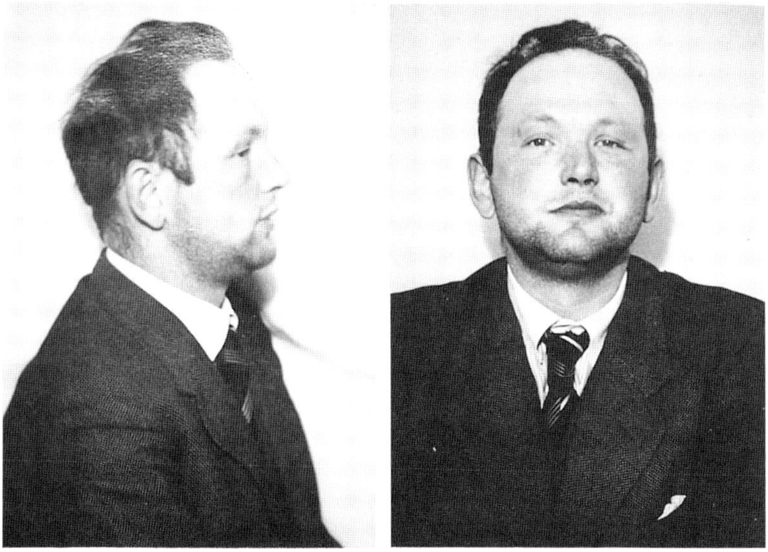

Lothar 1940

Mit dem Datum des 14. April 1940 hat sich die Familie polizeilich nach Spa in Belgien abgemeldet. Am 10. Mai 1940 marschierte die deutsche Wehrmacht in Belgien ein. Der Vater nahm sich das Leben.

Die Mutter kehrte mit Lothar im Herbst 1940 nach Deutschland zurück, wo sie dann im November auch starb. Am Freitag dem 15. November berichtete der Vormund: «Vor wenigen Tagen starb auch Frau L. Da nunmehr der Zeitpunkt gekommen ist, [...] wäre mir außerordentlich erwünscht, wenn die Aufnahme baldmöglichst erfolgen könnte. [...] Nachdem er infolge der Krankheit seiner Mutter in den letzten Wochen schon nicht mehr die übliche Betreuung erfahren hat, ist er sich jetzt nach ihrem Anfang dieser Woche erfolgten Tode sozusagen alleine überlassen.»

Im Antwortschreiben vom 18. November stand: «Mittlerweile sind aber Schwierigkeiten entstanden: Volljuden dürfen nach den geltenden Verordnungen nicht mehr mit Deutschen zusammen in der gleichen Anstalt untergebracht werden. Die bei uns vorhandenen jüdischen Pfleglinge haben wir schon vor einigen Monaten alle entlassen müssen, und, soweit sie nicht nach Hause zurückkehren konnten, sind sie einer Sammelanstalt überführt worden, über die wir nichts Genaueres wissen.» Da Lothar lediglich Halbjude war, durfte er aufgenommen werden.

Am 22. November 1942 wurde er von seinem Vormund in die Anstalt gebracht, wo er als freiwilliger Patient aufgenommen wurde. Der Tagessatz betrug damals 2,60 Reichsmark.

Als Aufnahmebefund ist notiert: 173 cm, 85,5 kg, pyknische Gestalt. 6 Implantationsnarben nach Schilddrüseneinpflanzung am Leib. Dunkelblondes, schütteres Haar. Kopfumfang 59 cm. Augen blau-grau. Alle neurologischen Prüfungen fielen normal aus. Die Sinnesorgane o. B., Rechtshänder, Plattfüße. Die Schilddrüse ist nicht vergrößert. Gebiß saniert.

Am 9. Mai 1940 wurde erneut ein Antrag auf Unfruchtbarmachung gestellt, allerdings wurde vom Gericht ein Gutachten angefordert darüber, «ob der Erbkrankverdächtige an angeborenem Schwachsinn bzw. an einer anderen Erbkrankheit leidet».

Dieses Gutachten gibt uns viele Auskünfte:

Körperlich: wohlgenährter junger Mann von pyknischem Körperbau. Hinterhauptsglatze. Die Schneidezähne stehen nicht bogenförmig, sondern verbinden in gerader Linie die Eckzähne miteinander. Grundumsatz: minus 14,1 %.

Geistiger Zustand: Der Kranke entschuldigt sich äußerst höflich und nicht ungewandt wegen eines kleinen Zuspätkommens. Er geht willig auf alle Fragen ein und denkt sichtlich nach, wenn die Frage, die er nicht sofort beantworten kann, eindringlich wiederholt wird. Geschieht dies nicht, so läßt er von der Aufgabe ab und schaut sich mit kindlicher Neugier und Ungeniertheit im Zimmer um. Beim Nachdenken treten zuweilen leichte grimmassierende Zuckungen im Gesicht auf. Bewußtsein und Orientiertheit ungestört. Gedächtnis o. B.

– Schulkenntnisse: Alphabet, Zahlenreihe, Monatsnamen und Wochentage, auch rückwärts: +

(Die Frage nach dem Vaterunser war auf dem Testformular durchgestrichen worden.)

– «Wer war Bismarck?» – «Einer, der das Deutsche Reich verwaltet hat.»

– «Und Hindenburg?» – «Solch ähnlicher Mann, wie jetzt der Hitler, der das Deutsche Reich verwaltet hat.»

Die vier Rechenarten kann er richtig und schnell erledigen.
– «2 Eier kosten 8 Pfg., wieviel kosten 3?» Sofort die richtige Antwort.
– «Ich denke mir eine Zahl, zähle 8 hinzu und erhalte 17. Welche Zahl war das?» Ebenso: sofort richtig.
– Kombinationsfähigkeit: Satz aus Vogel, Nest und Baum. «Der Vogel findet sein Nest auf dem Baum.» Sofort.
– Vorstellungen: Unterschied zwischen Teich und Bach? +
– Zwischen Wasser und Eis? Borgen und Schenken? Alles sofort und prompt: +.
– «Was ist Sparsamkeit?» – «Wenn man auf der Eisenbahn bloß 3. Klasse fährt.»
– «Was ist Geiz?» – «Wenn zu einem, der Geld hat, ein Notleidender kommt, und er gibt ihm nichts.»
– «Ich habe einem Menschen viele Wohltaten erwiesen; nun bin ich selbst in Not und bitte den Mann um eine Gefälligkeit. Er schlägt sie mir ab. Wie nennt man das?» Das kann er nicht beantworten. Mit großem Eifer entschuldigt er den Mann und findet allerlei Gründe für seine Weigerung.
«Ist einmal jemand gegen Sie undankbar gewesen?» – «Muß mal überlegen.» Er findet aber keinen solchen Fall.
Ein deutliches Versagen ist festzustellen bei der Beurteilung von Dingen und Verhältnissen, die den Kreis des Alltagslebens überschreiten, wie folgende Unterhaltung ergibt:
– «Weshalb führt Deutschland jetzt Krieg?» – «Weil die Deutschen das zurückgewinnen wollen, was sie im vorigen verloren haben. Deshalb haben sie Polen erobert.»
– «Wie steht's mit England?» – «Es geht ihm nicht gut, da werden so viele Bomben geworfen. Ich habe gehört, es soll zu Amerika annektiert werden.»
– «Warum gibt es wohl jetzt weniger Lebensmittel?» – «Ich weiß nicht, wieviel es sonst hier gegeben hat, weil ich da noch abwesend war.»
– «Warum ist denn für das Heer eine gute Verpflegung so wichtig?» Sehr langes Nachdenken: «Ja, das versteht sich ja von selbst: Weil die Leute lieber satt zu essen haben als Hunger leiden.»
– «Warum gibt es Brot nur auf Marken?» – «Ja, das wundert mich auch, warum auch die Waren nur auf Marken zu haben sind, die doch im Lande erzeugt werden! Warum ist denn das?»

– Auf die Erklärung, daß wegen des Seekriegs auch die Fischerei eingestellt sei, meint er: «Warum fischen denn die nicht vom Lande aus?»
– «Wozu Kolonien?» – «Um noch Sachen hereinzubekommen.»
– « Was denn zum Beispiel?» – «Elfenbein, Silber, Gold, Bananen.»
– «Wie setzt der Kaufmann die Preise fest?» – «25 % will er verdienen. Wenn er also für 50 Mark eingekauft hat, schlägt er 12,50 Mark dazu, macht 62,50 Mark.» Auch diese Rechnung kommt fließend, ohne jedes Zögern.
– «Wer ist Herr Dr. Sch. [sein Vormund]?» – «Der hat meine Vertretung.» – «Wo vertritt er Sie denn?» – «Er wohnt ja in Köln, dann vertritt er mich ja auch in Köln.» – «Inwiefern sorgt er für Sie?» Langes Überlegen: «Er ist mein Pfleger.» – «Was heißt denn das?» Keine Antwort. «Wer bezahlt denn wohl die Kosten Ihres Aufenthaltes hier?» – «Das wundert mich aber sehr – muß denn hier bezahlt werden? Dafür, daß wir hier wohnen, arbeiten wir doch auch! Und wenn bezahlt werden muß, dann wird ja Herr Dr. Sch. für mich bezahlen.» – «Wovon bezahlt er es denn?» – «Das wird er von seinem Einkommen bezahlen.» – «Ja, wie kommt er denn dazu?» – «Er ist ja mein Pfleger.»

Die Beobachtung des Kranken auf der Station habe ergeben, daß er mit den Mitkranken gut auskomme. Er sei fleißig, nicht wählerisch in der Arbeit und sehr gewissenhaft. Hervorstechende Charakterzüge seien seine große Hilfsbereitschaft und eine ausgesprochene Kindlichkeit im Erleben der Gemeinschaft.

Soweit das Gutachten, das zu dem Schluß kam, «daß die Diagnose des angeborenen Schwachsinns im Sinne des Gesetzes nicht aufrechtzuhalten ist, es bestehen aber keine Zweifel am Vorliegen einer erblichen Fallsucht».

Aufgrund dieses Gutachtens wurde die Unfruchtbarmachung vom Erbgesundheitsgericht Bielefeld beschlossen. Am 29. Juli 1942 wurden Lothar die Samenstränge unterbunden und in 4 cm Länge reseziert. Die Kosten der Operation wurden dem Vormund in Rechnung gestellt.

Im Verlaufe der Jahre in der Anstalt erlitt Lothar mehrere Unfälle: Am 24. September 1942 fiel ihm beim Baumfällen im Garten ein Baumstamm auf den unteren Teil des Rückens, was zu Prellungen an der rechten Hüfte führte. Am 14. Oktober 1943 stürzte er durch den

Stoß eines anderen Patienten und zog sich dabei einen Kieferbruch zu, der jedoch ambulant versorgt werden konnte. Am 11. März 1944 stürzte er auf dem Glatteis und brach sich die rechte Hand.

In allen Berichten über Lothar wurde hervorgehoben, daß er stets hilfsbereit, arbeitswillig und fleißig, im Ganzen gut zu führen sei. Er sei immer außerordentlich höflich. Gelegentliche Erregungszustände klangen immer schnell wieder ab. Anfälle traten etwa zweimal im Jahr auf.

In einem Bericht vom 14. November 1945 an den Vormund hieß es sogar: «Auf Ihr Schreiben v. 8.11.45 teilen wir mit, daß die Anfälle bei Ihrem Pflegling fast völlig verschwunden sind. Im Jahre 1945 bisher noch kein Anfall oder anfallsähnlicher Zustand. Auf Dauerbehandlung mit anfallshemmenden Medikamenten wie Luminal konnte daher jetzt verzichtet werden. Leider entspricht dieser Besserung nicht der geistige Zustand des Patienten, der vielmehr weiterhin erheblich abgenommen hat. Auch der körperliche Zustand ist nicht befriedigend: Der Patient bekam nach einer Zellgewebseiterung am rechten Unterschenkel, die schlechte Heilungstendenz zeigte, Hautgeschwüre, die jedoch jetzt unter entsprechender Behandlung in Ausheilung begriffen sind. – Der Patient kann nur zu leichten Hausarbeiten herangezogen werden. Zu komplizierteren Arbeiten ist er wegen seines körperlichen und geistigen Zustandes nicht in der Lage.»

Im Winter 1948 schrieb Lothar wiederholt an seinen Bruder, daß er «ins private Leben» zurückkehren möchte. Er wollte sich auf dem Arbeitsamt oder auf ein Stellenangebot in der Zeitung hin melden. Er hatte sich schon in einem Bielefelder Restaurant als Kellner beworben. Der Bruder hatte ebenfalls den Eindruck, daß er sich recht wenig glücklich fühle. Er meinte aber auch, daß ein solcher Versuch binnen kurzem scheitern müsse. Das gleiche glaubte auch die Anstaltsleitung – so blieb Lothar dort.

Im April 1948 fragte ein Freund des Vaters an, ob Lothar, da es sein Wunsch sei, ihn einmal besuchen könne. Vor dem Krieg habe er zweimal solche Besuche mit dem Fahrrad bei ihnen gemacht. «Diese Reisen bedeuteten für ihn das höchste Maß an Selbständigkeit, das er genossen hat, und stehen ihm wohl aus diesem Grund in guter Erinnerung.» Aber auch diesem Wunsch konnte nicht stattgegeben werden.

Aus der Krankengeschichte der psychiatrischen Anstalt:

«Lothar L. fühlte sich am 20.7.1954 nicht recht wohl, meinte, er hätte Fieber. Temperatur-Messung ergab 36,3°. – Daraufhin sagte er, er wolle wieder zur Arbeit gehen. Am Abend war im Assopheum ein bunter Abend, gestaltet von Berliner Jungen. Herr L. hat daran teilgenommen und war ganz begeistert, wie Bruder Ehrlich sagte. Am 21.7. hat L. morgens beim Wecken nichts gesagt. War mit am Frühstückstisch, ging anschließend in das Friseurgeschäft zum Rasieren. Als er dann wieder kam, es war wohl gegen 8 Uhr 30, sagte er: ‹Ob ich wohl Fieber habe?› Bruder Müller hat Temperatur gemessen: 37,4°. Ich selbst war gerade im Bruderzimmer. L. wurde zu Bett geschickt. Gegen 10 Uhr erhielt er 2 Thomasco und eine Tasse Brusttee zum Schwitzen. Mittags klagte er über Kopfschmerzen. Der Bruder gab ihm 1 Tablette Thomapyrin. Nach 12 Uhr wurde L. unruhig. Bruder Müller hat gleich Temperatur gemessen: 40,4° rektal. Herr Dr. Dreyer wurde benachrichtigt, konnte selbst nicht kommen, schickte Arzt von Mara. Überführung nach Nebo wurde angeordnet. Patient ist am 21. Juli 1954 um 23 Uhr 30 gestorben.»

Der Sektionsbefund ergab eine Bronchopneumonie, Ödeme an der Pia mater und sklerotische Bezirke im Gehirn, Verwachsungen im Pneumaraum rechts, Leberparenchym-Schaden, rigide Gefäße. Tod infolge Herz- und Kreislaufversagens. Zentrale Regulationsstörung bei Epilepsie.

Am Montag dem 26. Juli wurde Lothar auf dem Friedhof der Anstalt beerdigt. Der Pfarrer wählte als Text für seine Ansprache Psalm 31, Vers 15/16:

> Ich aber, Herr, hoffe auf Dich und spreche:
> Du bist mein Gott!
> Meine Zeit stehet in Deinen Händen,
> Errette mich vor der Hand meiner Feinde
> Und vor denen, die mich verfolgen.

Das Grab ist am 21. Februar 1976 eingeebnet worden.

Karl
1909 – 1929

Herkunft und Vorgeschichte

Karls Vater Georg war ein jüdischer Kaufmann aus Hamburg. Über die Schwangerschaft der Mutter Wanda und die am 9. April 1909 erfolgte Geburt Karls ist nichts mehr bekannt. Karl hatte seit dem ersten Lebensjahr epileptische Anfälle, welche mit Brom behandelt wurden. Seine Mutter hatte ihn nach Jena gebracht, wo unter der Leitung der Eigentümerin des ehemaligen Gartenrestaurants «Landhaus Lauenstein», einer Frau K. Feuerstein, ein «Heim für Epileptische und Pathologische Kinder» gegründet werden sollte. Diese versuchte mit der Montessori-Methode schulische Inhalte an Karl heranzubringen. Auf ihre Veranlassung hin sei er kastriert worden.

Die geplante Heimgründung wurde nicht verwirklicht. Das Haus wurde am 1. Mai 1924 von Franz Löffler, Siegfried Pickert und Albrecht Strohschein gemietet; Karl, der schon im Hause lebte, wurde zur Betreuung mit übernommen. Er wurde «Karlchen, unser Ernährer», weil für ihn schon monatliche Pensionszahlungen eingingen. Dieses Geld war das erste regelmäßige Einkommen des jungen Heimes. Die Mutter Karls hat sich in der Folgezeit nicht viel um ihren Sohn gekümmert, wohl auch nicht sehr an ihm gehangen.

Damals, 1924, war Karl 15 Jahre alt. Er befand sich aber in seiner seelischen Entwicklung noch auf dem Stand eines Kleinkindes: Äußeren Eindrücken gegenüber zeigte er eine gewisse Stumpfheit, sah zum Beispiel nicht gut in größere Entfernung. Er hatte noch nicht gelernt, «ich» zu sagen, sprach von sich als «Karlchen». Er war motorisch sehr unruhig, konnte auch aggressiv werden, biß, spuckte, kratzte oder trat andere vors Schienbein. Er reagierte aber sehr stark auf Musik, nahm alle Melodien sofort auf, tanzte singend «wie ein Derwisch» herum, mischte aber alle Lieder als Potpourri durcheinander. Wenn ihm etwas nicht gewährt wurde, ärgerte er sich sehr, geriet ins Toben, beruhigte sich jedoch unter günstigen Umständen rasch wieder, indem er sich sagte: «Ein andermal.» Vom Schulischen hatte er nichts aufgenommen. Beim Malen pinselte er höchstens ein Loch ins Papier, schaute den anderen Kindern aber gern beim Malen zu und rieb sich dabei die Hände, was für ihn Ausdruck höchsten Vergnügens war. Sein Interesse für die Welt beschränkte sich sonst auf die Schuhe der Mitmenschen.

Besuch Rudolf Steiners auf dem Lauenstein

Karl machte insgesamt einen pathologischen, idiotischen Eindruck durch seine ungezügelte Motorik, seinen mißgestalteten Kopf (flache Stirn, eingedrückte Schläfen, starker Wulst am Hinterhaupt), die struppigen schwarzen Haare und die grau-gelbe Gesichtsfarbe Er kam ins Zimmer gestürzt, man wollte ihn halten, Rudolf Steiner wehrte ab: «Lassen Sie ihn nur, es ist sehr interessant.» Wie ein Kreisel sauste er um den runden Tisch. Bei einem der Teilnehmer entdeckte er ein Kissen im Rücken, riß dieses heraus, steckte es triumphierend dem nächsten zu, wieder heraus, zum nächsten usw., bis er zum Stuhl Rudolf Steiners kam, ihn anschaute, einen Moment innehielt, um – ihn überspringend – beim nächsten die Tour fortzusetzen. «So brachte er dem Geisteslehrer seine stumme Huldigung dar», bemerkte dazu später Siegfried Pickert.

Schließlich beruhigte er sich und stand am Fenster. Als er zu Rudolf Steiner gerufen wurde, lehnte er sich vertrauensvoll an ihn. In diesem Moment kam sein eigentliches, feines Wesen zum Durchbruch, welches sich später nur noch einmal, bei seinem Sterben, zeigen sollte.

Man machte Rudolf Steiner auf die schlechten Zähne aufmerksam. Er fragte daraufhin, ob auch die Nägel brüchig seien. Das waren sie nicht, aber sehr schwach und weich. Rudolf Steiner erkundigte sich dann: «Ist Ihnen an der Mutter etwas aufgefallen?» Da zu den Eltern in den ersten Wochen des neuen Heims nur schriftlicher Kontakt bestanden hatte, waren sie den Mitarbeitern noch unbekannt. Daraufhin sagte Rudolf Steiner: «Nun, es ist auch ein sehr individuelles Schicksal, es hat nicht viel mit der Familie zu tun. Es ist ein merkwürdiger karmischer Fall. Der Astralleib ist überreif. Es wirkt etwas aus der vorigen Inkarnation herein. Er hat nur kurze Zeit zwischen Tod und neuer Geburt verbracht, so daß er jetzt noch etwas hineingenommen hat von dem Astralleib der vorigen Inkarnation. Noch jetzt hat er in der Nacht merkwürdige Träume. Das wird sich so äußern, daß er nach dem Aufwachen merkwürdige Dinge abgebrochen sagt. Es könnte sein, daß er sieht, wie Schlangen sich herausschlängeln, wofern er schon Schlangen gesehen hat. Es ist ein schlechter Astralleib, der vor allem da im Hinterkopf sitzt», wobei Rudolf Steiner mit intensivstem Interesse seine Hand auf das von starrem Haar bedeckte Hinterhaupt des Knaben legte. «Dem könnte man beikommen, wenn man die entgegengesetzte Astralität zuführt. Das wäre möglich vermittels der Algen. Die Algen ziehen die Astralkräfte der umgebenden Luft ein; die Pilze noch mehr. Aber man braucht nicht gleich mit dem Stärksten anzufangen. Die Schmarotzerpflanzen ziehen stark die Astralität heran. Durch Algeninjektionen wird die gesunde Astralität herangezogen, das ist die entgegengesetzte wie die im Körper. Dort ist schlechte Astralität.»[60]

Als Behandlung gab Rudolf Steiner an:

- Alge D 5 als Injektionen
- Belladonna D 4, D 10, D 15, D 20, D 30
- Heileurythmie vor allem mit den Beinen.

Beim Betrachten der ihm vorgelegten Anfallstabelle und der Frage, ob die Anfälle, die immer in Serien auftraten – vor allem nachts, aber auch tagsüber –, mit dem Mondrhythmus in Verbindung gebracht werden könnten, sagte Rudolf Steiner: «Der Mond kann hier nicht Ursache der Anfälle sein, er kann nur das Bewußtsein beeinflussen.»

Im Notizbuch Rudolf Steiners findet sich folgender Eintrag: «15 Jahre, Astralleibteil Geruch, Alge – Belladonna», dazu eine Zeichnung, die wohl den oben geschilderten Auftritt mit dem Bogen um den Stuhl Rudolf Steiners darstellt.

Heilpädagogischer Kurs. Zehnter Vortrag

Rudolf Steiner äußerte bei der Besprechung von Karl, daß es sich um einen typischen Fall von Epilepsie handele, vergleichbar mit der Situation von Ernst (siehe S. 91ff.); es bestehe jedoch der grundsätzliche Unterschied, daß Karl schon in der Pubertät stehe. Der Vorgang der Geschlechtsentwicklung liege im ganzen Organismus vor, laufe bei Karl noch vehementer ab als sonst – als Reaktion auf die Kastration. Um so mehr sei er im Sinne der Waldorfpädagogik wie ein Jugendlicher seines Alters zu behandeln: sorgfältiges In-Zusammenhang-Bringen mit allem, was sein Interesse für die Vorgänge der Welt wecken kann, fortwährendes Beschäftigen nach außen hin, um ihn nicht seinen inneren Erregungen zu überlassen. Im Hinblick auf die Stumpfheit der Sinne in Beziehung zur äußeren Welt müsse man ihn aber doch auch wie ein Kind im ersten Jahrsiebt behandeln, ausgehend vom Malen, wobei er das ihn innerlich Quälende in die Farben legen könne. Von dort aus solle man pädagogisch weitergehen entsprechend seinen Anlagen.

Als medikamentöse Therapie wurden, wie oben bereits erwähnt, Algen und Belladonna angegeben. Bei den Algen sei weder die Wurzel- noch die Blütenbildung stark ausgeprägt. Diese Pflanzen hätten also weder eine Beziehung zur Erde noch zum äußeren Kosmos, sondern mehr zum wäßrigen und luftigen Element unmittelbar über der Erdoberfläche. Sie hätten eine starke Anziehung auf den in diesem Bereich stets vorhandenen Schwefel. Dadurch eigneten sie sich besonders dazu, Harmonie zwischen dem Astralleib und Ätherleib herzustellen. Und gerade daran mangele es bei diesem Jungen.

Algen seien dann indiziert, wenn sich physischer Leib und Ätherleib weigerten, den Astralleib hereinzulassen. Liege jedoch die Störung daran, daß das Ich den Astralleib zu stark in Anspruch nehme und ihn nicht in den Ätherleib hineinlasse, müsse man mehr zu Pilzen greifen.

Im Malen brachte Karl es nicht weiter, als oben schon geschildert wurde. Doch wurde auch er von den Heilpädagogen auf dem Lauenstein nicht als hoffnungsloser Fall erlebt.

Diese lernten durch ihn sehr viel. Denn jede ärgerliche Stimmung, für die er reichlich Anlaß bot – indem er zum Beispiel ahnungslos durch die Tulpenbeete latschte –, spiegelte er in seinem Verhalten den Mitarbeitern zurück. – Von Schlangenträumen hat er nichts erzählt.

Eine besondere Beziehung hatte er zu der Frau, bei welcher Albrecht Strohschein als Student gewohnt hatte. Vor Besuchen, die sie immer wieder auf dem Lauenstein machte, um in hausfraulicher Art nach dem Rechten zu sehen – «es war ja auch nötig», wie Siegfried Pickert anmerkte –, verkündete Karl ihr Kommen schon laut und freudig, bevor man sie etwa am Fenster hätte sehen können. Von den Kindern dieser Frau wurde Karl «der Zappelmann» genannt.

Was Elisabeth von ihm erzählte, ist im Bericht über sie enthalten (siehe S. 211): «Er war arm dran. Er war so ungestüm.»

Eine Episode, bei welcher deutlich werden kann, wie stark Karl noch im Nachahmungsalter stehengeblieben war: Ein Bettler läutete an der Tür. Karl begrüßte ihn: «Ach wie schön, daß Sie einmal wieder kommen! Kommen Sie doch herein», und verhielt sich also so, wie er es wohl einmal bei einem Besuch von Frau Feuerstein gehört haben mochte.

Er blieb kleinkindhaft in seiner Art und machte viel kaputt. Im Laufe der Zeit wurde er aber wesentlich ruhiger und menschlicher.

Am 5. Oktober 1929 um 16.45 Uhr ist Karl mit zwanzigeinhalb Jahren an einer plötzlich auftretenden, hochfieberhaften Miliartuberkulose bei klarem Bewußtsein, friedlich und still im Institut Lauenstein gestorben und auf dem Nordfriedhof in Jena beerdigt worden.

In den letzten Tagen seines Lebens, im Fieberzustand, leuchtete seine eigene Wesenheit, die nur durch das Krankheitsbild verdeckt gewesen war, noch einmal auf. Für die volle Inkarnation des Ich war seine Leiblichkeit wohl nicht lebendig genug.

Erna
1908 – 1975

Herkunft und Vorgeschichte

Der Vater Ernst (1878 – 1920) war Werkmeister bei der Firma Zeiss in Jena. Er starb 42jährig an einem Herzschlag. Die Mutter Else (1881 – 1970) wuchs auf einem Bauernhof in Tautenburg in der Nähe von Jena auf. Nach dem frühen Tod ihres Mannes mußte sie ihre fünf Kinder allein großziehen. Ihre Verwandten unterstützten sie, indem sie ihr Lebensmittel zukommen ließen. Sie vermietete Zimmer an Studenten.

Albrecht Strohschein wohnte bei ihr. Sie hat dadurch die Beratungen über die Begründung des «Heil- und Erziehungsinstitutes für Seelenpflege-bedürftige Kinder Lauenstein» in nächster Nähe miterlebt und dieses mit wärmstem Interesse und reger Anteilnahme viele Jahre begleitet.

Erna war die zweite von vier Schwestern und hatte noch einen Bruder. Dieser ist 1943 bei Kriwoirog vermißt geblieben. Die älteste und die jüngste Schwester heirateten. Hanna, die zweitjüngste, blieb bei der Mutter. Sie arbeitete als chemisch-technische Assistentin bei der Firma Zeiss und unterstützte mit ihrem Verdienst die Mutter und nach 1945 auch Erna.

Über die Schwangerschaft und Ernas Geburt, die am 27. 12. 1908 erfolgte, ist nichts mehr bekannt. Zwischen dem dritten und vierten Lebensjahr traten nachts hohe Fieberanfälle auf, von heftigem Jucken und Kratzen am ganzen Leib begleitet. Seit dieser Zeit wurde eine Veränderung in ihrem Aussehen bemerkt. Vorher sei sie nämlich ein hübsches Kind gewesen. Bis zum 15. Lebensjahr besuchte sie die Hilfsschule, also bis Ostern 1924. Dort lernte sie etwas Lesen und Schreiben und Rechnen bis etwa 1000.

Ernas Mutter. In ihrem Haus fanden die Überlegungen zur Gründung des Lauenstein statt

Vom ersten Tag des Lauenstein an, dem 1. Mai 1924, war sie mit dort – aber wohl doch nicht ganz intern, wie ihre Schwester Hanna heute meint. Strohschein berichtete im Heilpädagogischen Kurs, daß sie nur zur Behandlung in das Heim heraufkommen werde. Die Mutter konnte den Aufenthalt und die Behandlung natürlich nicht bezahlen. Dafür setzte sie sich, soviel sie konnte, in der Hauswirtschaft des Instituts ein – auch später noch, nachdem es nach Zwätzen und 1932 nach Altefeld bei Eisenach umgezogen war.

Auch die Geschwister waren nach der Schule fast täglich auf dem Lauenstein. Nach Altefeld fuhren sie mit der Mutter zu Ernte- oder Schlachtzeiten.

Besuch Rudolf Steiners auf dem Lauenstein

Rudolf Steiner wies vor allem auf die auffällige und ungestaltete untere Gesichtshälfte mit den recht wulstigen Lippen hin. Erna war breit gebaut, in den Gliedern aber nur schwach und konnte nicht sehr viel helfen. Sie hatte einen sehr gutmütigen Charakter und einen unbändigen Drang nach Süßigkeiten.

Rudolf Steiner, der damals, wie auch die Heilpädagogen, noch nichts von der Vorgeschichte wußte, stellte fest: «Zwischen dem dritten und vierten Lebensjahr muß mit dem Astralleib etwas Merkwürdiges passiert sein, etwa ein Jucken und Beißen am ganzen Körper.» Diese Tatsache hat die Mutter dann auf Befragen genau bestätigt.

Er äußerte: «Sie hat einen ‹geknickten› Astralleib, er ist nicht einheitlich gestaltet: oben schwach und unten stark.»

Als Therapie wurde angegeben:

1. Nikotin-Abkochung als Klistier 2 x wöchentlich. (Als Dosierung wurde damals notiert: 5 %, dies muß aber als Fehler angesehen werden.)
2. Nicotiana D 6 als Injektionen, falls die Klistiere nicht helfen sollten, «damit der Astralleib die Knickung verliert».
3. Heileurythmie: F M UT TU.

In Rudolf Steiners Notizbuch findet sich folgender Eintrag: «16 Jahre f m ut tu».

Heilpädagogischer Kurs. Zehnter Vortrag

In den bisherigen Ausgaben des Heilpädagogischen Kurses ist zu lesen, Albrecht Strohschein («S.») habe gesagt, er habe das Mädchen auch nur einmal gesehen. Das muß eine Verwechslung sein, da er doch in der Familie gewohnt hat. (Die Bemerkung könnte sich auf Doris beziehen; siehe unten, S. 219ff.)

Rudolf Steiner bemerkte zunächst, der ganze Typus des Mädchens zeige, daß die astralische Organisation in wenig tiefer Weise in den ganzen Organismus eingegriffen habe. Vor allem sei sie viel zu schwach, das Ich festzuhalten gegenüber den Versuchungen des Essens. Das Essen werde als gar zu süß, lieblich und wohltuend empfunden. Es sei eine zu starke Wollust beim Schmecken schon im Mund beim Verarbeiten der Speisen vorhanden. Der astralische Leib sei nicht genügend tätig in der unteren Region des Antlitzes, das zeige sich darin, daß die Lippen so stark aufgeworfen seien. Solche Erscheinungen hätten weit früher liegende Gründe. Es könne sein, daß Folgeerscheinungen erst verhältnismäßig spät nach den Ursachen sichtbar würden. Um so etwas wahrzunehmen, brauche man nicht hellsichtig zu sein, sondern es genüge die liebevolle Hingabe und die Fähigkeit, hinzublicken auf das, worauf es ankomme –, und esoterischer Mut.

Zu den Fieberattacken (Rudolf Steiner nannte sie «okkultes Fieber») bemerkte er noch: Diese seien zu einem Zeitpunkt aufgetreten, in welchem im astralischen Leib eine besondere Schwäche vorhanden gewesen sei – mit dreieinhalb Jahren. Die Reaktion hierauf sei die besonders kräftige Entwicklung des physischen und des Ätherleibes gewesen. Der astralische Leib habe nicht mehr folgen können und sei merkwürdig verkümmert und in sich verkrampft geworden. Die Folge dieser Verkümmerung sei die starke Deformation des oberen Organismus, besonders der Kauwerkzeuge, was ihr ein so brutales Aussehen gebe.

Die Behandlung dieses Kindes könne folgendermaßen geschehen:

1. *Heilpädagogisch:*
   Das Interesse des Kindes müsse beweglich gemacht werden. Dies helfe gegen die Verkümmerung und die In-sich-Verkrampfung des astralischen Leibes.

2. *Heileurythmie*
   gegen die starke Neigung zur Deformation des oberen Organismus.
3. *Medikamentös:*
   Gerade in diesem Fall werde die vom Klinisch-Therapeutischen Institut sorgfältig geprüfte antideformierende Wirkung des Nikotinsaftes eine gute Wirkung haben. Die Wirkung sei daran zu erkennen, daß die Kauwerkzeuge wieder mehr unter die Herrschaft des (Gesamt-)Organismus kämen. Bei Erna seien sie seelisch nicht durchdrungen. Folgendes Vorgehen wurde vorgeschlagen: Nicotiana innerlich, mit D 6 beginnend, steigern bis D 15, «um mit dem schwächsten anzufangen». Falls man bei guter Beobachtung finde, die Wirkung der innerlichen Gabe sei zu schwach: Nicotiana als Injektion «in Hochpotenz», so daß unmittelbar durch die Zirkulation der astralische Leib ergriffen werde. (Die Klistiere wurden nicht mehr erwähnt, allerdings ist auch ein Widerruf nicht festgehalten.) Dazu seltene Schwefel-Bäder, vielleicht 1 x wöchentlich, «Bad mit schwachem Schwefelzusatz». Dieses letztere sei dem auf dem Lauenstein Verordneten noch hinzuzufügen, um die Wirkungen, die man im astralischen Leib errege, dort festzuhalten und sie nicht zu sehr in die Ich-Organisation heraufspielen zu lassen, sie vor ihr zu stoppen.

Im Zusammenhang mit Erna sprach Rudolf Steiner über die Schulung des Heilpädagogen und die Ausbildung verschiedener Fähigkeiten. Darauf soll hier nur hingewiesen werden; eine ausführliche Besprechung dieser Thematik geht über die Lebensläufe der besprochenen Kinder hinaus, sie muß in intensiver Beschäftigung mit dem Kurs erarbeitet werden.

Weiterer Verlauf

Grete Hardt berichtete später einmal, daß die angegebene Behandlung nicht sehr konsequent durchgeführt worden sei, da Erna auch zu Hause helfen mußte. Sie habe oft den Korb mit der von der Mutter für die «Lauensteiner» gewaschenen Wäsche auf dem Rücken den langen Weg, den Berg hinauf, ins Institut getragen. Für die dafür erhaltenen Lohn-Pfennige habe sie sich beim Bäcker wieder Süßigkeiten gekauft!

Erna (links) im Haus Bernhard, 1928

Erna (vorne Mitte) im Jahre 1929. In der Mitte hinten Franz Löffler

Später – die genaue Zeit ist nicht mehr bekannt – war sie auch im Haus Bernhard in Zwätzen und ab 1932 in Altefeld bei Eisenach, wohin das Institut Lauenstein umzog. Die Mutter half auch in Zwätzen noch mit und fuhr öfter sogar nach Altefeld, wo sie vierteljahresweise mitarbeitete. Und schließlich war Erna auch in Gerswalde in der Uckermark. Dort arbeitete sie in der Wäscherei und half anderweitig im Haus mit.

Fünf Jahre lang brachte sie treu und ganz zuverlässig Inge Goyert, welche in Gerswalde das Büro führte und durch ihre Kinderlähmung an den Rollstuhl gefesselt war, das Essen. Und oft – von einem Spaziergang zurückkommend – gab sie ihr einen Blumenstrauß oder sonst etwas Schönes als Geschenk und meinte dazu: «Weil du doch nicht laufen kannst.» – Äußerlich, so die Erinnerung von Inge Goyert, sei Erna zwar sehr häßlich gewesen, aber immer, wenn sie ihr etwas gebracht oder für sie getan habe, habe sie durch ihre fürsorglichen Bemerkungen zur jeweiligen Situation gezeigt, was für ein goldener Kern in dieser häßlichen Schale steckte.

Kurz vor Ende des Krieges bekam sie eines Tages nach Ablauf einer Ferienzeit keine Fahrkarte mehr zurück nach Gerswalde und blieb von da ab zu Hause. In dieser Zeit erlebte sie auch einige Fliegerangriffe auf Jena. Das elterliche, um 1910 erbaute dreistöckige Haus ist unbeschädigt geblieben.

Die Mutter gab ihr kleine Pflichten im Haushalt, wie Tischdecken, Geschirrwaschen und Kehren. Erna hatte dabei aber ihre Besonderheiten. So ließ sie – sehr zum Ärger der Schwester – regelmäßig den nassen und schmutzigen Putzlappen in der Ecke liegen. Die Mutter schützte sie stets bei Auseinandersetzungen wegen solcher Vorkommnisse. Erna selber habe immer recht gut gewußt, was sie wollte. Eine häufige Bemerkung von ihr war: «Ich bin die ältere!»

Da Erna keinen Beruf ausüben konnte, hatte sie kein eigenes Einkommen fürs Leben und mußte von der Mutter und nach deren Tod von der Schwester durchgetragen werden. Nur gelegentlich verdiente sie sich durch Hilfen bei einer benachbarten Wäscherin kleine Beträge hinzu. «Ich muß noch Wäsche austragen», sagte sie dann.

Gern räumte sie im Keller und trug dort Dinge, z. B. alte Zeitungen oder Lumpen, zusammen, die sie zum Lumpensammler brachte, um dafür wieder ein paar Pfennige zu erhalten. Einmal gab sie allerdings auch drei goldene Fingerringe dorthin, welche in einer Tasche waren.

Gern naschte sie natürlich auch am eingemachten Obst.

Krank war Erna eigentlich nie. Wichtig war für sie eine regelmäßige Tageseinteilung. Sie hielt z. B. ihre Mittagsruhe so ein, wie sie es von den Heimen her gewohnt war.

Nach dem Tod der Mutter ging sie oft mit der Gießkanne allein zu deren Grab.

Erna 1975

Am 10. Dezember 1975 wurde beim Mittagessen noch darüber gesprochen, daß Erna am Nachmittag bügeln wolle. Völlig unerwartet erlitt sie dann während der Mittagsruhe einen Schlaganfall. Sie konnte nicht mehr sprechen und starb nach sechs Tagen am 16. Dezember. Auf dem sehr schönen, bewaldeten Nordfriedhof von Jena hat ihr beschwerlicher Leib im Familiengrab seine letzte Ruhestätte gefunden.

Elisabeth und Martha
1909 – 1987 1921 – 1983

Herkunft und Vorgeschichte

Die Eltern dieser beiden Schwestern stammten beide aus der Gegend von Jena, waren aber nicht miteinander verwandt. Der Vater Kurt (1886 – 1965) war Glasarbeiter bei der Firma Schott in Jena und überzeugter Kommunist. Die Mutter (1888 – 1967) war Hausfrau.

Elisabeth und Martha waren Albinos. In der Familie war, soweit bekannt, nur ein Albino-Fall aufgetreten. (Während des Heilpädagogischen Kurses wurde von Ilse Knauer gesagt, es sei eine Schwester der Mutter gewesen. Die heute noch lebenden Familienangehörigen wissen aber nur von einem Vetter des Vaters, einem Uhrmacher in Lobeda.)

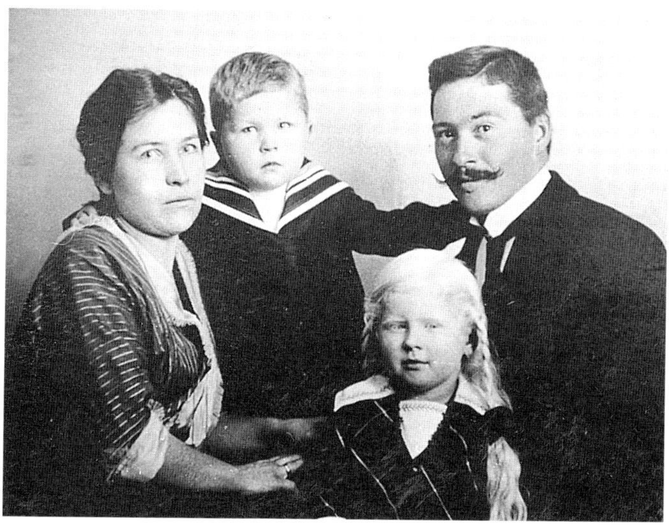

Elisabeth mit Eltern und Bruder

Elisabeth mit Mutter und Bruder

Das erste Kind der Eltern, geboren 1908, starb als Säugling an einer Lungenentzündung. Am 6. Dezember 1909 wurde Elisabeth geboren, gefolgt von Bruder Fritz im Jahre 1912. Er ist gesund und leidet nicht an Albinismus. Am 18. Mai 1921 erfolgte die Geburt Marthas.

Weder bei Elisabeths Sohn Gerhard, geboren 1929, und dessen fünf Kindern noch bei den zwei Kindern des Bruders Fritz, dessen drei Enkeln und vier Urenkeln ist Albinismus je wieder aufgetreten. Bei jedem neuerwarteten Kind hält dennoch die Familie gewissermaßen wieder den Atem an, in der Befürchtung, diese Laune der Natur könne erneut zum Durchbruch kommen.

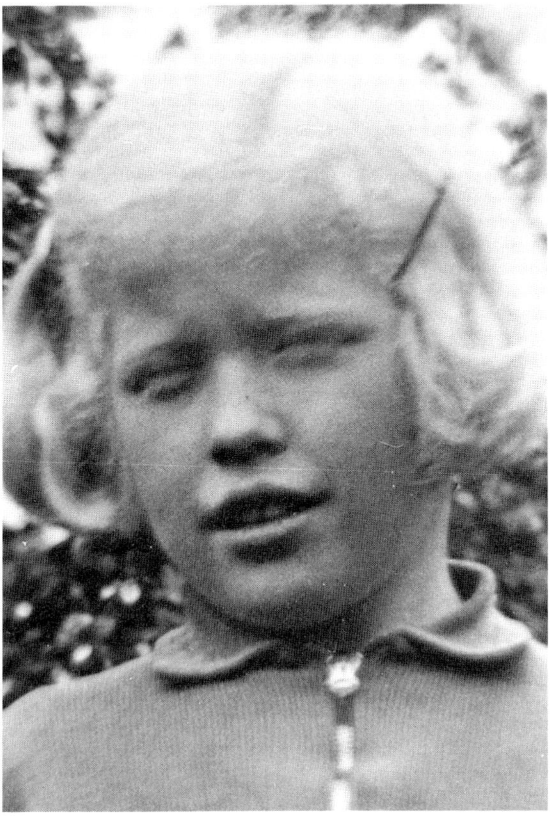

Martha

Bezüglich der Schwangerschaft mit Elisabeth hat die Mutter später einmal Grete Hardt erzählt, sie habe damals eines Tages in Abwesenheit ihres Mannes große Angst vor den grellen Blitzen eines Gewitters ausgestanden. Dieses habe sie, Schwester Grete, an das «Versehen» Schwangerer erinnert, bei dem solche Frauen mißgebildete Kinder zur Welt bringen können.

Elisabeth und Martha wurden als Albinos geboren. Die Hausgeburten und die erste Entwicklung verliefen ohne Besonderheiten. Die Familie lebte in Jena-Lichtenhain am Rande der Stadt in einem gemieteten Haus.

1924, im Jahr des Besuchs von Rudolf Steiner auf dem Lauenstein, war Elisabeth vierzehn Jahre alt und besuchte die letzte Klasse der Volksschule in Lichtenhain. Sie hatte Schwierigkeiten beim Lesen wegen ihrer Sehstörung. Martha war im Juni 1924 erst drei Jahre alt. Die Mutter arbeitete damals im Institut als Putzfrau und nahm sie während ihrer Arbeit mit auf den Lauenstein.

Besuch Rudolf Steiners auf dem Lauenstein

Beim Rundgang durch das Haus begegnete Rudolf Steiner auf der Kellertreppe der Mutter der beiden Schwestern, die sich bescheiden an die Seite drückte. Er erkundigte sich bei Albrecht Strohschein, wer das sei, und sagte zu ihm, noch ehe er wußte, daß ihre Töchter vorgestellt werden sollten: «Sie müssen sehen, daß Sie mit ihr in Verbindung bleiben.»[61]

Die beiden Schwestern wurden mit den bis dahin im Lauenstein aufgenommenen Kindern auch vorgestellt. Der Vater war zunächst sehr dagegen, weil er irgendwelche bürgerlichen Machenschaften befürchtete. Er nahm sich, um notfalls eingreifen zu können, für diesen Tag unbezahlten Urlaub und kam gewissermaßen mit geballten Fäusten in der Tasche zur Vorstellung. Seine Skepsis löste sich aber zusehends, als er Rudolf Steiners Art im Umgang mit den Kindern erlebte.

Steiner erkundigte sich eingehend nach den Bodenverhältnissen der Umgebung und den Menschen dort: Ob hier auffallend viele blonde Menschen leben würden – was verneint wurde, der dunkle Menschentyp, dem auch die Mutter angehörte, sei vorherrschend. Ob die Eltern aus der Gegend stammten – dies wurde bejaht. Ob sie miteinander verwandt seien – was nicht der Fall war. Dann fragte er die Mutter wiederholt, ob sie früher krank gewesen sei, was sie zunächst verneinte, auf eine direkte Frage nach Bleichsucht aber doch bestätigte: «Ja, überhaupt Blutarmut in den Mädchenjahren.» – «Nun, dann wird ja auch eine gewisse Schwächlichkeit früher vorhanden gewesen sein.» Der Vater sei in seiner Jugend auch schwächlich gewesen.

Rudolf Steiner stellte wegen der Haut- und Haarfarbe und wegen des mangelnden Pigments in der Iris der Kinder fest, daß beide vollkommen sulfurisch seien. «Sie sind ganz Auge: Die Schwefelprozesse, die sonst nur im Auge sein dürfen, durchsetzen den ganzen Körper.» Es bestehe ein Hin- und Herpendeln zwischen Ätherleib und Astralleib, daher rühre das Hin- und Herzittern und -gucken der Augen (Nystagmus). Es wurde eine Behandlung in Aussicht gestellt, die man durchführen wolle. Der Vater, inzwischen ganz beruhigt, bedankte sich sehr herzlich.

Bei einem Nachfragen 1986 hatte Elisabeth an diese Begegnung mit Rudolf Steiner keine Erinnerung mehr.

Als Rudolf Steiner neun Monate später starb, traf die Nachricht seines Todes die Mutter der beiden Schwestern wie der Verlust eines nahen Verwandten. Sie war ganz fassungslos.

Heilpädagogischer Kurs. Zehnter und elfter Vortrag

Als erstes erkundigte sich Rudolf Steiner bei Elisabeth Vreede nach den Horoskopen der beiden Mädchen: «Wie steht der Uranus? Konstellationen haben Sie nicht besondere gefunden?» Bei Elisabeth stand Neptun in Opposition zu Uranus. (Elisabeth Vreede, welche beim Besuch Rudolf Steiners in Jena dabei gewesen war, hatte diese beiden Horoskope auf seinen Wunsch inzwischen angefertigt; vgl. dazu die beiden Horoskope umseitig.)

Dann ging Rudolf Steiner auf die zwei Haupterscheinungen bei allen Albinos ein, die ganz hellen Haare und das schlechte Sehen mit Veränderung der Augen (Pigmentlosigkeit), die er als die Urphänomene des Albinismus bezeichnete. Diese beiden Erscheinungen wiesen darauf hin, daß die Eisenverarbeitung nur sehr schwach erfolge, der Schwefel dagegen vom Organismus ungeheuer leicht verarbeitet werde. Die Organisation sträube sich gegen das Eisen in der Verarbeitung zur Peripherie hin, stoppe es vor der Peripherie. Der Schwefel dagegen werde in die Peripherie hingetrieben, sogar über diese hinausgetrieben, so daß man in der Region der Haarbildung überall die Schwefelaura sehe, welche die Haare bleiche, ihnen die Kraft herausnehme. Und erst recht ersichtlich sei diese selbständige Schwefelaura in der Augenbildung, die ja embryonal von außen her

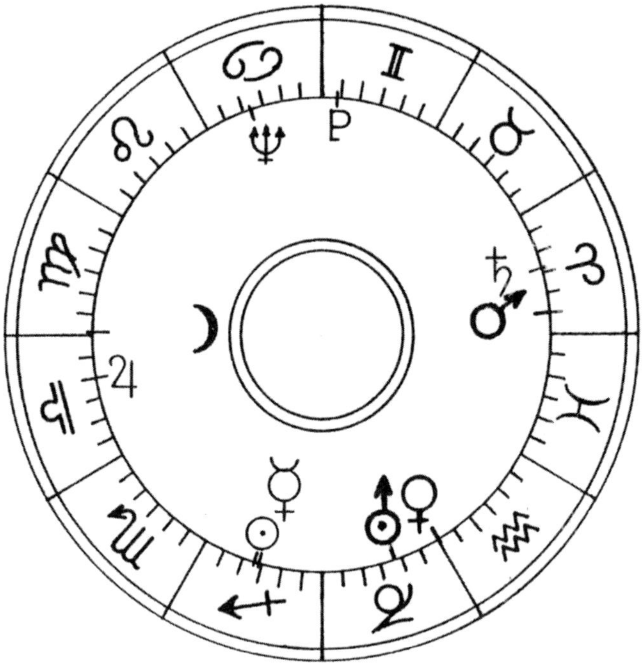

Vereinfachtes Horoskop von Elisabeth

✳ 9.12.1909 in Jena ± 4.00 Uhr
† 8.04.1987 in Jena

Sonne 13° im Schützen
Mond 29° in der Jungfrau
(fast Waage, wird astrologisch dazugerechnet)
Merkur 14° im Schützen
Venus 0° im Wassermann
Mars 5° im Widder
Jupiter 10° in der Waage
Saturn 10° im Widder
Uranus 19° im Steinbock
Neptun 18° im Krebs
(Pluto 26° in Zwillingen)

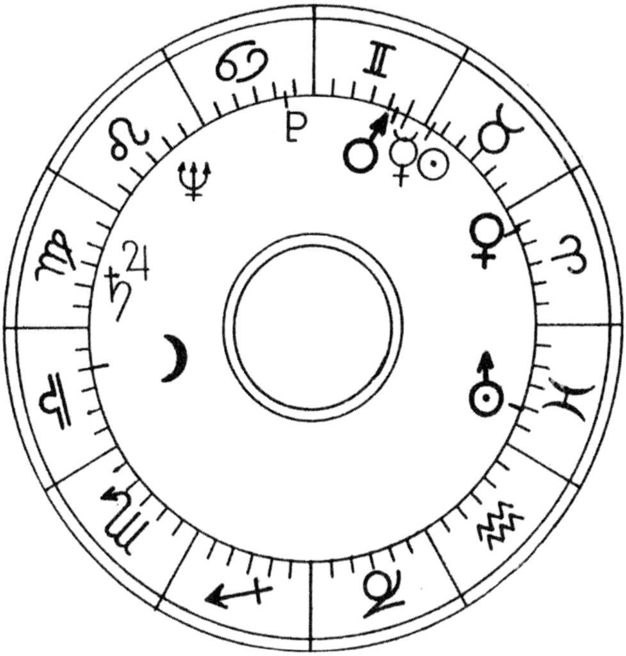

Vereinfachtes Horoskop von Martha

✳ 18.5.1921 in Jena ± 3.00 Uhr
† 12.1.1983 in Jena

Sonne 28° im Stier
Mond 10° in der Waage

Merkur 5° in den Zwillingen
Venus 24° im Widder
Mars 8° in den Zwillingen
Jupiter 9° in der Jungfrau
Saturn 17 ° in der Jungfrau
Uranus 9° in den Fischen
Neptun 11° im Löwen
(Pluto 7° im Krebs)[62]

in den Organismus hinein erfolge. Sie dränge die Augen förmlich dazu, aus dem Ätherischen heraus ins Astralische hinein ihr Wesen zu treiben – das heißt, das Ätherische des Auges werde gewissermaßen außer acht gelassen, sein Astralleib jedoch besonders stark beansprucht.

Hinführend zu den nachfolgenden Fragen, die Vererbung und die geologischen Gegebenheiten betreffend, führte Rudolf Steiner nun zunächst aus, daß die Bildung des Menschen einerseits abhängig sei von irdischen Kräften, die sich uns durch Substanzen der Erde verraten, andererseits vom ganzen Kosmos. Das gelte sowohl für die individuell-karmische Fortentwicklung wie für die Vererbung.

Auf entsprechende Fragen Rudolf Steiners stellte sich dann heraus, daß bei den Schwestern Elisabeth und Martha in der Aszendenz eine Veranlagung zu Albinismus vorlag (genetische Disposition), daß in der Saalegegend aber auch sporadisch weitere Fälle von Albinismus vorkamen (endemische Komponente). Rudolf Steiner wies darauf hin, daß die dortige Gegend das Eisen stark an sich ziehe, andererseits aber auch Schwefel vorkomme. Eisen und Schwefel zusammen bildeten die schönen Pyritkristalle, aber auch schwefelsauren Kalk gebe es als Gips.

Da nun aber das Territorium auch eisenreich sei, entstehe die Frage, warum ein bestimmter Mensch das Eisen zurückweise und den Schwefel besser aufnehme. Um dieser Frage näherzukommen, müsse der kosmische Einfluß betrachtet werden. Da müßten besondere Geburtskonstellationen vorhanden sein. Da es aber eben nur selten der Fall sei, müßten hierbei Einflüsse der Planeten mit den langen Umlaufzeiten, wie Uranus und Neptun, eine besondere Rolle spielen.

Am folgenden Tag gab Rudolf Steiner Angaben über den Zusammenhang der Planeten zu den Wesensgliedern des Menschen, was er in einer Tabelle zusammenfaßte:
- Die Sonne wirke vor allem auf den physischen Leib
- der Mond auf den ätherischen Leib
- Merkur auf den astralischen Leib
- Mars auf die Verstandesseele
- Jupiter auf die Bewußtseinsseele
- Saturn auf das Geistselbst

– Uranus und Neptun, die sich unserem Planetensystem erst später zugesellt hätten, entsprächen deshalb auch denjenigen Wesensgliedern, die heute noch nicht entwickelt seien, Uranus dem Lebensgeist und Neptun dem Geistesmenschen. (Pluto wurde erst 1930 entdeckt.)

Der Mond habe also einen starken Einfluß auf die Vererbungsprinzipien: Durch den Ätherleib hindurch werde durch ihn dem Modelleib die wichtigste Entwicklungsrichtung eingeprägt. Er ziehe den Menschen stark in seine Stoffwechsel-Organisation herunter. Bei diesen Mädchen werde den Mondeneinwirkungen etwas an Kraft weggerissen durch die in Opposition stehenden Planeten Uranus und Neptun.

Die Horoskope wiesen Ähnlichkeiten auf: Bei Elisabeth standen Mars mit Venus und Uranus in der Nähe, bei Martha in annähernder Opposition zum Mond. Bei beiden stand der Mond zudem in der Waage; er sei, so die Ausführung Rudolf Steiners, deshalb von sich aus schon schwach wirksam. Durch die Opposition des Mars zu ihm sei sein Einfluß noch weiter herabgesetzt. Einschränkend müsse gesagt werden, daß bei beiden Kindern keine exakten Geburtsdaten vorlägen. Die Ähnlichkeit sei jedoch auffällig, was aber auch wieder nicht erstaunlich sei, da es sich ja um Schwestern handele.

Es werde dadurch das Eisen im Aufbau zu schwach, der Schwefel sei im Übermaß vorhanden und habe zu den Erscheinungen des Albinismus geführt, wie sie oben geschildert wurden.

Elisabeth Vreede wies noch – bezugnehmend auf die vorangehenden Worte Rudolf Steiners, daß die Planeten mit großen Umlaufzeiten einen großen Einfluß haben könnten – auf die in beiden Horoskopen sehr ähnliche Stellung des Mondes zu Neptun. Rudolf Steiner ging darauf aber nicht weiter ein. Das müsse individuell betrachtet werden.

Zusammenfassend könne man sagen, daß die Stoffwechsel-Organisation gegenüber der Nerven-Sinnes-Organisation zu stark sei. «Also man hat es schon zu tun mit einer außerordentlich starken Präponderation des Willens.»

Als Behandlung empfahl Rudolf Steiner:

1. Pädagogisch:

– Wegen der labilen Nerven-Sinnes-Organisation dürfe diese nur zart behandelt werden. Insbesondere sollten die Augen nicht für

das Lesenlernen und dergleichen angestrengt werden, so daß der Unterricht ohne Lesen und sonstige Anstrengung der Augen zu erteilen sei.
- Dagegen solle man die Augen an gering voneinander abweichende Farbeindrücke gewöhnen, zum Beispiel sie die Übergänge der Regenbogenfarben verfolgen lassen.

2. *Medikamentös:*
- Pyrit-Staub als Pflaster auf die Beine oder Schulterblätter legen mittels eines fettgetränkten, mit Tannenharz oder dergleichen bestrichenen dünnen Papiers, welches sich der Körperform gut anpassen solle und für Eisenstrahlung nicht durchlässig sei, damit eine starke Eisenstrahlung von der Gliedmaßen-Organisation her zentripetal in den Organismus gebracht werde.
- Cochlearia-(Meerrettich)-Umschlag auf die Stirn als ziehendes (ebenfalls zentripetales) Element.

Diese Behandlung könne besonders in der Zeit des Zahnwechsels, in welcher sich starke Strömungen und Gegenströmungen im Organismus vollzögen, gute Wirkung zeigen. Nach der Geschlechtsreife werde sie nicht mehr so wirksam sein. Da die ältere der Schwestern schon vierzehn Jahre alt sei, die andere aber noch klein, werde man diesen Unterschied in der Wirksamkeit gut beobachten können.

Weiterer Verlauf

Diese Behandlung ist durch Grete Hardt mit Leinenlappen, auf welche Lärchenharz gestrichen und das Pyritpulver gestreut wurde, durchgeführt worden. Elisabeth erinnerte sich 1986 noch daran: «Das wurde mir auf den Rücken, die Beine und die Arme geklebt. Ich wollte es schließlich nicht mehr haben.» Aber schon nach sechs Wochen sei bei Martha eine deutliche Besserung im Hinblick auf ihr Sehvermögen bemerkbar geworden, und sie habe einen goldgelben Streifen in ihr sonst pigmentloses Haar bekommen.

Als an Ostern 1925 die Schulzeit für Elisabeth endete, kam sie mit der Mutter auch auf den Lauenstein, um mitzuhelfen.

1986 erinnerte sich Elisabeth noch sehr gut an den Lauenstein, an das Haus und die Menschen: Lothar sei immer sehr verfressen gewesen, gleich nach dem Mittagessen sei er in die Küche heruntergekommen und habe noch die Töpfe ausgeleckt. Karlchen sei arm dran gewesen. «Er war immer so ungestüm.» Einmal habe sie beim Fensterputzen auf der Leiter gestanden. Da sei er gekommen und habe so an der Leiter gerüttelt, daß zuerst der Wassereimer, dann auch sie heruntergefallen sei. Erna habe in der Sophienstraße gewohnt, habe zeitweise aber auch im Lauenstein geschlafen. Von Kurt erinnerte sie, daß er einmal einen Schneeball auf die heiße Herdplatte geworfen und sich darüber gefreut habe, wie dieser dort herumgetanzt sei. «Ein spanischer Junge hat einmal der Martha die Haare abgeschnitten. Und später war da ein Guido im Rollstuhl.»

Auch an die Erwachsenen erinnerte sie sich: an Schwester Grete, «die dann Dr. Hardt heiratete», Herrn Pickert, Herrn Löffler, Herrn Strohschein, Herrn Spranger, die beiden Schwestern Weiß.

Strohschein sei einmal fast durch ausströmendes Gas gestorben. An den Besuch Rudolf Steiners konnte sie sich nicht mehr erinnern.

Dann erinnerte sich Elisabeth noch an etwas, was Siegfried Pickert auf Nachfragen hin nicht bestätigen konnte, was aber der Vollständigkeit halber doch berichtet werden soll: Es sei mehrmals ein Professor – sie meinte aus Erlangen – dort gewesen und habe die Kinder angesehen, er sei auch der Urheber der Pyritbehandlung gewesen. Vielleicht hatte sie doch noch eine schwache Erinnerung an Rudolf Steiner und hat ihn mit diesem Professor verwechselt?

Auf die Frage, ob sie noch die Weihnachtsspiele erinnere, antwortete sie in ihrem unnachahmlichen Thüringer Tonfall: «Na, klar.» Sie habe wegen ihrer langen hellen Haare auch einen Engel gespielt. Der bei dieser Unterhaltung anwesende Bruder Fritz erinnerte die Spiele ebenfalls. Und der Nikolaus sei über eine Leiter von außen durchs Fenster in den Eurythmieraum gekommen. (Auch dies konnte Siegfried Pickert nicht bestätigen.) Ebenfalls erinnerte sie sich an die Monatsfeiern – und an den Gong.

Elisabeth mit Ehemann und Sohn

Elisabeth erzählte, sie habe nach ihrer Schulzeit etwa vier Jahre lang auf dem Lauenstein mitgearbeitet. Dann heiratete sie als Neunzehnjährige einen Arbeiter von der Firma Zeiss, Fritz H., und gebar 1929 einen gesunden Sohn. Sie wohnten nacheinander in verschiedenen Wohnungen in Ammerbach, einem Dorf in einem Seitental südlich des Lauenstein. Ihr Mann war ein passionierter Bastler und hat viel Zeit in seiner Werkstatt mit Motorrädern und anderem zugebracht. 1944 wurde er als Sozialist ein Jahr in Ichtershausen inhaftiert und kam erst am Kriegsende wieder frei. Er starb 1960 an Lungenkrebs. Über ihren Sohn, der auch verheiratet war und fünf gesunde Kinder hatte, sprach sie nicht gern. Er war an Alkohol geraten und starb sehr früh an einem Kehlkopfkrebs. Er habe kein Glück mit seiner Frau gehabt.

Wegen des Albinismus fiel Elisabeth unter die Erbgesetze des Nationalsozialismus und wurde sterilisiert, was die Familie stark getroffen hat.

Nach dem Krieg zogen Elisabeths Eltern wegen Beschlagnahmung ihres Hauses durch die Russen in die Wohnung des Bruders nach

Ammerbach. Elisabeth hatte ihren eigenen Haushalt in der Wohnung im ersten Stock des Hauses. Sie arbeitete noch etwa acht Jahre in einem Kindergarten und gab dort z. B. das Essen aus.

Auf Befragen berichtete Elisabeth, daß sie eigentlich selten krank gewesen sei. Früher habe sie öfter einmal Regenbogenhautentzündungen gehabt. 1980 und 1981 wurden ihre beiden Augen an grauem Star operiert. Sie trug eine Brille (+ 8 D). Nach ihrer Aussage konnte sie seitdem besser sehen als je zuvor.

Nach dem Tode ihrer Eltern, die nach der Freigabe ihres Hauses wieder dorthin zurückkehren konnten, wohnte sie mit Martha zusammen in diesem Haus in Lichtenhain, bis Martha 1983 starb und sie im Mai 1986 schließlich in das «Alten- und Pflegeheim Käthe Kollwitz» in Lobeda-Ost einzog. Dieses ist ein fünfstöckiger Bau mit zehn Abteilungen zu je vierzig Insassen, also insgesamt vierhundert alten Menschen. Sie fühlte sich aber dort wohl: «Ich habe hier eine gute Nummer, ich helfe ja aber auch beim Abtrocknen und beim Herumschieben der Rollstühle.» Sie erhielt eine Rente, bekam Blindengeld und behielt nach Abzug der Miete so viel übrig, daß das zur Verfügung stehende Geld bei ihren geringen Bedürfnissen ausreichte. Die Familie des Bruders Fritz kümmerte sich weiter um sie und besuchte sie regelmäßig.

Am 6. Dezember 1986, ihrem 77. Geburtstag, ließ Elisabeth im Speisesaal ihrer Abteilung einen Tisch zum Feiern decken. Die Stationsschwestern kochten gern immer wieder neuen Kaffee, als die Familie mit vier Generationen nacheinander eintraf. Lisbeth, so wurde sie genannt, war der Mittelpunkt. Sie erzählte humorvoll aus ihrem Leben, genoß es auch sichtlich, trank gern ihren Kaffee und rauchte Zigaretten. Sie wußte im Gespräch oft besser Bescheid als die Jüngeren. Als gegen 17 Uhr der Raum für das Abendessen gebraucht wurde, brachte sie es durch ein gutes Wort fertig, daß das Essen auf die Zimmer verteilt wurde und die Geburtstagsgesellschaft sitzen bleiben konnte.

Am folgenden Tag, einem Sonntag, nahm sie gern an einem Ausflug mit dem Auto teil. Es wurden unter anderem die Orte, wo sie gewohnt hatte, besucht. Überall begrüßte man sie freudig. Sie erkundigte sich lebhaft nach allen Bekannten und Vorkommnissen. Zum Schluß wurde noch der Lauenstein besucht, wo sie herumstapfte und sich über die Veränderungen wunderte: «Das war aber früher schö-

Elisabeth 1986

ner hier!» (Das Haus war jahrelang Lehrlingswohnheim der Firma Zeiss gewesen und sah sehr verwohnt aus. Später wurde es umgebaut und ist zur Zeit von drei Familien bewohnt.)

Vor dem Hause stehend, konnte sie zeigen, welches die Fenster des Eurythmieraumes und des «Lila Zimmers» (des Konferenzzimmers) waren, daß die Küche sich im Souterrain befand und daß der Anbau, in dem sich früher der Eßraum befand, abgerissen ist. (Man kann am Ansatz des Putzes die Stelle des ehemaligen Gebäudes noch gut erkennen.) In dem Zimmer nach hinten, dem Berghang zu, habe Werner Pache gewohnt.

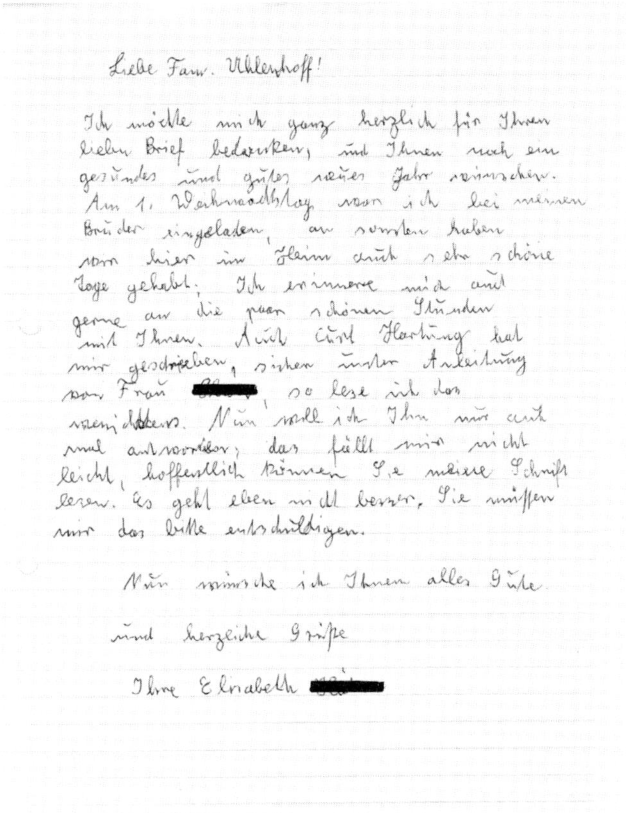
Liebe Frau. Uhlenhoff!

Ich möchte mich ganz herzlich für Ihren lieben Brief bedanken, und Ihnen noch ein gesundes und gutes neues Jahr wünschen. Am 1. Weihnachtstag war ich bei meinem Bruder eingeladen, an sonsten haben wir hier im Heim auch sehr schöne Tage gehabt. Ich erinnere mich auch gerne an die paar schönen Stunden mit Ihnen. Auch Curt Hartung hat mir geschrieben, sicher unter Anleitung von Frau [redacted], so lese ich das wenigstens. Nun will ich Ihm nur auch mal antworten, das fällt mir nicht leicht, hoffentlich können Sie meine Schrift lesen. Es geht eben nicht besser, Sie müssen mir das bitte entschuldigen.

Nun wünsche ich Ihnen alles Gute

und herzliche Grüße

Ihre Elisabeth [redacted]

Brief von Elisabeth

Folgende Bemerkung hat Elisabeth noch über ihre Augenoperation und die ersten Schwierigkeiten danach gemacht: «Ja, so fängt's an! Das Leben ist so kurz, und so lang sind wir tot! Wenn wir nach fünftausend Jahren wiederkommen, wissen wir, wie wir es besser machen.»

Auszug aus einem Brief vom 8.2.1987: «Curt hat mir auch einen ganz netten Brief geschrieben, den ich in nächster Zeit beantworten werde. Auch Herrn Pickert werde ich mal schreiben. – So, nun noch so 'ne kleine Episode vom Lauenstein: Die Köchin stellte Blechbüchsen auf den Tisch, da sollten Karotten drinne sein, und da spritzten gegorene Heidelbeeren heraus!! Da hätten Sie mich und auch die Küche sehen müssen. Da war das Gelächter groß. Schwester Grete hat mir lange die Haare waschen müssen, bis das wieder in Ordnung war, und ich hatte noch lange Zöpfe. – Sie können sich nicht gut vorstellen, daß Vaters Cousin [der Albinokranke in der Verwandtschaft] Uhrmacher war? Ich habe doch auch sehr viel Handarbeiten gemacht, wie Stricken, Sticken und Häkeln. Ich habe viel davon verschenkt, und das ist immer gerne angenommen worden.»

Aus ihrem Brief vom 1.4.1987: «Nun schicke ich Ihnen auch mal ein Bild von unserem Heim mit, das angemalte Fenster ist meine Wohnung. Sonst ist alles beim alten, mir geht es noch bis auf ein Magengeschwür einigermaßen gut. Wir warten auf schönes Wetter, daß wir mal rausgehen können. Vor 14 Tagen war ich mal bei meinem Bruder, das waren auch ein paar schöne Stunden, immer mal eine Abwechslung.»

Am 8. April 1987 ist Elisabeth nach einem Herzinfarkt unerwartet verstorben. (Vermutlich waren die Schmerzen des «Magengeschwürs» schon Vorboten des Infarktes.)

Vierzehn Tage vor ihrem Tod habe sie noch einen lieben Freund im Altenheim gefunden. Vom Küchenpersonal habe sie sich ein zweites Gedeck geben lassen und mit ihm die Mahlzeiten eingenommen. Ein kurzes Glück sei jäh zerstört worden, schrieb der Bruder. «Leider ist nun um uns plötzliche Stille eingetreten.»

Marthas Leben

Martha besuchte die Horst-Wessel-Schule im Südviertel der Stadt. Auch sie hatte mit dem Lesen Schwierigkeiten und konnte wegen der schlechten Augen keine Lehre machen. Während des Krieges habe sie bei einem Bäcker in der Marienstraße und in einer Gaststätte in der Jahnstraße gearbeitet.

Aus einem Brief des Bruders: «Sie war ein ganz anderer Typ als Lisbeth, sie war ruhig. In jüngeren Jahren hat sie in einem Gesangverein mitgesungen, was aber später auch nicht mehr der Fall war.»

Auch Martha wurde sterilisiert. Sie war zweimal, beide Male aber nur kurz, verheiratet. Kinder hatte sie keine.

Elisabeth und Martha

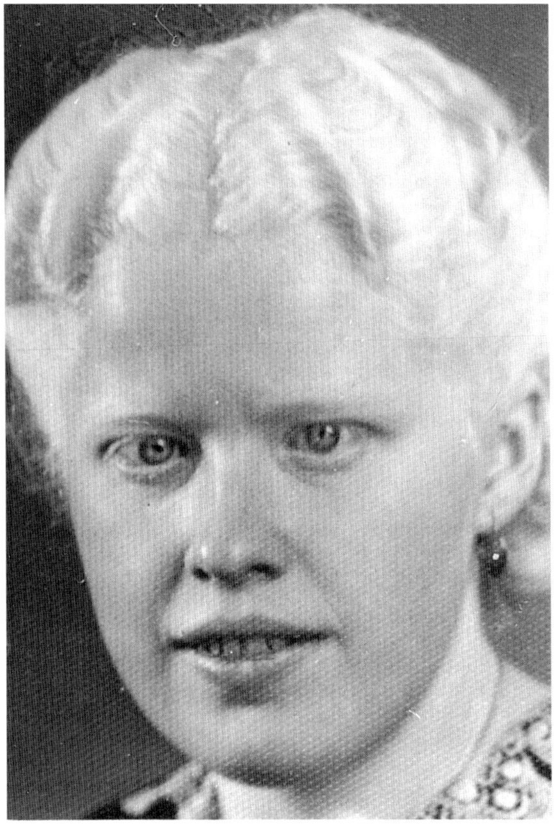

Martha

Nach dem Krieg arbeitete Martha bei der Firma Schott in der Pakkerei und, nach der Abtrennung der pharmazeutischen Abteilung von Schott, bei der neugegründeten «Jena-Pharm». Sie erhielt deshalb eine kleine Rente. Auch sie war wegen grauen und dazu grünen Stars operiert worden und trug eine sehr starke Brille (+10 D).

Martha starb 61jährig am 12. Februar 1983 und ist in der «Urnen-Gemeinschaft von 1983» auf dem Nordfriedhof, ganz in der Nähe von Erna, bestattet worden. Bei der Urnenbeisetzung konnte die Familie gar nicht anwesend sein, da sie erst später davon Nachricht erhielt.

Doris
geboren Ende 1913 oder Anfang 1914

Herkunft

Es muß sich bei Doris um ein Kind aus Saalfeld gehandelt haben. Genaueres konnte nicht ausfindig gemacht werden. Doris wurde von Dr. Ilse Knauer in ihrer dortigen Praxis ärztlich betreut und ist von ihr nur das eine Mal, am 18. Juni 1924, auf den Lauenstein gebracht und Rudolf Steiner vorgestellt worden.

Besuch Rudolf Steiners auf dem Lauenstein

Doris war damals zehn Jahre alt und besuchte erst die 2. Schulklasse. Sie litt an Gedächtnisstörungen und hatte Wucherungen im Nasenraum.

Als Therapie wurde von Rudolf Steiner vorgeschlagen:

1. Umschläge mit Berberis vulgaris 10 %
2. Heileurythmie: L, M, S, U.

Im Notizbuch Rudolf Steiners ist vermerkt: «10 J. lm (s-u).»

Heilpädagogischer Kurs. Elfter Vortrag

Rudolf Steiner erklärte, daß bei Doris die Wucherungen im Nasen-Rachen-Raum mit einem zu starken ätherischen Wuchern in der Blasengegend in Zusammenhang stünden; sie seien davon das Gegenbild im Kopf. Die entzündlichen Erscheinungen in der Blasengegend zeigten deutlich, daß sich der Ätherleib nicht in der richtigen Weise in den Organismus eingelebt habe, weil seine Zusammenarbeit mit dem Astralleib nicht ordentlich habe stattfinden können.

Immer müsse man bei einer Störung im Seelischen sich durch eine Verschiebung der Wesensglieder, «der feineren Organisation», auf die rechte Spur führen lassen. Natürlich lasse sich eine Veränderung in der oberen Organisation (hier die Wucherungen im Nasen-Rachen-Raum) leichter finden als in der unteren (der Blasengegend).

Rudolf Steiner gab dann eine allgemeingültige Ausführung über die Bildung des Gedächtnisses: Dieses sei abhängig von einer ordentlichen Organisierung des physischen und des ätherischen Leibes, denn die Eindrücke aus der Außenwelt könnten vom Ich und Astralleib (die sie zunächst aufnehmen) nicht erinnerungsmäßig festgehalten werden. Sie müßten eingelagert werden in den Äther- und physischen Leib (den Wesensgliedern, die ihnen Dauer verleihen können). Träume träten ja auch erst ins Bewußtsein, wenn beim Aufwachen eine anfängliche Einlagerung des Astralleibes und des Ich in den physischen und Ätherleib stattgefunden habe. Und wenn das Einprägen in die unteren Wesensglieder nicht ordentlich geschehe, ergäben sich Gedächtnisstörungen. Diese Kinder müßten verstärkte Eindrücke erhalten.

Alles, was in der Entwicklung zum zehnten Lebensjahre hätte führen sollen, sei von Doris verschlafen worden.

Als Behandlung gab Rudolf Steiner an:

1. *Heilpädagogisch:*
   Alle Eindrücke müßten bei Doris verstärkt werden, um die obere Organisation (in diesem Fall ist gemeint: Ich und Astralleib) in der unteren (dem Äther- und physischen Leib) «zur tatkräftigen Wirksamkeit zu bringen». Dies könne z. B. durch rhythmische Wiederkehr eines bestimmten Motives nach drei Zeilen, wie es in Volksmelodien vorkomme, geschehen, so daß das Kind zunächst auf diese Weise starke Rhythmuseindrücke erhalte und dann auch rhythmenlose Eindrücke herangebracht werden könnten.
2. *Medikamentöse Therapie:*
   Wie oben beschrieben: Berberis vulgaris 10 % als Umschläge (auf die Blase?), um die entzündlichen Ursachen zu neutralisieren.

3. *Heileurythmie:*
   wie oben: L M S U.
   L – das (den Leib) Gestaltende (also dort etwas Einprägende).
   M – das sich Anschmiegende. Das letztere soll dem ersten entgegenkommen.
   S – setzt den Astralleib in starke Tätigkeit.
   U – soll den Astralleib dann an sich halten lassen.

Es sei nicht anzunehmen, daß ein Erfolg früher als in drei bis vier Jahren, also noch vor ihrer Geschlechtsreife, eintrete – es könne aber auf diese Weise erzieherisch etwas erreicht werden.

Weiterer Verlauf

Der weitere Lebenslauf von Doris ist unbekannt. Die Mitarbeiter des Lauenstein haben das Kind nicht wieder gesehen. In Saalfeld ist eine Familie ihres Namens nicht mehr ansässig.

Karlheinz
geboren Ende 1907 oder Anfang 1908

Herkunft und Vorgeschichte

Karlheinz war ein uneheliches Kind aus Berlin. Eine seiner Großmütter soll geistesgestört gewesen sein. Er hatte einen südländischen Einschlag in seiner Erscheinung.

Karlheinz besuchte die höhere Schule bis zur Tertia und wurde wegen seiner Kleptomanie und wegen der damit verbundenen Lügereien von der Schule verwiesen. Die verzweifelte Mutter brachte ihn nach Jena. Die jungen Heilpädagogen waren optimistisch genug, ihn aufzunehmen.

Besuch Rudolf Steiners auf dem Lauenstein

Der 16jährige Jüngling betrat selbstsicher das Zimmer, ging auf Rudolf Steiner zu, begrüßte ihn wie einen alten Bekannten: «Guten Tag, Herr Doktor!» Dieser fragte ihn daraufhin: «Was kannst du? Kannst du rechnen und schreiben?» – «Ja, natürlich!» – «Wie heißt dein Vater?» – «Karl.» – «Bitte, dann schreibe mir einmal auf: Ich bin von Berlin, mein Vater heißt Karl.» Nachdem er das getan hatte, wurde er, nun schon etwas kleinlauter geworden, aus dem Zimmer entlassen.

Rudolf Steiner wies anschließend darauf hin, daß bei Karlheinz eine ausgesprochene Ich-Schwäche vorliege, die auf etwas in seiner früheren Inkarnation zurückzuführen sei. Vielleicht habe er einmal lange in völliger Einsamkeit sein müssen, sei etwa bei einem Schiffsunfall lange im Meer umhergetrieben worden. Das habe sich in diese Ich-Schwäche umgewandelt. Verlassenheit könne sich so auswirken.

Rudolf Steiner gab für die Behandlung eine Fülle von Anregungen:

1. Heilpädagogisch:

- Man solle mit Karlheinz den Tageslauf besprechen. Er solle ein Tagebuch führen. Das festige sein Ich.
- Die Rückschau gegen den Zeitstrom, also vom Abend gegen den Morgen zu, üben.
- Dann sollten ihm Geschichten erzählt werden, in denen er sich gespiegelt sähe und in welchen die Diebe immer hereinfielen, zum Beispiel von der diebischen Elster, die von den anderen Waldvögeln ausgestoßen wird, und ähnliches. Auf die Frage, ob er dafür nicht zu intelligent sei und die Absicht durchschaue, erwiderte Rudolf Steiner: «Solche Geschichten, richtig gestaltet, kann man erzählen bis ins akademische Alter. Das wird schon seine Wirkung haben.»
- Karlheinz solle auch praktische Arbeiten lernen. Es sei gut, wenn er wisse, wie Stiefel gemacht würden. Er könne die Schuhe für das ganze Haus besohlen. Es wurde gefragt, ob er auch gärtnern könne – auch das wurde von Steiner bejaht. Man konnte den Eindruck haben, als ob Rudolf Steiner das Tun für andere Menschen, welches aber zugleich zur Erdenwirklichkeit einen Bezug haben sollte, dabei wichtiger war.
- Man solle ihn anregen, Sachen auszutüfteln, kleine praktische Probleme zu lösen, z. B. wie eine Eisenbahntür so eingerichtet werden könnte, daß sie beim Betreten des Trittes sich selbsttätig öffne und sich dann ebenso selbsttätig wieder schließe und ähnliches.
- Langsam könne man dann auch über seine Entgleisungen mit ihm sprechen.

  Die wichtigste Vorbedingung für alles sei, daß er Vertrauen zu seinem Erzieher gewinne, bis hin zur Zutraulichkeit.

2. Medikamentös:

Sieben Injektionen mit Zucker D 6 in vierzehn Tagen, danach Abwaschungen mit stärkehaltigem Wasser während der nächsten vierzehn Tage. Dadurch werde der Körper angeregt, die Stärke in Zucker zu verwandeln, was eine Ichstärkung bewirke.

In sein Notizbuch schrieb Rudolf Steiner hinter den Namen des Jungen: «16 Berlin – kleptom» und in Kurzschrift: «vergewaltigt,

Großmutter geistig gestört» und – leider nicht gut lesbar –: «Kind zusammen» oder «Kinder zusammen» oder «Kinderzimmer». Was «vergewaltigt» zu bedeuten hat, ist nicht mehr klar: War die Schwangerschaft mit ihm die Folge einer Vergewaltigung? Oder hat er in seiner Kindheit unter Gewalt gestanden?

Heilpädagogischer Kurs. Elfter Vortrag

Rudolf Steiner sagte, bei Karlheinz bestehe eine Kleptomanie genau wie bei Richard, und er sei typisch genau wie dieser zu behandeln.

Die Eindrücke, mit denen man beim Erzählen auf die Kinder einwirken wolle, sollten sich nach den Erlebnissen des einzelnen Kindes richten und an diese anknüpfen.

Weiterer Verlauf

Karlheinz war sehr schwer zu führen und bereitete den Betreuern manchen Kummer. Er war schludrig und schlampig, klaute links und rechts, war aalglatt und hatte das, was man «Berliner Mundwerk» nennt; er hatte immer das letzte Wort. Dabei war jedes zweite Wort geschwindelt.

Nach ein paar Monaten kam er einmal ganz ergriffen mit einem Buch in der Hand, aus welchem er die Ballade «Salaz y Gomez» von Adelbert von Chamisso gelesen hatte: «Das ist mein Lieblingsgedicht!» Es wird hier ein ähnliches Seenot-Schicksal geschildert, wie es von Rudolf Steiner behutsam angedeutet worden war. (Selbstverständlich hatte niemand Karlheinz hiervon berichtet.)

Eines Morgens war es «vorgekommen, daß er die Treppe herunterkam mit den Schuhen eines unserer Mitarbeiter [es handelte sich um Siegfried Pickert] an den Füßen. Und als dieser ihn zur Rede stellte, entgegnete der Junge in selbstsicherer Unbefangenheit: ‹Sie denken doch nicht etwa, daß das Ihre Schuhe sind?›»[63] («Er mag es selber geglaubt haben», bemerkte Grete Hardt dazu.) Einmal rückte er heimlich vom Institut aus, kehrte aber nach zwei Tagen von selber zurück.

Schließlich war er doch ganz geheilt und konnte entlassen werden. Wann das war, ist nicht bekannt.

Karlheinz lebte in Berlin, wurde Krankenpfleger und gründete eine Familie. In den fünfziger Jahren hat er noch einmal Franz Löffler in Berlin besucht.

Er soll verstorben sein.

Hans
1921 – 1925

Herkunft

Es handelte sich um das einzige, am 28. März 1921 geborene Kind eines Ehepaares aus Stuttgart, welches das Kind Rudolf Steiner in Stuttgart einmal vorgestellt hatte. Der Vater, Adolf, war Flaschnermeister.

Am 18. Juni 1924 war Hansi, wie er gewöhnlich genannt wurde, noch nicht auf dem Lauenstein. Er ist erst nach dem Heilpädagogischen Kurs, wohl im Juli 1924, dort aufgenommen worden. Die Mutter, Lina, hatte zunächst erwogen, mit ihm zusammen nach Jena zu gehen, was durch ihre unvernünftig hohen Erwartungen hinsichtlich der Fortschritte des Kindes sicherlich Schwierigkeiten mit sich gebracht hätte. Die Mutter war bei der Geburt des Kindes 33 Jahre, der Vater 43 Jahre alt.

Heilpädagogischer Kurs. Elfter Vortrag

Rudolf Steiner stellte fest: Es sei ein schläfriges, zurückgebliebenes, aber «eigentlich ein zappliges Kind». (Die höheren Wesensglieder, für sich allein wirkend, waren für den Anblick des Geistesforschers das «eigentlich Zapplige» seines Wesens.)

Das Kind war drei Jahre alt, konnte aber noch nicht laufen und nicht sprechen. «Es griff nicht hinein in das Imitationsprinzip, es biß nicht an auf das Imitieren. [...] Es kann seine Organe vom Ich und Astralleib aus nicht in Bewegung bringen.» Es sei ein außerordentlich liebenswürdiges Kind, könne aber die Ruhesehnsucht seines physischen Leibes außerordentlich schwer überwinden.

Als Behandlung wurde angegeben:

1. *Toneurythmie:*
   «[...] daß es in seinem Astralleib so angeregt wird, daß der Rhythmus dann den Ätherleib ergreift.»
2. *Heilpädagogisch:*
   Nachsprechen rhythmischer Sätze, «so daß das Kind wirklich in den Ton [in die Laute] hineinfällt: ‹Und es wallet und woget und brauset und zischt.›» Dieses langsam vor- und rückwärts, ebenso bei den Lauten A E I – I E A. Man müsse das Kind einzeln drannehmen, immer die Nachahmung anregen und es immer dazu bringen, daß es (wenigstens) kurz nachintoniere. So werde es allmählich aufgeweckt und durch Nachahmung lernen zu wiederholen.
3. *Medikamentös:*
   – Hypophysis cerebri – als auseinandertreibende, zentrifugale Kraft, welche die (kosmische) «Substantialität des Organismus in den Umfang treibt», sie dort gestaltet und damit «das Organisationsprinzip ins [Größen-]Wachstum schießen läßt». Dieses im zeitlichen Wechsel mit
   – Carbo vegetabilis oder animalis – als zentripetales (vom Geistigen her gestaltendes) Formprinzip.
4. Das Kind in wechselnde Situationen bringen, auch physisch, z. B. durch relativ kurz wechselnde mäßig warme Bäder und mäßig kalte Duschen. Durch diese Wechselbehandlung, die ja auch in dem «A E I – I E A» darinnenliege, solle Lebendigkeit angeregt werden – was überhaupt gut sei bei Abnormitäten mit dem Symptom der Trägheit. Eine anschließend mögliche Reaktion der Aufgeregtheit gehe vorüber, und es stelle sich die Reaktion allmählich ins Richtige hinein. Man dürfe es nur nicht übertreiben.

Weiterer Verlauf

Dieses Kind ist im Laufe des Jahres 1924/25 sehr intensiv von Grete Hardt betreut worden, welche vor allem auch die Wechselbäder durchführte. Andere Mitarbeiter hatten es dadurch schwerer, mit den anderen Behandlungsarten, z. B. den Lautübungen, an es heranzukommen.

Das Kind saß zumeist auf seinem Stuhl, zu einem Ortswechsel mußte es getragen werden. Ganz anfänglich hat es zu sprechen begonnen, z. B.: «Gik-Gik», wenn das Licht anging.

Die Mutter besuchte es in dem Jahr 1924/25 ein oder mehrere Male.

In der Nacht zum 31. März 1925, um 4.45 Uhr (in der Nacht nach dem Todestag Rudolf Steiners), ist Hansi im Alter von vier Jahren und drei Tagen als erstes Kind auf dem Lauenstein gestorben.

Am Tag zuvor hatte es seine ersten Schritte allein gesetzt. Grete Hardt hat die Frage bewegt, ob dies wohl eine Überanstrengung für es gewesen sei.

Die Mutter habe das Kind dann im Sarg nach Hause mitgenommen, erzälte Kurt (siehe S. 233).

Ein nicht richtig inkarniertes Kind.
Da ist eine Seele, die lebt in so einem Leib,
wie geht man damit um?

Kurt
geboren 1911

Herkunft und Vorgeschichte

Die Familie lebte in guten Verhältnissen in Hamburg. Der Vater, Max, geboren 1879 in Berlin, war Vertreter von Stahlwerken und Ingenieur im Schiffbau. Er soll ein verantwortungsvoller, ernster, etwas verschlossener Mensch gewesen sein. Er starb im Mai 1939 an Polyzythämie.[64] Die Mutter, Elsa, geboren 1887, bezeichnete sich als temperamentvoll, unternehmungsfreudig, der Umwelt gegenüber aufgeschlossen, als Kunst- und Musikfreund. 1967 starb sie an Krebs. Ein jüngerer Bruder Adolf, genannt Dolf, wurde im Dezember 1917 geboren und fiel als Offiziersanwärter am 8.7.1941 in Rußland. Der Großvater väterlicherseits besaß eine Druckerei in Hamburg. Die Großeltern mütterlicherseits waren Gutsbesitzer in Mecklenburg und sind 90- bzw. 85jährig auf ihrem Gut gestorben. Das Gut wurde 1945 volkseigen. Unter den Vorfahren und in den Seitenlinien sind keine Anomalien vorgekommen. Alle Verwandten sind eines natürlichen Todes gestorben. Die Eltern waren nicht blutsverwandt.

Kurts Geburt erfolgte am 12.4.1911 aus trockener Steißlage und wurde nach zwölf Stunden Dauer instrumentell (mit Haken) beendet. Nach der Geburt sei eine Eindruckstelle am Kopf festgestellt worden. (Die Mutter zeigte 1950 diese mit etwa 3 cm Länge entlang der rechten Lambdanaht an.) Sonst sind aus der ersten Entwicklungszeit Kurts keine Angaben mehr vorhanden. Kurt sei ein ruhiges, sehr artiges Kleinkind gewesen. Er besuchte keinen Kindergarten und wurde von einem Kinderfräulein allein betreut. Im Dezember 1917 wurde sein Bruder geboren.

1918, als Siebenjähriger kam er in Johannes Trüpers Erziehungsheim «Sophienhöhe» nach Jena, «weil er nicht in die normale Schule gehen sollte» (konnte?). Es sei in ihren Kreisen in Hamburg damals so üblich gewesen, berichtete die Mutter 1950, die Kinder in Internaten zur Schule gehen zu lassen. Kurt erinnerte sich noch 1986: «Meine Mutter brachte mich mit dem D-Zug nach Jena.» Auf der Sophienhöhe erkrankte er nach drei Wochen an Diphtherie und wurde in der Universitäts-Kinderklinik behandelt. Er schrieb in einem Brief: «In Jena hat mich die Schwester in die Landesklinik gebracht, weil ich Difterites bekommen habe. Ich habe vierzehn Tage drei Wochen dagelegen.» Die Mutter besuchte ihn gleich dort, er war aber schon wieder recht munter. «Als ich aus dem Krankenhaus gekommen bin, bin ich in die Schule gekommen. Ich mußte erst schreiben, lesen und rechnen lernen. Ich mußte auch sprechen lernen. In den ersten Sommerferien bin ich nach Engelsbach gefahren. Das liegt bei Friedrichroda. Die Milch wurde durch die Zentrifuge durchgedreht. Das Korn ist mit Dreschflegeln gedroschen worden, weil es noch keine Dreschmaschinen gegeben hat. Ich bin vierzehn Tage dageblieben.»

Kurt konnte in der Sophienhöhe nicht in die normalen Klassen eingegliedert werden. Trotzdem hat er Schreiben und Lesen hier gelernt.

Im Herbst 1923 bewarb sich Grete Becker (später verh. Hardt) als Schwester auf der Sophienhöhe. Vor dem Eingang habe ein Junge sie angesprochen: «Komm, guck mal!» und ihr ein glänzendes Stück Kohle von einem gerade abgeladenen Kohlenhaufen gezeigt. – Sie bekam die Stelle, und dieser Junge, Kurt, war in der Gruppe, die sie betreuen sollte.

Sie berichtete später, daß er in dieser Zeit gute Fortschritte gemacht habe. Sein hervorstechendster Wesenszug war die ununterbrochene Suche nach Sinnesreizen. Er habe ständig Ausschau gehalten – vor allem nach Farbeindrücken: nach bunten Glasscherben, Bruchkanten von Ziegeln, sich spiegelndem oder irisierendem Licht, wie auf jener Kohle oder auf Teer. Er sei fasziniert von Licht und Schatten gewesen, wie sie über ihn hingingen, wenn er an einem Staketenzaun vorüberging. Aber auch Töne hätten bei ihm solche Faszination ausgelöst, z. B. indem er auf dem Klavier über die Tasten hin- und herstrich. Solche Erlebnisse waren ihm höchste Wonne, unter Umständen verbunden mit Schmerz. (Wir werden später sehen, daß Kurt sich auch körperlichen Schmerz zufügte.) Oder er sei herumgerannt und habe das Sausen des Windes in den Ohren genossen. Mit Gleichaltrigen habe er in dozierender Art gesprochen.

Die Eltern waren mit den Erfolgen in der Sophienhöhe nicht ganz zufrieden. Kurts Vater hätte es am liebsten gesehen, wenn Grete Bekker mit Kurt in Hamburg-Langenhorn ein Heim für behinderte Kinder eröffnet hätte. Dazu konnte sie sich aber nicht entschließen, weil sie die Einmischung der Familie in die Führung des Heimes befürchten mußte. Jedenfalls nahmen die Eltern Kurt von Jena fort, und Schwester Grete lebte, wenigstens vorübergehend, mit ihm auf dem Gut der Eltern im Südharz.

Von hier aus wollte sie gerne an der Pädagogischen Ostertagung an der Waldorfschule in Stuttgart vom 8. bis 14. April 1924 teilnehmen. Das ging aber nur, wenn sie Kurt mit nach Stuttgart nahm. Während der Vorträge von Rudolf Steiner wurde er in einen Straßenbahnzug gesetzt, der ihn von Endstation zu Endstation immer hin- und herfuhr, was ihm höchsten Spaß bereitete. Es mußte nur ab und zu kontrolliert werden, ob Kurt noch darinsaß. – In diesen Tagen konnte Grete Becker Kurt auch Rudolf Steiner vorstellen, bei welcher Gelegenheit ein Aufenthalt in der Klinik in Arlesheim in Aussicht genommen wurde.

Die Begründer des Instituts Lauenstein hätten Grete Becker gerne bei der Eröffnung dabei gehabt. Zunächst aber wollte sie wegen des Arlesheimer Plans nicht zusagen. Als man sie auf Rudolf Steiners Rat zum dritten Mal fragte, entschloß sie sich doch und kam mit Kurt am Abend des 17. Juni in Jena an, so daß er mit den anderen Kindern bei der Vorstellung am folgenden Tag dabei sein konnte.

Besuch Rudolf Steiners auf dem Lauenstein

Als Kurt in das Besprechungszimmer kam, schaute er Rudolf Steiner an und setzte sich ihm auf den Schoß. Dieser stellte dann bei ihm einen verkümmerten Gehirnanhang fest.

In sein Notizbuch notierte er: «13 J. hyst. l, m, s, r.»
Als Behandlung wurde angegeben:

1. *Medikamentös:*
– Injektionen mit Hypophyse
– Levico-Wasser 1:8 verdünnt auf ein Glas Wasser, den Tag über zu

trinken. Bei eingetretenem Erfolg mit den Hypophysis-Injektionen bis über die 10. Potenz hinaufgehen.

2. *Heileurythmie:*
   L, M, S, R.

Kurt hatte (1986) keine Erinnerung an Rudolf Steiner mehr, wußte aber, daß er im Goetheanum bei Basel in der Schweiz gelebt hatte.

Heilpädagogischer Kurs.
Elfter Vortrag

Rudolf Steiner erinnerte Kurt als den Jungen, der «alles in Farben sieht» und «der kein Geld hat». (Das letztere bezog sich darauf, daß Kurt ihm nach Dornach geschrieben hatte, er wolle ihn gern besuchen, habe aber kein Schweizer Geld.)

Das Grundphänomen für ihn sei, daß er nicht recht an die äußere Welt herankomme, in sich selbst steckenbleibe. Mit seiner Ich-Organisation stoße er von innen an seinen eigenen Astralleib und habe dadurch eine innere Ungeschicklichkeit, besser gesagt, innere Schlampigkeit. Hand in Hand damit habe er eine feine Empfindlichkeit entwickelt und dadurch etwas von einem feinen Menschen.

Die Farben sehe er so stark, weil er wachend in seinem Astralleib leben könne. Es werde sich bei ihm immer mehr eine Sehnsucht nach Idealen, dann aber wieder ein Zurückzucken und ein Nicht-Zurechtkommen mit der Welt ausbilden. Darauf müsse man schauen und daraus seine Erziehung entsprechend der Waldorfschul-Methodik so gestalten, daß man das naturgemäße Vertrauen zu ihm fasse (daß er das naturgemäße Vertrauen zu einem fasse?).

Rudolf Steiner schrieb dann ohne Vorlage den Namen «Kurt» in steifer Sütterlin-Schrift an die Tafel, so wie Kurt ihm in dem Brief geschrieben hatte. Es sei darauf zu achten, daß aus dieser Schrift eine fein modellierte Handschrift entwickelt würde. Dadurch würde er schon in seiner ganzen Konstitution umgewandelt erscheinen. Falls «Renommagebestrebungen» (Hang zur Prahlerei) aufträten, solle man das aus dem gewonnenen Vertrauen heraus durch irgend etwas (eine entsprechende Erzählung) ad absurdum führen.

Kurt ist viel mit Temposteigerung behandelt worden. Franz Löffler hatte in der Schule ziemliche Schwierigkeiten mit ihm. Aus der Zeit auf dem Lauenstein wird noch berichtet, daß Kurt ein absolutes Gehör besaß und, wie oben schon beschrieben, intensive Farberlebnisse hatte, z. B. beim reflektierenden Sonnenlicht auf einem Tautropfen, der ihn das Frühstück vergessen ließ, oder beim Farbenspiel auf einem Tintenklecks im Heft. – Wenn er sich freute, lachte er fast lautlos und schüttelte sich dabei.

Er selber erinnert vom Lauenstein noch: «Herr Löffler ist mein Lehrer gewesen. Herr Pickert war nicht mein Lehrer, Herr Strohschein hat mit Herrn Löffler oben gewohnt. – Wir haben die Zimmer angestrichen, meist blau unten, oben orange, also Apfelsinenfarbe. Die Decken waren weiß. Der Eurythmieraum war ganz rosa, mit grünen Heizkörpern. Der Eurythmieraum war nach vorn heraus, über dem Keller – da unten war die Küche. Vorn waren drei Stockwerke, hinten nur zwei. Die Küchenstühle waren blau. Auch die Betten in den Zimmern wurden gestrichen. Die Farbtöpfe waren über dem Stall auf dem Boden eingeschlossen.» (Zu gern hätte er wohl in ihnen herumgerührt!) Siegfried Pickert bestätigte diese Angaben alle.

Auf Fragen erinnert Kurt von den Kindern noch: «Der Lothar hat Klavier gespielt ohne Noten, auch der Herr Halbe. Karlheinz hat mit mir im Bett geschlafen. Wenn ich auf die Toilette mußte, habe ich ihm einen Stoß gegeben, er ist dann aufgestanden, weil ich hinten schlief. Elisabeth wohnte in Lichtenhain in einem einzelnen Haus. Sie war ein junges Mädchen. Sie hatte mittel(?)blonde Haare.» – «Hatte sie noch eine kleine Schwester?» – «Ja, kleine Schwester. – Harry war so groß wie ich. Erna lebte in Jena in einem Stockwerkhaus, nicht weit vom Saalbahnhof. Ich bin einmal dagewesen, als Hansi starb. Da habe ich bei Frau Grunewald geschlafen. Der Hansi war sechs Jahre alt, er ist dann nach Stuttgart getragen worden.

Weihnachten bin ich nach Hamburg gefahren. Schwester Grete und Dr. Hardt haben mich nach Hamburg gebracht, 1924. Von Hamburg nach Jena fährt man mit der Eisenbahn über Harburg – Lüneburg – Uelzen – Salzwedel – Stendal – Magdeburg – Halle –

Naumburg – Jena.» (Er zählte die Orte ohne jedes Zögern auf – das wußte er noch 1986!)

Auf die Frage nach den Weihnachtsspielen: «Ja, da waren Hirten auf dem Felde, die haben das Kind gehütet.»

Er erzählte (1986), daß er in Jena öfter gefallen sei, wobei er sich einmal das Knie, ein anderes Mal den Kopf verletzt habe. Davon sei «die Schwindelei im Kopf» gekommen. Dr. Hardt habe das Bein geheilt. «Dr. Hardt hatte eine Tochter Dorothea und einen Sohn, der in Würzburg studiert hat.»

Kurts Eltern mischten sich aber auch weiterhin in die Behandlung ein, so ließen sie ihn – zum Entsetzen der Mitarbeiter des Lauenstein – in Hamburg von einem Magnetopathen behandeln. An der anthroposophischen Heilpädagogik nahmen sie eigentlich kein tieferes Interesse. 1926, mit 14 Jahren, wurde Kurt von ihnen nach Hamburg zurückgeholt. Er lebte nun aber nicht in der eigenen Familie, sondern in Pension bei «seinem zweiten Lehrer», Emil Brünings, in Hamburg-Wandsbek. Dieser Privat-Lehrer sorgte nun lange Jahre für ihn. Mit viel Mühe sei es außerdem möglich gewesen, die Aufnahme in die «Wandsbeker Anthroposophen-Schule» zu erwirken, die er etwa zwei Jahre besuchte. «Jedoch war er in keinen Jahrgang mit anderen Schülern einzureihen. Die verlangsamte Reaktion und das gehemmte Denkvermögen bedingten dies.»[65] Doch erlernte er dort Basteln und Tischlern. Er hat in dieser Zeit Heileurythmie bei Suse König gehabt. Auf den Schulwegen trödelte er oft sehr lange. «Über diese Zeit kann die Mutter keine Angaben machen, da sie ihn nur mehrmals im Jahr auf Stunden besuchte.»[66]

Selber erinnert sich Kurt: «Herr Brünings war so ähnlich wie Herr Löffler. Musik ist in Farben ausprobiert.(?) Ich habe Musik und Klavier gelernt. Kuhlau, Mozart, Beethoven. – Malerarbeit: Dach anteeren und Wand anteeren mit Steinkohlenteer. Alle drei Wochen bin ich nach Haus gekommen.»

Im Jahr 1934, seinem 23. Lebensjahr, versuchte man wegen der politischen Gefährdung, ihn nach Südamerika auswandern zu lassen. Aus dieser Zeit liegt ein ärztliches Attest für die Argentinische Einwanderungsbehörde vor: «Der unverheiratete, am 12. April 1911 zu Hamburg geborene Tischler wurde von dem unterzeichneten Arzt heute untersucht: Sämtliche inneren Organe sind frei von irgendwelchen krankhaften Erscheinungen, die Reflexe sind normal. Es bestehen keine körperlichen Gebrechen, die Muskulatur ist kräftig. Die Intelligenz entspricht nicht der eines 23jährigen Mannes, jedoch ergibt die Prüfung im Lesen und Schreiben, im Rechnen und im Lösen einfacher logischer Aufgaben, daß der Untersuchte den Anforderungen seines Berufes gewachsen sein dürfte, um so mehr, als er unter Anleitung und Führung seiner Verwandten arbeiten wird. Der Untersuchte erweckt den Eindruck einer sehr ruhigen Persönlichkeit. Das vorhandene geistige Zurückgebliebensein dürfte auf Blutungen innerhalb der Gehirnschale während seiner sehr schweren Geburt (Steißlage) zurückzuführen sein.»

Die Auswanderungspläne zerschlugen sich aber, weil die Lieferung eines Lastkraftwagens nicht klappte. Nach Angabe der Mutter seien von der Familie fast eine Million Reichsmark ausgegeben worden, damit Kurt vor dem Zugriff der Nationalsozialisten verschont blieb.

Im Mai 1939 starb der Vater. Im Juli 1941 fiel der Bruder in Rußland. Kurt lebte in dieser Zeit immer noch bei Herrn Brünings bzw. später dann, nach der Zerstörung des Brüningsschen Hauses durch Bomben, eine Zeitlang mit ihm zusammen auf dem elterlichen Gut im Harz bis zum Juli 1945.

Danach kehrten sie nach Hamburg zurück. Darüber schrieb Kurt 1986: «Ich bin zur Schwester von Herrn Brünings hingekommen. Die war ebenso gut wie meine Mutter. Mein Zimmer war gleich neben dem Badezimmer. Als Herr Brünings und seine Schwester gestorben sind, bin ich zu meiner Mutter gekommen.»

Im Winter 1950 wird von einem Pfarrer für ihn in einer norddeutschen psychiatrischen Anstalt um Aufnahme gefragt: «Zu meiner Gemeinde gehört Kurt. [...] Seit 1945 ist er bei seiner Mutter. Er bedarf wohl der Beaufsichtigung und Behandlung, die ihm die Mutter nicht geben kann. Er ist an sich durchaus gutwillig, besucht oft unsere Gottesdienste, stellt nachher viele Fragen. Er ist arbeitswillig, aber hält nicht durch. Handwerklich interessiert. Die Mutter, sowohl wie er selbst, bitten um seine Aufnahme. [...] Die Mutter war früher sehr vermögend, sie hat viel verloren, ist aber in der Lage und bereit, einen angemessenen Pensionspreis zu zahlen, in der Hoffnung, daß er ihre Verhältnisse nicht übersteigt.»

Kurt schreibt auch heute (1994) noch gern und flüssig in lateinischer Schreibschrift, nicht ganz, aber doch fast fehlerfrei. Seine

Kurt 1950

großzügigen Buchstaben füllen schnell eine Briefseite. Übrigens: Seinen Namen «Curt» schreibt er heute mit C.

Im Bericht eines Hamburger Arztes für die Aufnahme, aus welchem auch viele Daten des bisher Berichteten entnommen sind, steht für die damalige Zeit: «Er zeichnet etwa wie ein begabter achtjähriger Schüler, schreibt und liest wie ein Siebenjähriger. Interessiert liest er stundenlang im Lexikon, z. B. über die Kohlechemie, doch ist er unfähig, ein inhaltsvolles Gespräch etwa über Themen zu halten, über die ein neunjähriges Kind spricht. Sehr gern spielt er Klavier (nur Adagio) nach dem Gehör (Beethoven). Kirchenkonzerte besucht er sehr gerne. Für Frauen zeigt er kein Interesse.

Die Mutter verlor 1943 mehrere Häuser in Hamburg durch Bomben und lebt in einer zerstörten Villa. Ein Rittergut in Bodungen ist 1945 enteignet worden. Industriepapiere sind entwertet. Ein Wohnhaus bringt noch Miete. Ein Leumundszeugnis der Polizei: unbescholten.

Die Krankheit besteht seit seiner Kindheit (exogen entstandener Hydrozephalus, dadurch Oligophrenie, ein leichter Grad der Imbezillität). Zur vorliegenden Erkrankung: Erste Zeichen: Auffallend braves, ruhiges Kleinkind, Zurückbleiben in der Schule, so daß Privatunterricht nötig. Weiterer Verlauf: Leichter Stupor und Rigor bei allen motorischen und psychischen Innervationen. Beim Vorlesen und Antworten muß mit Willensanstrengung erst ein Widerstand überwunden werden. Zuhause stundenlanges Buchstabieren und primitives Lexikonlesen oder Zeichnen. Keine erotischen Regungen. Kopfumfang: 56,5 cm. Psychischer Befund: Schwerfälliger, doch ansprechbarer Patient, der scheinbar dem Gespräch nicht zuhören kann, geistig abwesend erscheint, doch nach einigen Minuten über manche Worte der Unterhaltung und Untersuchung um Aufklärung bittet. Er zeichnet auf Wunsch sehr genau ohne Lineal das vor ihm liegende Ordinationsfenster, nach dem Gedächtnis Eisenbahnwagen und Schaffner – kindlich dargestellt. Ist zu Hause sonst stundenlang still, ohne jeden Gedanken. Geht täglich allein spazieren. Eigene Wahnideen, Erfindungen usw. hat er nicht. Gerne sammelt er bunte Glassplitter. Der Kranke ist weder suizid- noch für seine Umgebung gefährlich, sauber, eher konstruktiv (tischlert gerne) als störend veranlagt, führt einen geordneten Tageslauf.

Körperlicher Befund: kräftiger, normal genährter, kleiner (160 cm) Mann mit Hydrocephalus (57 cm) mit fettig glänzender, gut durchbluteter Haut mit normalem seitengleichen ausgiebigem Reflexapparat. Zeitlich und örtlich orientiert. Strebt die Anstaltsaufnahme an. Bewegungsapparat in Ordnung. Die Initiative ist gegen eine vorhandene Hemmung willkürlich erzwingbar. Ein katatoner Rigor besteht nicht bei passiver Bewegung. Gebiß sehr gut erhalten, doch rachitische Rillenbildung. Innere Organe o. B., RR 120/70. Vegetative Funktionen ungestört, fehlende Sexualität. Gesichtsausdruck: Phantastischer, starrer Blick der tiefliegenden Augen, ca. 0,5 cm flache, fingerbreite und -lange Impression entlang der rechten Lambdanaht am Scheitel. Beidseitiger Plattfuß. Unmittelbarer Anlaß zur Einweisung in Anstalt: Gynäkologische Erkrankung der 62jährigen Mutter. Absicht, sich operieren zu lassen wegen zunehmender Krampf- und Schmerzanfälle im Unterleib. Neoplasma-Verdacht. Der Sohn kann allein ohne Wartung nicht bleiben. Unfähigkeit, sich Essen und Wäsche zu besorgen. Geschäftsuntüchtigkeit durch Imbezillität. Im Interesse des Kranken Unterbringung notwendig. Kreisärztliche Einweisung nicht nötig.» (15.3.1950)

Am 18.4.1950 wurde Kurt in der oben genannten Anstalt aufgenommen.

Der Aufnahmebefund im Krankenblatt orientiert über den damaligen Zustand von Kurt: Größe 158 cm, Gewicht 60,1 kg. Skelett o. B., Schädel: 57 cm, Zähne: untere Zahnreihe stark abgeschliffen. Schädelimpression beiderseits in der Schläfengegend, Ausladungen in der Scheitelbeingegend (Hydrozephalus?). Haut und Schleimhäute fettreich. Rachen o. B., Schilddrüse o. B., Lunge 57/58, Herztöne rein, absolut regelmäßig. RR 110/70. Blinddarmnarbe. Vegetativum: hypersensibel, Reflexstatus absolut normal. Sprachartikulation: wenig artikuliert.

Psychischer Befund: völlig kritik- und urteilsarm, ohne Antrieb. Erhebliche Defekte im Schul- und besonders Lebenswissen. Primitiv, anspruchslos, zugänglich, offenbar fügsam.

Intelligenztest:

Er weiß, wo die Sonne auf- und untergeht.

- «Warum ist es nachts dunkel?» – «Weil die Sonne unterging.»
- «Warum legen die Hühner Eier?» – «Weil es Hühnereier heißt.»
- «Wer war Luther?» – «Bibel übersetzt.»
- «Wer war Bismarck?» – «Führer in Deutschland.»
- «Wer war Napoleon?» – «Hat Amerika entdeckt.»
- «Kolumbus?» – «Auch Amerika entdeckt.»
  Er kennt die Hauptstädte von Deutschland, Frankreich, England, USA, Rußland, nicht von Rumänien und Ungarn.
- Unterschied von Baum – Strauch? «Baum größer.»
- Kind – Zwerg? «Zwerg ist kleiner.»
- Bach – Teich? «Bach längs, Teich rund.»
- Geiz und Sparsamkeit? «Geiz alles nehmen und haben, aufbewahren.»

- Sprichwort Apfel und Baum? Weiß er nichts.
- Lügen kurze Beine? «Lügen kommen nicht weit.»
- 14 + 17 = 21 ... 101
- 7 + 4 = 11
- 14 + 7 = 21
- 16 + 8 = 24
- 16 +18 = 34
- 1/2 + 3/4 = 1 1/4
- 6 · 8 = 48
- 12 · 12 = 120.
- «Vier Arbeiter brauchen sechs Tage. Zwei Arbeiter brauchen wieviel Tage?» – «Nicht so lange.»
  Liest langsam, aber richtig.

Kurt blieb insgesamt anderthalb Jahre dort. In den ersten Tagen fiel seine Verwahrlosung auf. Wegen seiner deutlich erschwerten Auffassungsgabe erwies es sich als schwierig, ihn zu beschäftigen. Kurt habe sich aber bemüht, sich in die Hausordnung einzufügen. Bereits nach knapp einem Monat wurde er in eine Schwerbehinderten-Abteilung verlegt, weil für ihn eine bessere Beaufsichtigung und Anleitung bei der Arbeit für nötig erachtet wurde. Er schien dort nicht glücklich zu sein. Es fiel auf, daß er gerne Tannenspitzen und Rinde aß, kleine Tännchen nach dem Anpflanzen wieder ausriß und seine Pfleger bedrohte. Aus diesen Gründen erfolgte nach weiteren zwei Monaten die Verlegung in eine geschlossene Abteilung. Im weiteren Verlauf traten deutlich autoaggressive Züge auf. Kurt fügte sich blutende Kratzwunden im Gesicht, an Brust und Händen zu und riß sich Haare aus. Daraufhin vom Oberarzt befragt, erklärte er, daß er den Kopf an den Wasserhahn geschlagen habe, weil er wissen wollte, ob der Kopf härter als der Hahn sei, Tannenspitzen müsse er essen, weil Terpentin darin sei, Haare müsse er sich ausreißen, weil graue dazwischen waren, und die Hände habe er zerkratzt, um den roten Saft zu sehen. Das Gesicht habe er sich zerkratzen müssen, um den Totensonntag einzuweihen.

Zu seinem Schutz wurden Maßnahmen, wie kurzer Haarschnitt und das Tragen von Handschuhen, angeordnet, die der Mutter nicht immer einsichtig waren – wie sie auch die Verlegungen nicht verstanden hatte. Sie wandte sich deswegen immer wieder brieflich an die

Verantwortlichen im Heim und bat um Erklärung und vor allem auch um die Rückverlegung in ein offenes Haus. Doch Kurts Verhalten und die autoaggressiven Handlungen blieben ein großes Problem. Es wurden aber auch positive Seiten beobachtet: Im Rahmen der Arbeitstherapie sei er recht willig gewesen, habe gemäß seiner bescheidenen Kräfte im Garten mitgeholfen. In die Hausordnung habe er sich einigermaßen eingefügt. Er fand aber anscheinend keinen Kontakt zu anderen Patienten und wurde ein Eigenbrötler.

Am 1. August 1951 wurde Kurt für einen Ferienaufenthalt nach Hause gelassen. Am 18. August teilte die Mutter der Anstalt schriftlich mit, daß ihr Sohn nicht mehr zurückkehren wolle und sie ihn deshalb in Hamburg behalte.

Kurt selber berichtete 1986 über diese Zeit: «Dort ist es ganz anders als auf dem Lauenstein gewesen. Es sind mir die Nägel ganz kurz geschnitten worden und die Hände mit einem Handschuh festgebunden worden.» Auf die Frage, wie es ihm dort gefallen habe, sagte er: «Im ersten Haus war es am besten. Dann bin ich noch woanders hingekommen. Dort haben wir kleine Tannen gepflanzt, und ich habe sie nachher wieder rausgerissen und übern Zaun geworfen. Und in noch einem Haus bin ich gewesen.» Bei dieser Erzählung konnte man den Eindruck haben, daß das Ausreißen der Tännchen heute noch sein Gewissen belastet.

Aus den folgenden zehn Jahren bei der Mutter in Hamburg schilderte uns ein damaliger Nachbarjunge: «Kurti gehörte für uns Kinder wie zur Landschaft. Er war eine ‹Institution der Straße›. Er war ein gutmütiger Trottel. Er hatte eine Macke: Er sammelte farbige Glasscherben auf, außerdem trug er immer einen kleinen Glasengel bei sich. Meist ging er morgens los und kam nachmittags wieder. Wo er inzwischen war, weiß ich nicht. Er war aber unter uns Kindern nicht diskriminiert. Er war eben da. Wir hätten ihn auch mitspielen lassen, aber er wollte das nicht. Er war gar nicht so dumm. Er hatte eine hohe Stimme. Er schrieb uns auch Grüße aus seinen Ferienaufenthalten. – Wir wohnten im Nebenhaus. Meine Mutter sorgte später für seine Mutter, als sie krank wurde, machte Besorgungen und dergleichen. Kurts Mutter hat nur selten geschimpft, wenn wir etwas angestellt hatten, aber freundlich war sie auch nicht. Sie war recht klein und drahtig. Sie hat wenig Kontakte gehabt. – Doch, sie war bei den ADAC-Damen dabei. Kurt war auch nicht groß, aber schlank.

Er trug immer einen guten Anzug und einen Trenchcoat. Er hatte dunkles, lockiges Haar und einen eckigen Kopf.»

Das durch Bomben baufällig gewordene elterliche Haus mußte 1959/60 abgerissen werden, da an dieser Stelle eine U-Bahn und eine Schnellstraße gebaut wurden. Mit der Entschädigung war die Mutter in der Lage, ein bisher unbebautes Grundstück schräg gegenüber in derselben Straße zu erwerben und es an jemanden weiterzuverkaufen, der darauf ein Vierfamilienhaus erbaute, in welchem sie auch eine Wohnung bekam.

1961 konnte die Mutter Kurt, der inzwischen fünfzig Jahre alt war, nicht mehr versorgen, da sie selber auch älter und sehr krank geworden war und oft zu Bett lag. Sie fand für ihn einen Platz in einem privaten Pflegeheim mit sechzig bis siebzig Plätzen in Heiligenstedten bei Itzehoe, in welchem vor allem alte oder pflegebedürftige Menschen Aufnahme fanden. Nachdem die Mutter mit Kurt das Heim angesehen hatte, erklärte er: «Hier will ich her.» Er wurde entmündigt, ein Anwalt und die Inhaberin des Heimes übernahmen die Vormundschaft.

Von Heiligenstedten aus kam Kurt öfter, um die Mutter zu besuchen. Die 50 Kilometer von Itzehoe nach Hamburg fuhr er allein mit Bahn und Bus. Abends oder am nächsten Tag fuhr er dann wieder zurück. Oder auch nicht! Denn immer wieder kam es vor, daß er woandershin fuhr, sicherlich um etwas zu erleben. Es rief dann die Polizei aus Rendsburg, Glücksburg oder Bad Segeberg im Heim an, ob man ihn hole oder ob er gebracht werden solle. So hat er manche Fahrt per Taxi oder mit Polizeiwagen gemacht – für ihn jedesmal ein besonderes Erlebnis. Stets hat er die Adresse des Heimes angegeben und gesagt, daß er dorthin wolle. Die Mutter machte etwa dreimal im Jahr einen Besuch in Itzehoe, zuletzt 1964. Sie war damals bereits sehr krank. Vor ihrem Tod lag sie noch etwa neun Monate im Krankenhaus und wurde mehrfach an ihrem Darmkrebs operiert.

Die Inhaberin des Heimes versprach der Mutter, daß sie Kurt niemals anderswohin geben werde, sondern daß er immer bei ihr bleiben dürfe. «Als die Mutter im April 1967 gestorben war, heulte Kurt wie ein Wolf.»

Kurt erbte das Vermögen seiner Mutter. Davon wurde während all der kommenden Jahre sein Lebensunterhalt bestritten.

Kurt 1986

Kurt lebt heute, 1993, noch bei dieser Dame. Ihr Heim hat inzwischen manche Veränderungen durchgemacht. Nach Heiligenstedten waren Kiel, Oldesloe, Kletkamp, Lütjenburg und Darri die Stationen. Bis 1983 war die Belegschaft auf vier Betreute zurückgegangen. Als Kurt der einzige geworden war, zogen sie in ihr jetziges Haus, ein Reihenhaus, wieder nach Lütjenburg. Die inzwischen sehr alt gewordene Dame wird von ihrem Sohn zusammen mit Kurt versorgt.

Seine alten Ticks, z. B. das Glasscherbensammeln, hat Kurt noch lange beibehalten. Einmal warf er einen großen Stein in einen Glastransporter, um an das Glas zu kommen. Besonders beliebt waren immer die dunklen Scherben. Auf die Frage, ob er denn immer noch Glas sammle, sagte er noch 1986 mit bedeutsamer Miene: «Die schwarzen sind die besten!» Er habe auch die Böden von Flaschen herausschlagen können. Niemand weiß, wie er das machte.

Kurt 1986

In den ganzen Jahren seither war er immer friedlich und gern gelitten. Etwa sechsmal war er zu Ferienaufenthalten in Spanien. Er kannte sich jeweils schnell aus. Er erinnerte sich noch gut: «Das Hotel dort hatte blaue Fenster und weiße Wände.»

Kurts Gesundheitszustand war früher immer zufriedenstellend. Mit zunehmendem Alter wurde Kurt aber schwerhörig, und seit 1983 sieht er auf dem rechten Auge infolge grünen Stars nichts mehr. Auch das linke Auge hat nur noch eine Sehkraft von zwanzig Prozent. Der Augendruck schwankte zeitweilig sehr, war aber 1986 mit 18–20 mmHg normal. Bei erhöhtem Druck zeigt Kurt sehr große Unruhe. Er mußte deshalb schon einmal für acht Wochen in einem Krankenhaus stationiert werden. Auch Bauchnabel- und Leistenbrüche wurden bereits operiert. Alle zwei bis drei Wochen kommt der Hausarzt und sieht nach ihm. Sein Blutdruck ist mit 155/90 mmHg in der Regel stabil. Er war aber auch schon deutlich erhöht.

Kurt hat Zeiten, in denen er schlecht schläft. Dann näßt er auch ein und ist unsauber. Bei Bedarf bekommt er daher abends eine Schlaftablette.

Eine Zeitlang hatte Kurts Pflegemutter ihm das Tannennadelessen verboten, worauf er Ausschläge auf dem Körper und am Kopf bekam. Jetzt darf er wieder Tannen- und Kiefernnadeln kauen. Er ist der Meinung, daß von den Nadeln seine Zähne abgewetzt worden seien. Er trägt nur eine Oberkieferprothese, welche er schon 1961 mitgebracht hatte. Im Unterkiefer hat er nur noch einen dunklen Zahnstummel. Eine neue Prothese toleriert er aber nicht. Er möchte gern Zähne eingesetzt bekommen.

Kurt ist privat krankenversichert. Seine Tage verbringt er mit Fernsehen und Spazierenführen seines Hundes.

In einem «Lebensbericht», zu dem er aufgefordert wurde, schreibt er: «Dann bin ich nach Heiligenstedten zu Frau von G. gekommen. Frau von G. ist jetzt meine zweite Mutter.»

Leider gelang es nicht, Kurt zu Weihnachtsfeiern oder den Weihnachtsspielen in die in der Nähe liegenden sozialtherapeutischen Einrichtungen einzuladen. Seine Betreuerin befürchtete, er könnte danach schlaflose Nächte haben.

An Elisabeth in Jena schrieb er 1986 von einer Weihnachtsfeier bei einer befreundeten Familie: «Da gibt es eine große Weihnachtsfeier, viele Weihnachtslieder und einen ganz großen Weihnachtsbaum. Ich bin schon 75 Jahre alt. Ich kann nicht mehr so gut sehen und hören. Ihnen, liebe Frau Elisabeth, wünsche ich angenehme Weihnachten und viel Gesundheit für das neue Jahr. Grüßen Sie auch Herrn Pickert von mir.»

Siegfried Pickert konnte im Herbst 1988 noch einen Besuch bei Kurt machen und ihn nach Jahrzehnten einen Nachmittag lang wiedersehen.

Lütjenburg den 27.3.93
Lieber Herr Pickert Herr Dockter
Uhlenhof ist hier auf besuchen
Wie geht es geht es Ihnen.?
Mier geht es sehr gut.
Darf ich Sie mal besuchen. Darf
ich in Sommer mal hinfahren
Ich fahre von Gildenplatz mit
den Autobuss nach Bahnhof
Plön dann mit den D-zug weiter
über und Hannover Herr
Pickert der holt mich da ab in
Patterbonn. Da gielt es zu
erzählen wie ich da ankomme
Fährt jemann mit mier mit.
fährt Fährt Erwin oder Fräulein
Becker mit mier. Fräulein Becker
bringt mir die Katze die Men-
schenfigur den Flaminko mit
Ich bekomme einen Schokoladen
Osterhasen.
Viele Grüsse
Ihr Curt.

Brief von Kurt an Siegfried Pickert

Harry
geboren Ende 1905 oder Anfang 1906

Herkunft und Vorgeschichte

Die Eltern waren begüterte Litauer, welche durch den 1. Weltkrieg nach Berlin verschlagen worden waren. Sie hatten nicht viel Verständnis für das, was von anthroposophisch-heilpädagogischer Seite für ihren Sohn getan wurde.

Aus Harrys früher Kindheit ist nichts mehr bekannt. Er galt als Epileptiker, war in Berlin bei Professor Czerny und in Jena in einer Klinik gewesen. Von beiden Stellen lagen 1924 Gutachten vor.

Besuch Rudolf Steiners auf dem Lauenstein

Rudolf Steiner hatte diese Gutachten gesehen, als Harry zur Tür hereintrat. «Der ist doch nicht krank!» war seine spontane Äußerung. Er sprach ihn, den Achtzehnjährigen, als einzigen der vorgestellten Zöglinge mit «Sie» an.

Dann sagte er über den Umgang mit ihm das folgende: «Von der Seele her muß er ein Verhältnis zur Arbeit gewinnen. Die epileptischen Anfälle werden ganz verschwinden, wenn man die Waldorfpädagogik anwendet. Wenn Anfälle kommen, darf man nicht erschrecken. Es ist seine Eigenheit, wenn er aufwacht. Astralleib und Ich können nicht schnell genug [in den physischen und Ätherleib] untertauchen.

Man muß von innen heraus, seelisch, an ihn herankommen, so daß er das Gefühl hat, die Leute haben ihn gern. Man sollte mit ihm Mathematik treiben, Primzahlen von eins bis tausend abzählen und darstellende Geometrie.»[67]

Im Notizbuch Steiners steht als Eintrag hinter dem Namen: «18 J. Mangelnde Apperzeption.»

Im Heilpädagogischen Kurs wird Harry von Rudolf Steiner überhaupt nicht erwähnt, wohl weil er ihn als «nicht krank» ansah.

Weiterer Verlauf

Werner Pache hat Harry auf dem Lauenstein betreut und auf die von Steiner angegebene Weise mit ihm gearbeitet. Auch musizierte er viel mit ihm. Im Laufe des einen Jahres, während dessen Harry auf dem Lauenstein war, traten keine Anfälle mehr auf. Harry wurde eine Art Helfer im Institut. Nach ungefähr einem Jahr wanderten die Eltern zusammen mit Harry unter falschem Namen und unter Hinterlassung vieler Schulden (nach Siegfried Pickerts Aussagen auch beim Lauenstein) heimlich nach Kanada aus.

Interessant an dieser Krankengeschichte, insbesondere in Gegenüberstellung mit den Krankengeschichten der beiden Kleptomanen, Richard und Karlheinz, ist vor allem die Frage: Was hatte Rudolf Steiner für einen Krankheitsbegriff? Wir müssen annehmen, daß er über die besondere Abnormität der Wesensglieder hinaus – welche er bei Harry in typischer Weise so vorfand, wie er sie als Epilepsie im dritten Vortrag des Heilpädagogischen Kurses geschildert hatte – die karmische Situation im Blick hatte: Ist die Schicksalsforderung der Krankheit schon erfüllt? Diese Frage konnte er bei Harry wohl bejahen, bei den beiden Kleptomanen noch nicht. Bei diesen waren noch Reste vergangenen Schicksals zu verarbeiten, so daß er von Richard sagen mußte: «Er kann nichts dafür, wenn ungute Dinge aus seinen Tiefen aufsteigen.» Das hat er wohl als «karmisch noch krank» beurteilt.

Die Heilpädagogen auf dem Lauenstein wunderten sich jedenfalls, daß Rudolf Steiner «für die Erziehung der Kleptomanie» Medikamente einsetzte.

Otto Specht
1874? – 1915

Dieser hydrozephale Junge, welchen Rudolf Steiner in Wien vom 10. Juli 1884 bis zum 29. September 1890 zu erziehen hatte, muß im Rahmen einer Lebensdarstellung der Kinder des Heilpädagogischen Kurses auch genannt werden, zumal Rudolf Steiner selber von ihm im Zusammenhang mit Sandroe und Willfried Immanuel spricht: «Bekommt man dann ein solches Kind älter [älter als Willfried, der während des Kurses ja noch nicht ganz elf Monate alt war], dann müssen diejenigen Dinge eintreten, die ich Ihnen zum Teil schon auseinandergesetzt habe, die ich anwenden mußte auf den Jungen, den ich als Hydrozephalus im elften Lebensjahre bekommen habe und der vollständig geheilt worden ist.»[68]

Gotthard Starke hat einmal darauf aufmerksam gemacht, daß diese Heilung nicht auf «magischem» Weg, sondern durch Erkenntnis für eine rationelle Therapie und dann über eine sehr konsequente Behandlung geschehen ist.[69] Rudolf Steiner beschreibt sie im Heilpädagogischen Kurs so: «Die Sache beruhte darauf, daß die Bewegung der Gliedmaßen stark in die Hand genommen wurde und dadurch der Hydrozephalus verschwand.» Er ließ sinnvolle Bewegungen der Gliedmaßen anwenden, die formend auf das Gehirn wirken sollten. Die Behandlung war also eine Art von Heileurythmie – abgesehen von der erzieherischen und unterrichtenden Arbeit, für welche Steiner damals schon die Prinzipien der späteren Waldorfschulerziehung entwickelte.

Die Stellen über Otto, die in Rudolf Steiners Autobiographie *Mein Lebensgang* enthalten sind, haben wir im Eingangskapitel bereits angesprochen. Will man den familiären Umkreis von Otto betrachten, so muß man im Grunde zwei Familien erwähnen. Es handelte sich um zwei jüdische Familien namens Specht, die gemeinsam in einem Haus in der Kolingasse 19 in Wien wohnten. Zwei Brüder hatten zwei Schwestern geheiratet. Die Eltern von Otto waren Ladislaus (1834 – 1905) und Pauline (1846 – 1916) Specht. Ottos Brüder hie-

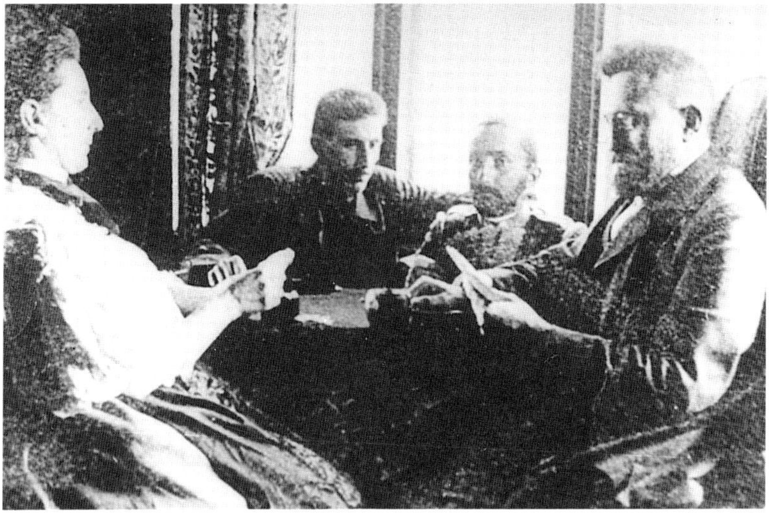

Otto Specht (zweiter von links)

ßen: Richard (1870 – 1932), Arthur, (dann kam Otto) und Ernst. – In diese Familie war Rudolf Steiner durch Karl Julius Schröer empfohlen worden.

Weiteres über Otto Specht ist in den Briefen Rudolf Steiners an die Familie Specht aus den Jahren 1884 bis 1896 zu finden. Diese zeigen vor allem, wie stark Steiner mit der Familie verbunden war, in der er wichtige Jahre seiner Studentenzeit verbracht hatte.

Eine Passage aus einem Brief an Pauline Specht soll hier herausgegriffen werden:

«Weimar, 22. November 1890.

Hochgeschätzte gnädige Frau!

Sie haben mir über Ihre lieben Kinder sehr gute Mitteilungen gemacht und mir damit eine große Freude gemacht. [...] Sie haben es wohl oft sehen können, daß ich mit nicht gewöhnlichen Banden an Ihren Kindern, namentlich an Otto, hänge, und werden es mir daher gewiß nicht versagen, mich auch fernerhin auf dem laufenden in dieser Beziehung zu halten. Wenn man wirklich sagen kann, daß ich bei Otto etwas geleistet habe, dann – glauben Sie mir dies – zähle ich dies jedenfalls zu meinen besten Leistungen. Und der Mensch hat doch in seinen Leistungen seine Daseinsfreude.

Mit Ihren Mitteilungen über Ihre Kinder haben Sie wohl auch die Güte, mir sonstiges mitzuteilen, was Ihr von mir so geschätztes Haus bewegt. [...] Damit in aufrichtiger Hochschätzung

Ihr Steiner.»[70]

Zwei Wochen nach dem Heilpädagogischen Kurs, am 21. Juli 1924, beschreibt er im Verlaufe des Pädagogischen Kurses in Arnheim Ottos Schicksal noch ausführlicher:

«Ich habe ja, da ich von meinem 14., 15. Lebensjahre an, um überhaupt leben zu können, unterrichten mußte, immer Einzelunterricht geben mußte, mir diese Pädagogik in der unmittelbaren Unterrichts- und Erziehungspraxis erwerben müssen. Ich bekam zum Beispiel, als ich ein ganz junger Mensch von 21 Jahren war, durch eine Familie die Erziehung von vier Buben übertragen. Unter denen war einer – er war dazumal 11 Jahre alt, als ich in die Familie als Hauslehrer kam –, der im höchsten Grade Hydrozephale war. Er hatte ganz merkwürdige Eigentümlichkeiten. Er aß nicht gern am Tische mit, sondern ging vom Tische weg in die Küche, wo jene Gefäße waren, in die man die Abfälle hineinwarf; dort aß er die Kartoffelschalen, aber auch mit dem Schmutz, der in die Gefäße hineinkam. Er wußte mit 11 Jahren eigentlich noch gar nichts Besonderes. Man hatte probiert, ob er auf Grundlage des früheren Unterrichtes, den er bekommen hatte, die Aufnahmeprüfung in irgendeine Volksschulklasse machen könnte. Aber als er die Ergebnisse seiner Examensarbeit abgab, da war nur ein Heft da mit einem großen Loch drinnen, wo er etwas ausradiert hatte. Er hatte gar nichts sonst bei diesem Examen geleistet, und er war schon 11 Jahre. Die Eltern waren unglücklich. Sie gehörten dem vornehmeren Bürgerstande an, und alles sagte: Der Knabe ist abnorm – und natürlich haben dann alle ein Vorurteil gegen ein Kind, wenn dergleichen gesagt wird. Es hieß: Er muß ein Handwerk lernen, weiter kann er es zu nichts bringen. – Ich kam in die Familie, aber es verstand eigentlich niemand, daß ich die Absicht aussprach: Wenn man mir unter voller Verantwortung jetzt den Jungen gibt, dann verspreche ich nichts, sondern nur, alles herauszuholen, was in dem Jungen ist. – Das verstand niemand, nur die Mutter, wie mit einem selbstverständlichen Blick, und der ausgezeichnete Hausarzt. Es war das jener Arzt [Dr. Josef Breuer], der dann später mit Dr. Freud zusammen die Psychoanalyse begründete, aber als sie noch in ihrem besseren Stadium war; später trennte er sich von ihr, als sie in die Dekadenz kam. Aber man konnte mit ihm sprechen, und das führte dazu, daß dann der Junge von mir erzogen und unterrichtet wurde.

In 1 1/2 Jahren war der Kopf wesentlich kleiner geworden, und der Knabe war nun so weit, daß er ins Gymnasium gebracht werden konnte. Ich begleitete ihn dann in seiner Schulzeit noch weiter, er brauchte Nachhilfe, aber er konnte doch nach 1 1/2 Jahren ins Gymnasium aufgenommen werden. Allerdings mußte seine Erziehung so ausgeführt werden, daß ich zuweilen 1 1/2 Stunden brauchte, um das vorzubereiten, was ich dem Knaben in einer Viertelstunde beibringen wollte. Denn es handelte sich eben darum, mit der größten Ökonomie an den Unterricht dieses Knaben heranzutreten, nie für irgend etwas mehr Zeit in Anspruch zu nehmen, als dazu nötig war. Es handelte sich auch darum, daß die Tageseinteilung mit aller Exaktheit gemacht wurde. Ich ordnete an: soviel muß der Knabe musizieren, soviel muß er turnen, soviel spazierengehen und so weiter. Dann aber, sagte ich mir, kann dasjenige mit dem Knaben durchgeführt werden, was aus ihm das herausbringt, was in ihm liegt. – Nun gab es Zeiten, wo es mir mit dieser Erziehung eigentlich recht schlecht ging. Der Knabe wurde blaß. Die Leute, mit Ausnahme der Mutter und des Hausarztes, sagten alle: Der richtet uns den Jungen zugrunde! – Ich erwiderte: Natürlich kann ich nicht weiter erziehen, wenn irgend etwas hineingeredet wird; die Sache muß wie verabredet fortgehen können. – Und sie ging fort. Der Knabe ging durch das Gymnasium, machte sein Studium, wurde Arzt, und er ist nur deshalb früh gestorben, weil er während des Weltkrieges als Arzt, der während des Krieges einberufen wurde, mit einer Krankheit infiziert wurde, an deren Folgen er starb. Aber er hat seinen ärztlichen Beruf recht gut auszuüben verstanden. – Ich führe das nur als ein Beispiel dafür an, wie es nötig ist, in der Erziehung auf alles zu sehen, also zum Beispiel auch einen Blick dafür zu haben, wie unter einer bestimmten Behandlung zuletzt ein Hydrozephalus von Woche zu Woche zurückgeht.»[71]

Am 28. September 1915 schrieb der Vetter Hans Specht, von welchem Rudolf Steiner auch an manchen Stellen, so z. B. in der achten Seminar-Besprechung[52] vom 29. August 1919 erzählte, an Steiner:

Otto Specht

«Sehr verehrter Herr Doktor! Von Tante [Ottos Mutter] und Mutter bin ich beauftragt, Ihnen als unserem Hause nahestehendem Freund die traurige Mitteilung zu machen, daß unser lieber guter Otto am 14. September in Russisch-Polen als Opfer seines Berufes gestorben ist. Der Arme war, wie Sie wissen, seit Kriegsbeginn im Felde. In der letzten Zeit wurde sein Spital, wo er als Oberarzt wirkte, in ein Epidemiespital umgewandelt. Und da infizierte er sich und starb nach vierwöchentlichem Leiden an Typhus. Er wurde an Ort und Stelle begraben. Wie uns und besonders unsere beiden alten Damen dieser Schlag getroffen hat, können Sie, verehrter Herr Doktor, der unsere Familie kennt, wohl sehr gut beurteilen.

Ihr sehr ergebener Hans Specht.»[73]

Johannes Brentano
1888 – 1969

Auch dieser «gewisse junge Mann» wird von Rudolf Steiner im Heilpädagogischen Kurs, im ersten Vortrag, erwähnt. Es ist derjenige, der wegen seiner vom Vater ererbten Willensstörung nicht in die Straßenbahn einsteigen konnte.

Die Anschauung des Vaters, Franz Brentanos, den menschlichen Willen nicht zu den Seelenfähigkeiten rechnen zu können, ist im Einleitungskapitel schon erwähnt worden. Im ersten Vortrag des Kurses leitet Rudolf Steiner von dieser Einstellung, die bei Franz Brentano «ganz Natur» geworden war – also tiefer lag als eine gewöhnliche Meinung, die nur im oberflächlichen Seelenleben lebt und von daher keine Wirkung auf den Leib haben kann –, ab, daß diese Eigenschaft auf den Sohn vererbt werden konnte.

Im «Basler Kurs» sagte Rudolf Steiner am 29. April 1920 allerdings, daß die Auffassung Brentanos, der Wille gehöre nicht zu den Seeleneigenschaften, bei diesem noch nicht «Natur geworden» sei, sie habe die Organe noch nicht ergriffen. Hier meint Rudolf Steiner aber offensichtlich, daß der Vater selber nicht erkrankt sei. «Beim Sohn war dasjenige, was beim Vater Gedanke war, habituell geworden. Dadurch war selbstverständlich auch die Möglichkeit gegeben, daß dasjenige, was der Sohn durch die Vererbung mitbekommen hatte, sich noch verstärkte dadurch, daß er immer hörte Gedanken, die vielleicht nicht gerade das aussprachen, daß der Wille nicht zu den Seeleneigenschaften gehört, aber die doch so waren, daß eben die Anschauung dahintersteckte. Und so leben sich Menschen in das Leben herein durch sehr, sehr komplizierte Verhältnisse [...]. Da möchte ich darauf hinweisen, daß gerade auf solche Kinder, die in dieser Art eine moralische Schwäche zeigen, ein beseeltes Turnen, wie ich es als Eurythmie geschildert habe, gesundend wirkt, vorausgesetzt, daß diese Eurythmie, bei welcher der Mensch nicht nur mit der Hand zeichnet, sondern sich selbst in den Raum hineinzeichnet, den Kindern in der Zeit bis zum neunten Lebensjahr beigebracht wird.»[74]

An Daten zu Johannes Brentano sind noch zu berichten: Der Großvater war Christian Brentano (1784 – 1851), ein religiöser Schriftsteller; er gab die Schriften seines Bruders Clemens heraus. Der Vater: Franz Clemens Honoratus Josef Brentano, geboren am 16.1.1838 in Marienberg bei Boppard, Dr. phil., Philosoph, Professur in Würzburg und Wien. Sein wichtigstes Werk: *Die Psychologie vom empirischen Standpunkt*; 1883 Heirat in erster Ehe in Leipzig mit Ida von Lieben (1855 – 1894) aus Wien, 27.6.1888 Geburt des Sohnes Johannes in Wien. Er war also bei der Geburt seines Sohnes bereits fünfzig Jahre alt. Das verhältnismäßig hohe Alter hat auch Steiner im Heilpädagogischen Kurs erwähnt; es könnte nur in langer Zeit eine Änderung der Erbsubstanz bewirkt werden. 1895, nach dem Tode der Ehefrau, Umzug nach Florenz. 1898 Heirat in zweiter Ehe mit Emilie Wilhelmine Anna Rueprecht, geboren am 13.8.1865. Am 3.6.1915 Umzug nach Zürich, Orellistr. 70. Am 17.3.1917 stirbt Franz Brentano, 79jährig und inzwischen erblindet, in Zürich. Im September 1917 «Nachruf» von Rudolf Steiner im Buch *Von Seelenrätseln*.[75]

Der Sohn Johannes studierte nach seinem Abitur in Florenz von 1907 bis 1914 Physik an der Universität und an der Technischen Hochschule in München. Am 6.3.1914 Dissertation «Über den Einfluß allseitigen hydrostatischen Druckes auf die elektrische Leitfähigkeit von Wismutdrähten außerhalb und innerhalb des transversalen Magnetfeldes für Gleichstrom und für Wechselstrom». Sein Referent war Wilhelm Röntgen. – Er nahm mit seinen Eltern am 3.6.1915 seinen Wohnsitz in Zürich und lehrte dort vom 30.10.1917 bis zum 17.7.1922 als Privatdozent an der Eidgenössischen Technischen Hochschule. Von 1922 bis 1940 war er an der Universität Manchester/Lanceshire in England. 1943 wurde er für eine Professur an die Northwestern University in Chicago/Illinois berufen und lehrte dort bis zur Emeritation. Er hat in wichtigen wissenschaftlichen Zeitschriften viele Beiträge, vor allem zur Erforschung der Röntgenstrahlen, geliefert.

Er heiratete 1925 Sophie Marie Leembruggen (geboren 1902) aus Holland, blieb Bürger der Stadt Zürich und ist am 14.1.1969 in Blonay/VD, Schweiz, verstorben.

Anscheinend hatte er seine angeborene Willensschwäche so weit überwunden, daß sie seinen Lebenslauf nicht behindert hat.

Anhang

Der Sonnenhof in Arlesheim

Die Ausbreitung der anthroposophischen Heilpädagogik in Deutschland von 1924 bis 1945

Die anthroposophische Heilpädagogik ist aus drei Wurzeln entsprossen: Die erste war die «Waldorf-Pädagogik», die zweite die anthroposophische Medizin, wie sie im Klinisch-Therapeutischen Institut in Arlesheim lebte, die dritte war geprägt dadurch, daß Seelenpflege-bedürftige Kinder – wie Rudolf Steiner sie nannte – nicht nur stundenweise, wie in einer Schule, oder wochenweise, wie in einer Krankenanstalt, sondern für lange Zeit – vielleicht sogar für ihr ganzes Leben – aufgenommen wurden. Hier bildete sich ein sehr enges Verhältnis zwischen Betreuern und ihren Kindern – familienähnlich, eben dasjenige von Wahlfamilien.

Von diesem letzteren Zweig kann hier vor allem berichtet werden, da sich in den ersten Jahrzehnten besonders die Heimbetreuung entwickelte. Heilpädagogische Hilfs- oder Kleinklassen gab es damals nur in Stuttgart, Berlin und Breslau.

Der historischen Reihenfolge entsprechend, soll aber zunächst von der Hilfsklasse der Waldorfschule in Stuttgart berichtet werden, welche Rudolf Steiner schon 1920 für etwa zehn zurückgebliebene und schwache Kinder einrichtete. Er betraute Karl Schubert, den er von Österreich her kannte, mit dem Unterricht, der nur in der Zeit des Hauptunterrichts stattfand.

Rudolf Steiner besuchte diese Klasse oft und gab Schubert heilpädagogische Anleitungen. Diese bestanden vor allem in intensiven Willensübungen, die mit Sprechen verbunden waren. Im übrigen war der Unterricht ein auf die individuellen Bedürfnisse der Schüler abgestimmter Waldorfunterricht. («Aber man muß alles langsamer machen», so eine Anweisung Rudolf Steiners.)

1934 sollte Schubert, als Halbjuden, die Lehrgenehmigung entzogen werden. Er bekam aber, da er Teilnehmer des Ersten Weltkrieges war, auf Ersuchen die Erlaubnis, in der Hilfsklasse weiter zu unterrichten. Diese Klasse wurde später als eigenständige Schule geführt

Trüpers Erziehungsheim und Jugendsanatorium in Jena-Sophienhöhe

und konnte so – auch nach der Schließung der großen Waldorfschule an Ostern 1938 – in Schuberts eigener Wohnung in der Schellbergstraße, unter den Augen der Nazis, weiterarbeiten. Es war, als hätten die (bis zu zwanzig) Kinder unter seiner Obhut einen Mantel um sich, der sie z. B. bei ihren Spaziergängen auf der Uhlandshöhe unsichtbar machte. Keines seiner Kinder fiel der Euthanasie zum Opfer.

Die zweite, medizinische Wurzel entwickelte sich in Arlesheim aus der Tatsache, daß in dem von Dr. Ita Wegman im Sommer 1921 gegründeten Klinisch-Therapeutischen Institut neben Kindern, welche pädiatrisch behandelt werden mußten, auch solche zur Aufnahme kamen, für deren seelisch-geistige Entwicklung eine besondere Behandlung nötig war. Diese Kinder wurden dazu nicht in einer besonderen Abteilung, sondern zunächst mit den anderen zusammen in einer Dépendance der Klinik, im «Sonnenhof», untergebracht, wo außer ihnen auch erwachsene Patienten lagen. 1924 zogen alle Kinder in die erste Etage des Hauses «Holle» um, weil sie für die anderen Kranken wohl doch zu unruhig waren. Erst später, 1925/26, wurde

der Sonnenhof zu einem reinen Kinderheim umgestaltet. Auch hier war eine Trennung zwischen heilpädagogisch zu behandelnden und anderen Kindern noch nicht vollzogen.

Die dritte Wurzel wurde gepflanzt durch die Gründung des «Heil- und Erziehungsinstitutes für Seelenpflege-bedüftige Kinder Lauenstein» in Jena. Dieses Institut entstand aus der Tatsache, daß in das Erziehungsheim «Sophienhöhe» – begründet 1892 von einem bedeutenden Reformpädagogen der damaligen Zeit, Johannes Trüper – die jungen Anthroposophen Siegfried Pickert und Franz Löffler auf die Bitte einer Tochter Trüpers, Änne Trüper, im Herbst 1923 als Erzieher eingetreten waren. Es war ihnen brieflich zugesichert worden, daß sie die volle Handlungsfreiheit in der heilpädagogischen Arbeit im Sinne der anthroposophischen Menschenkunde haben würden. Enttäuscht mußten sie aber erleben, daß dieses Zugeständnis wegen des Widerstandes der dort behandelnden Ärzte nicht eingehalten werden konnte. So kündigten sie nach gründlicher Überlegung kurzfristig und gründeten zu dritt, zusammen mit Albrecht Strohschein, das «Heil-

und Erziehungsinstitut für Seelenpflege-bedürftige Kinder Lauenstein» in Jena. (Der Name wurde so von Rudolf Steiner angegeben.)

Wie es zu dieser Gründung kam und wie Rudolf Steiner das Heim am 18. Juni 1924 besuchte und damit die Heilpädagogik auf anthroposophischer Grundlage inaugurierte, haben Albrecht Strohschein und Kurt Magerstädt in dem Buch *Wir erlebten Rudolf Steiner*[76] und Siegfried Pickert vielfach, z. B. in den *Weleda-Nachrichten 1950* und in einem Vortrag 1974 am Goetheanum,[77] selber ausführlich berichtet. Rudolf Steiner sagte in seinem an diese Reise anschließenden Bericht am 20. Juni in Dornach nur knapp: «Dann konnte ich am Dienstag [17. 6.] herüberfahren nach Jena-Lauenstein, wo eine Anzahl unserer jüngeren Freunde mit Fräulein Dr. Ilse Knauer zusammen eine Heil- und Erziehungsstätte begründen für nicht nur schwach begabte, sondern wirklich konstitutionell kranke Kinder, die erzogen werden und so weit gebracht werden sollen, als es eben geht. Dieses Institut ist, wie gesagt, in Begründung begriffen. Ich konnte die Sache etwas inaugurieren und konnte die ersten aufgenommenen Kinder sehen. So daß wir die Sache in Lauenstein, in der Nähe von Jena, sozusagen haben auf die Beine bringen können.»[78]

Das dreistöckige Haus «Lauenstein» in Jena-Lichtenhain war klein. Nach der Übernahme durch die Heilpädagogen am 1. Mai 1924 mußte es zuerst hergerichtet und Möbel von Freunden besorgt werden. Im Haus war noch kein elektrisches Licht, es wurde mit Gas beleuchtet. Auf jedem Stockwerk befand sich nur ein Wasserhahn. Schließlich konnten bei sehr enger Belegung etwa zwanzig Kinder untergebracht werden. Die Mitarbeiter wohnten auch im Haus. Die Küche befand sich im Souterrain, der Eßraum im (jetzt abgerissenen) Anbau. Ein Eurythmieraum und das «Lila Zimmer» für Konferenzen, Schulunterricht und andere Zwecke lagen im Erdgeschoß. (In der DDR-Zeit wurde das Haus an der Nord-Ost-Ecke noch erweitert, somit war damals in jedem Stockwerk ein großes Zimmer weniger vorhanden als heute.) Der Garten war größer als heute und zog sich weiter den Berg hinunter. Er war schön angelegt, allerdings zu Beginn etwas verwildert. In den ersten Wochen, bis zum Besuch Rudolf Steiners am 18. Juni, waren alle mit dem Herrichten des Hauses voll beschäftigt.

Als erstes Kind war Karl zu betreuen, welcher gleichzeitig mit dem Haus übernommen wurde. Bald kam Lothar hinzu, der auf der «Sophienhöhe» schon von Siegfried Pickert betreut worden war,

Der Lauenstein in Jena-Lichtenhain

dann wurden die Jugendlichen Karlheinz und Harry aufgenommen. Kurt kam mit seiner Betreuerin Grete Becker, der späteren Frau Hardt, am 17. Juni noch gerade rechtzeitig an. Erna, Doris und die beiden Albino-Schwestern gehörten nicht ins Heim. Sie wurden für die Vorstellung am 18. Juni hinzugenommen.

In der folgenden Zeit kamen immer mehr Kinder zur Aufnahme, so daß bald Mitarbeiter und auch zwei Gruppen, je eine mit älteren Jungen und Mädchen, außerhalb des Hauses untergebracht werden mußten. Das Haus bot jetzt Platz für etwa dreißig Kinder.

Das Zusammenleben auf so engem Raum brachte natürlich auch Reibungen mit sich – bei solch kräftigen Individualitäten, wie Albrecht Strohschein, Franz Löffler und Siegfried Pickert es waren! Aus dieser Enge führte 1925 das Angebot des Zweigleiters der Anthroposophischen Gesellschaft in Jena, Richard Seebohm, der seine große Villa, «Haus Bernhard» in Jena-Zwätzen, zur Verfügung stellte. Dort war Platz für weitere Kinder, die unter der Leitung von Franz Löffler betreut wurden.

Haus Bernhard in Zwätzen bei Jena

Ita Wegman, als Leiterin der Medizinischen Sektion der Hochschule am Goetheanum in Dornach, verfolgte die Entwicklung der Heime mit wärmstem Interesse und hatte auch das Ergehen der einzelnen Kinder im Auge. 1926 forderte sie Albrecht Strohschein auf, nach Osten zu gehen und Robert in Breslau zu unterrichten, wo dessen Vater die Leitung des Theaters übernommen hatte. Im Auftrag von Ita Wegman begann Strohschein dort auch sofort, nach einer Möglichkeit für eine neue Heimgründung und nach Mitarbeitern zu suchen. Von zwei Schwestern namens Maasberg aus Tannenberg im Eulengebirge wurde ihm ein kleines Kinderheim, das «Waldhaus», und ihre Mithilfe angeboten. Er nahm dieses Angebot an und ging dorthin. Eigentlich war aber dieses Haus zu klein. Am Himmelfahrtstag 1928 kam die alles verändernde Frage von einem Gutsbesitzerehepaar, Joachim und Elisabeth von Jeetze, ob die Heilpädagogen das «Schloß Pilgramshain» übernehmen wollten. Der Umzug fand im August 1928 statt. Die zum Dominium Pilgramshain gehörige große biologisch-dynamische Landwirtschaft blieb im Besitz des Ehepaars Jeetze.

Ita Wegman im Kreise der Kinder und Mitarbeiter des Sonnenhofes

Dr. Karl König, der schon im Sommer des Jahres bei einem Besuch im «Waldhaus» um seine Mitarbeit gefragt worden war, damals aber zur Bedingung gemacht hatte, daß dann ein größerer Rahmen gefunden werden müsse, folgte im September nach.

Das Schloß Pilgramshain konnte vielen Kindern Platz geben. Es wurden vor allem erziehungsschwierige Kinder aus Breslau und Berlin betreut. Fürsorgebehörden waren durch Vorträge, welche im Rahmen des Vereins «Soziale Hilfe für das Seelenpflege-bedürftige Kind e.V. Berlin» durch Mitarbeiter aus den heilpädagogischen Heimen in verschiedenen Städten gehalten worden waren, auf die Unterbringungsmöglichkeit in Pilgramshain aufmerksam geworden. Das Schloß, welches zunächst gepachtet war, konnte 1929 gekauft werden.

Gleich nach der Machtergreifung 1933 begannen die Nationalsozialisten, den anthroposophischen Instituten Schwierigkeiten zu machen, obwohl die Fachbehörden die Arbeit mit den Kindern und Jugendlichen sehr schätzten. So wurde das Heim angezeigt wegen der häufig stattfindenden Tagungen, wie zum Beispiel der großen

Schloß Pilgramshain

heilpädagogischen Tagung 1935. Immer wieder wurden Untersuchungen und Verhöre durchgeführt. Auch die Kinder wurden ausgefragt. Einmal wurde ihnen die Frage gestellt, wer der berühmteste Deutsche sei. Ein Kind wußte es: «Rudolf Steiner.»

Karl König emigrierte wegen der Gefahr für ihn als Juden 1936 nach Wien, von wo er nach dem Einmarsch der deutschen Truppen 1938 nach Schottland ging und dort die Camphill-Bewegung gründete.

Bei Kriegsbeginn wurden wichtige Mitarbeiter von Pilgramshain zum Kriegsdienst eingezogen. Am 23. Oktober 1940 wurde das Institut beschlagnahmt. Es mußte innerhalb von fünf Tagen geräumt werden. Ein Teil der Kinder konnte zu den Eltern gebracht werden, zwei Gruppen fanden mit ihren Betreuern Aufnahme in Gerswalde (s. unten). Strohschein wurde 1941 für sieben Wochen inhaftiert, kam aber wieder frei und meldete sich, um weiterer Verfolgung zu entgehen, zur Wehrmacht. Ein kleiner Teil der Mitarbeiter, der Unterschlupf im Ort gefunden hatte, floh erst 1945 beim Einmarsch der

Werner Pache, Franz Löffler, Ita Wegman, Siegfried Pickert und Albrecht Strohschein

Russen nach Westen. Albrecht Strohschein eröffnete nach seiner Rückkehr aus dem Krieg in Hepsisau am Rande der Schwäbischen Alb ein neues Heim, den Michaelshof.

Der nächste Trieb vom Wurzelpunkt in Jena: 1929 suchte auch Franz Löffler eine Möglichkeit für eine Erweiterung. Ein großes Problem war die Frage: Was wird aus den heranwachsenden Zöglingen? Wie können sie – nach ihrer Schulzeit – ins Leben geführt werden?

Es fand sich ein sehr geeigneter Ort im Norden – von Jena aus gesehen – im Schloß Gerswalde, nahe Templin in Brandenburg, an einem kleinen See gelegen. Es bot neben einer Gärtnerei und großer Landwirtschaft genug Raum für Werkstätten und alles andere. Über dem Park-Eingang des Schlosses war in Stein gemeißelt: «Nihil melius, nihil homine libero dignius agricultura» (Nichts ist besser, nichts dem freien Menschen würdiger als Landwirtschaft). Ein echter Landsitz inmitten der fruchtbaren Uckermark! Das Anwesen konnte gekauft werden, und im November 1929 fand der Umzug

Schloß Gerswalde

statt. Löffler mit seiner Familie – er hatte 1925 Änne Trüper geheiratet – und seine Mitarbeiter brachten viele Kinder und Jugendliche von Zwätzen mit und ergriffen die neuen Möglichkeiten: Für die Jugendlichen standen die Gärtnerei und eine Tischlerwerkstatt zur Verfügung, die Mädchen konnten die Haushaltsführung erlernen. Für solche Jugendliche, die noch nicht fähig waren, in diesen Handwerkszweigen zu arbeiten, war die Möglichkeit dafür in den angegliederten «Sozialwerkstätten für erwerbsbeschränkte Jugendliche e.V.» gegeben.

Auch in Gerswalde wurde die heilpädagogische Arbeit während der nationalsozialistischen Herrschaft von lokalen und höheren Stellen gestört; besonders kranke und gefährdete Kinder, die vorsichtshalber polizeilich schon abgemeldet waren, wurden bei Inspektionen immer versteckt. Zwei sehr schwache Buben wurden doch aus dem Heim genommen und mußten in das Templiner Krankenhaus verlegt werden. Dort besuchte ihre bisherige Betreuerin, Schwester Anna Reitzig, sie nach einiger Zeit und fand sie sehr heruntergekommen vor und durch Beruhigungsmittel so betäubt, daß sie sie nicht mehr erkannten. Sie forderte ihre Herausgabe und brachte sie nach Stubenbach in den Böhmerwald, wo sie sie bis zum Ende des Krieges versteckte und ihnen so das Leben rettete.

Das Kriegsende brachte für Gerswalde noch manche Unruhe mit sich, aber das Leben nahm einen neuen Anfang. 1950 wurde die dortige heilpädagogische Arbeit – jetzt von Kommunisten – gewaltsam beendet und das Heim vom Staat übernommen. Franz Löffler und die Schulleiterin Walfriede Reinhardt wurden an Michaeli 1950 mit der bewußt falschen Anschuldigung inhaftiert, in Gerswalde seien im Zuge der Euthanasie Kinder umgebracht worden. Nach seiner Freilassung am 9. Dezember ging Löffler mit seinen Mitarbeitern nach West-Berlin und eröffnete dort das heutige «Caroline von Heydebrand-Heim».

Wieder zum Ausgangspunkt von Jena zurück: Nach dem Auszug Franz Löfflers mit seiner Belegschaft 1929 aus Zwätzen übernahm Siegfried Pickert das «Haus Bernhard» mit Kindern im Schulalter. Heinrich Hardt blieb mit kleineren Kindern im alten Institut Lauenstein.

Diese ganzen Entwicklungen mit Trennungen und Aussiedlungen darf man sich nicht als Folge von Auseinandersetzungen vorstellen. Die Planungen geschahen in gemeinsamer Absprache. Die Ursache für Neugründungen war zumeist der Mangel an Heimplätzen. Ita Wegman kam, wenn es ihr möglich war, zu den Beratungen hinzu, verschaffte sich ein Bild von der neuen Situation, gab ihren Rat und notfalls auch Hilfen zur Verwirklichung. Die Heime standen untereinander in freundschaftlichem Kontakt, übernahmen Kinder voneinander und halfen in Notsituationen durch Entsendung von Mitarbeitern zum Nachbarheim. Ita Wegman war von allem informiert.

1931 hat sich auch Siegfried Pickert nach einem größeren Anwesen umgesehen – um einen Ort zu haben, der für die Betreuten eine lebenslange Versorgung mit Arbeitsmöglichkeiten ergeben könnte, was in Jena nicht möglich war. Aus einer Fülle von Angeboten wurde das «Schloß Hamborn» bei Paderborn als sehr geeignet ausgewählt. Ita Wegman war sehr glücklich über diese Entscheidung, weil der Ort, den sie sich an einem strahlend-schönen Herbsttag ansah, sehr nahe den Externsteinen, einem wichtigen Punkt des deutschen Geistes-Raumes, gelegen ist. Das 1400 Morgen große Anwesen mit einem Schloß und vielen Nebengebäuden konnte – mit Hilfe von Hypotheken und der Unterstützung von Freunden in der Zeit der damaligen Rezession – preiswert erworben werden. Das Schloß selber war ausgebrannt, konnte aber mit den Versicherungsgeldern wiederhergerichtet werden. Die Übernahme fand am 1. Dezember 1931 statt, am 15. Dezember kamen die ersten vierzig Kinder von Jena an. Die offizielle Einweihung wurde erst an Pfingsten 1932 im Beisein von Ita Wegman gefeiert.

Nach 1933 wurde auch in Hamborn die heilpädagogische Arbeit zunehmend erschwert. Dennoch konnte das Heim bis 1941 weiterarbeiten, unter anderem deswegen, weil der Erbprinz Georg Moritz von Sachsen-Altenburg 1935 die Pacht der ganzen Anlage übernahm (außer dem eigentlichen Heim) und sich mit seinem international bekannten Namen schützend vor die Institution stellte.

Am 9. Juni 1941 jedoch wurde auch dieses Heim von den Nationalsozialisten unter dramatischen Umständen geschlossen: Am frühen Morgen wurden die Häuser und das Gelände umstellt, die Telefonverbindungen abgeschnitten und die Mitarbeiter verhört. Die Kinder mußten innerhalb von acht Tagen nach Hause geschickt werden, die Mitarbeiter wurden sofort vom Arbeitsamt in andere Tätigkeiten eingewiesen.

1946 konnte Schloß Hamborn wieder eröffnet werden, nun allerdings nicht mehr als heilpädagogisches Heim, sondern als Waldorfschul-Landheim mit Landwirtschaft, einer Gärtnerei und später mit einem Altenwerk – in welchem Siegfried Pickert heute, 1994, 95jährig noch rüstig lebt.

1931 waren Heinrich Hardt, seine Frau und eine Anzahl von Mitarbeitern in Jena in dem alten Institut Lauenstein und in Zwätzen mit jüngeren und stärker pflegebedürftigen Kindern zurückgeblieben. Als 1932 das Haus Bernhard zurückgegeben werden mußte, fand auch er einen anderen Ort für das Institut in Altefeld, in einem ehemaligen Staatsgestüt nahe der hessisch-thüringischen Grenze – mit Blick auf die Wartburg bei Eisenach. Das Anwesen konnte zunächst gepachtet, später dann ebenfalls preiswert gekauft werden. Die Übergabe fand schon im Sommer 1932 statt, so daß die Arbeit hier für vierzig Kinder fortgeführt wurde.

Als die deutschen Truppen 1939/40 in Polen und Frankreich

Schloß Hamborn

wertvolle Reitpferde erbeutet hatten, sollten diese in Altefeld weitergezüchtet werden. Heinrich Hardt wurde deshalb 1941 aufgefordert, einen Ersatz für das Heim zu suchen, für welchen die Wehrmacht den Kaufpreis bezahlen wollte. Er fand ihn in Mecklenburg, seiner Heimat, direkt an einem der herrlichen Seen gelegen: Seewalde. Das Haupthaus war ebenfalls kurz zuvor weitgehend ausgebrannt, konnte aber unter Mühen wiederhergestellt werden.

Wohl durch den Umzug aus Hessen nach Mecklenburg und durch die schützende Hand der Wehrmacht konnte dieses Institut, welches die Tradition des ursprünglichen Vereins «Lauenstein» von 1924 in Jena bis hierher fortgesetzt hatte, dem Schicksal entgehen, geschlossen zu werden. Erst nach dem Krieg bereiteten die kommunistischen Machthaber auch dieser Arbeit – im Mai 1949 – ein Ende: Die Kinder mußten entlassen werden, den Mitarbeitern wurde gekündigt. Heinrich Hardt sollte in das Uranbergwerk Aue im Erzgebirge verpflichtet werden. Er entzog sich der staatlichen Maßnahme durch die Flucht nach West-Berlin.

Eine weitere Initiative von Ita Wegman sei hier noch kurz aufgeführt: die Gründung des Vereins «Soziale Hilfe für Seelenpflege-

Seewalde

bedürftige Kinder e.V.» in Berlin in der Schillstraße 11a, der als Förderverein der Institute Lauenstein, Haus Bernhard, Schloß Pilgramshain, Gerswalde und Schloß Mühlhausen bei Stuttgart diente. Das Haus in Berlin, in dem der Verein seinen Sitz hatte, beherbergte zudem eine heilpädagogische Tagesschule, die 1931 gegründet worden war und bis zur freiwilligen Auflösung des Vereins 1935 bestand. Außerdem befanden sich noch ein Therapeutikum und zwei Arztpraxen dort. Ita Wegman wollte, daß die heilpädagogische Bewegung auch in der Großstadt anwesend sei. 1933 fand hier eine große Krebs tagung, 1934 eine Ernährungstagung statt.

Weiter müssen noch zwei kleinere Heime erwähnt werden: zum einen das 1931 gegründete «Waldhaus Malsch», südlich von Karlsruhe gelegen (für etwa fünfzehn bis zwanzig sehr schwache und behinderte Kinder; auch Sandroe befand sich hier vorübergehend); zum anderen ein Heim für dreißig bis vierzig Kinder in Bonnewitz in der Nähe von Dresden, das bis zur Auflösung durch die Nationalsozialisten 1942 bestand. Das Anwesen in Bonnewitz soll

Haus Bonnewitz bei Dresden

jetzt, 1994, wieder der heilpädagogischen Arbeit mit Dresdener Kindern zukommen.

Aus der ersten, der pädagogischen Wurzel entstanden im Stuttgarter Raum, ebenfalls schon vor dem 2. Weltkrieg, heilpädagogische Initiativen im Zusammenhang mit der Stuttgarter Waldorfschule und Dr. Karl Schubert. Sie sollen hier nur kurz aufgezählt werden: 1927 eröffnete Dr. Eugen Kolisko in Möhringen bei Stuttgart ein kleines Heim, die «Hohe Eiche» unter der Leitung von Johannes Marzahn, für zehn bis fünfzehn kranke, erholungs- und seelenpflegebedürftige Kinder. Hier wurden vor allem Kinder aus der Waldorfschule Stuttgart zeitweise aufgenommen. Aus der «Hohen Eiche» entstand ein weiteres kleines Heim in Stuttgart, «Im Buchwald». Die Kinder besuchten von hier aus die Hilfsklassen der Waldorfschule.

Im September 1929 wurde durch Dr. Franz Geraths und Dr. Rose Erlacher ein Heim im «Schloß Mühlhausen» am Neckar, zehn Kilo-

Das Haus «Hohe Eiche» in Stuttgart-Möhringen

meter nördlich von Stuttgart, eröffnet. 1937 übersiedelte dieses Heim nach Eckwälden bei Bad Boll.

Schließlich muß noch von der Heilpädagogischen Tagesschule in Breslau berichtet werden, welche 1934 von Margarete Bessert im Rahmen der dortigen Waldorfschule auch als eine Hilfsklasse eingerichtet wurde. Auch diese Klasse wandelte sich in eine eigene Schule für seelenpflegebedürftige Kinder um. Hier wurden bis zu hundert Kinder unterrichtet. Die Schule blieb nach der Schließung der Waldorfschule in Breslau bestehen und konnte die Arbeit bis zum Beginn der «Festung Breslau» am 20. Januar 1945 weiterführen.

Auch im Ausland wurden bereits vor 1945 heilpädagogische Heime und Tagesstätten gegründet: in der Schweiz, in Frankreich, den Niederlanden, in England, Island, Schweden und Finnland. Sie alle standen mit Ita Wegman in enger Verbindung.

Das Wachstum dieser heilpädagogischen Bewegung, die sich über Europa ausgebreitet hat, wurde ermöglicht durch die Begeisterung

Schloß Mühlhausen am Neckar

für ein neues und großes Ziel der Menschen, die ihr Leben mit diesem Strom verbunden haben. Zur Verdeutlichung, was das konkret bedeutete, sei daran erinnert, daß es zu dieser Zeit für Gruppenmütter üblich war, in den Kinderzimmern mit den Kindern zu wohnen und – vielleicht hinter einem Paravent – zu schlafen. Hierdurch entstand ein außerordentlich enger Kontakt zwischen ihnen und den Kindern. Sie hörten – zumindest unbewußt – nachts die Atemzüge ihrer Schützlinge und erlebten jeden Krampfanfall mit. Aber auch umgekehrt hörten die Kinder, wenn sie nachts einmal aufwachten, die regelmäßigen Atemzüge ihrer Gruppenmutter und konnten beruhigt wieder einschlafen.

Allen diesen hilfsbereiten Menschen sei für ihre tagtägliche Opferbereitschaft gedankt, welche die Grundlage für die anthroposophische Heilpädagogik wurde.

Quellen

Zu Sandroe:

GRETE BOCKHOLT, Die Heileurythmie in der Heilpädagogik, in: *Natura*, 1. Jg., 1926/27, S. 147 ff.

JULIA BORT, Heileurythmie und Heilpädagogik, in: *Heilende Erziehung. Vom Wesen Seelenpflege-bedürftiger Kinder und deren heilpädagogischer Frühförderung*, Stuttgart [5]1989, S. 126 ff.

A. G. DEGENAAR (Hrsg.), *Krankheitsfälle und andere medizinische Fragen, besprochen mit Dr. Rudolf Steiner.* Gesammelt im Klinisch-Therapeutischen Institut in Stuttgart, Fall Nr. 126 (und 74).

INGEBORG GOYERT, *Rudolf Steiner als Therapeut,* Privatdruck 1992.

HEINRICH HÄNDLER, Sandroe Stoughton 1914 – 1985, in: *Seelenpflege in Heilpädagogik und Sozialtherapie,* Johanni 1985, S. 59 f.

WALTER HOLTZAPFEL, *Seelenpflege-bedürftige Kinder.* Band 1, Dornach [2]1976, S. 8 f. und S. 35.

MARIA HUGENDOBLER und REGINE STOCKMAR: Gemeinsame Abschlußarbeit im Heilpädagogischen Seminar Dornach, 1981, unveröffentlicht.

GERDA LANGEN, Ein Beispiel individueller Erziehung nach heilpädagogischen Richtlinien, in: *Natura*, 1. Jg., 1926/27, S. 152 ff.

GERDA LANGEN, Das Malen als Seelenpflege, in: *Das Goetheanum*, 10.3. 1929, S. 83 ff.

SIEGFRIED PICKERT, Erinnerungen an den Heilpädagogischen Kurs Rudolf Steiners, in: *Das Seelenpflege-bedürftige Kind,* 13. Jg. 1966, Heft 1, S. 2 ff.

RUDOLF STEINER, *Heilpädagogischer Kurs*, GA 317, Dornach [7]1985, 6. Vortrag vom 1. Juli 1924 und 7. Vortrag vom 2. Juli 1924, S. 90 – 103 und S. 104 f.

RUDOLF STEINER, *Wahrspruchworte*, GA 40, Dornach [7]1991, S. 264 («Für ein Kind», 12. 8. 1923).

HILMA WALTER, *Abnormitäten der geistig-seelischen Entwicklung in ihren Krankheitserscheinungen und deren Behandlungsmöglichkeiten. Wegleitung zum Verständnis einer Sammlung von Krankengeschichten*, Dornach [2]1987, Fall 23.

Institut «La Motta», Brissago: Krankenblatt.
Klinisch-Therapeutisches Institut Arlesheim: Ambulanzkarte.
Neuropsychiatrisches Kantons-Hospital: Arztberichte.

Mündliche Mitteilungen, Briefe, Fotos u. a. von: HUBERT und TILLA BOLLIG, MARITA CASPARI, WILMA ESTERMANN, KORA GÄDKE-TIMM, MARIANNE GARFF, INGE GOYERT, CLAUDIA GRIEBUSCH, GRETE HARDT, WALTER HOLTZAPFEL, FRIEDA KNAUER, INGRID KÜSTERMANN, GERDA NEUBAUER, HEINZ RITTER, BARBARA RUGGLI, HANNA RUSS.

Zu Robert:

GERTRAUD BESSERT, *Eine Quelle wird zum Strom,* Eigenverlag.

GRETE BOCKHOLT, Die Heileurythmie in der Heilpädagogik, in: *Natura,* 1. Jg. 1926/27, S. 147 ff.

JULIA BORT, Heileurythmie und Heilpädagogik, in: *Heilende Erziehung. Vom Wesen Seelenpflege-bedürftiger Kinder und deren heilpädagogischer Frühförderung,* Stuttgart [5]1989, S. 126 ff.

HERBERT HAHN, *Rudolf Steiner – wie ich ihn sah und erlebte,* Stuttgart [2]1990.

RUDOLF STEINER, *Heilpädagogischer Kurs,* GA 317, Dornach [7]1985, 7. Vortrag vom 2. Juli 1924, S. 105 – 108 und S. 115 – 117.

HILMA WALTER, *Abnormitäten der geistig-seelischen Entwicklung in ihren Krankheitserscheinungen und deren Behandlungsmöglichkeiten. Wegleitung zum Verständnis einer Sammlung von Krankengeschichten,* Dornach [2]1987, Fall 11.

Klinisch-Therapeutisches Institut Arlesheim: Ambulanzkarten.

Krankenhaus Schopfheim: Krankenblatt.

Notariat Schopfheim: Kaufvertrag.

Tagebuch von Robert.

Unveröffentlichte und mündliche Berichte sowie Briefe von: HEINRICH ECKINGER, KORA GÄDKE-TIMM, MARIANNE GARFF, INGE GOYERT, GISELA GROSSMANN, GRETE HARDT, HERMANN TER HELL, ANNEMARIE KEMPF, ROLF DIETER KLEMM, PETER KÖPPING, WALFRIEDE REINHARDT, RUTH-HILDEGARD RIST, RENATE SCHÖNBORN, GOTTHARD STARKE.

Zu Ernst:

RUDOLF STEINER, *Heilpädagogischer Kurs,* GA 317, Dornach [7]1985, 7. Vortrag vom 2. Juli 1924, S. 108 – 115.

HILMA WALTER, *Abnormitäten der geistig-seelischen Entwicklung in ihren Krankheitserscheinungen und deren Behandlungsmöglichkeiten. Wegleitung zum Verständnis einer Sammlung von Krankengeschichten,* Dornach [2]1987, Fall 101.

Krankengeschichte der Anstalt in Norddeutschland.
Krankengeschichte aus Trüpers Jugendheimen in Jena (Auszug, zit. aus obiger Krankengeschichte).
Mündliche Mitteilungen von: INGE GOYERT, PAUL JOHANNES HÖLL, KÄTHE PALMER-SEIFERT, SIEGFRIED PICKERT.
Unveröffentlichter Vortrag von GRETE HARDT in Arlesheim.

Zu Richard:

RUDOLF GROSSE, *Erlebte Pädagogik. Schicksal und Geistesweg,* Dornach [2]1975.
RUDOLF STEINER, *Heilpädagogischer Kurs,* GA 317, Dornach [7]1985, 8. Vortrag vom 3. Juli 1924 und 9. Vortrag vom 4. Juli 1924, S. 118, S. 124 – 126, S. 129 – 134.
HILMA WALTER, *Abnormitäten der geistig-seelischen Entwicklung in ihren Krankheitserscheinungen und deren Behandlungsmöglichkeiten. Wegleitung zum Verständnis einer Sammlung von Krankengeschichten,* Dornach [2]1987, Fall 29.

Mündliche Mitteilung von SIEGFRIED PICKERT.
Persönlich mitgeteilte Lebensschilderung von RICHARD.
Unveröffentlichter Vortrag von GRETE HARDT in Arlesheim.

Zu Willfried:

RUDOLF GROSSE, *Erlebte Pädagogik. Schicksal und Geistesweg,* Dornach [2]1975.
ELIZABETH KNOTTENBELT, Theodora Maria Josepha Krück-von Poturzyn, in: *Mitteilungen aus der anthroposophischen Arbeit in Deutschland,* Nummer 83, Ostern 1968, S. 63 f.
M. J. KRÜCK-VON POTURZYN, *Aufbruch der Kinder 1924,* Edition Bingenheim, Wuppertal [2]1986.
SIEGFRIED PICKERT, Erinnerungen an den Heilpädagogischen Kurs Rudolf Steiners, in: *Das Seelenpflege-bedürftige Kind,* 13. Jg. 1966, Heft 1, S. 2 ff.
SIEGFRIED PICKERT, *Fünfzig Jahre Heilpädagogischer Kurs,* Vortrag am 9. 10. 1974, veröffentlicht als Sonderheft, Arlesheim 1975.
ERWIN SCHÜHLE, Von Rudolf Steiner gegebene Namen, in: *Mitteilungen aus der anthroposophischen Arbeit in Deutschland,* Nummer 34, Dezember 1955, S. 167 ff.
RUDOLF STEINER, *Heilpädagogischer Kurs,* GA 317, Dornach [7]1985, 8. Vortrag vom 3. Juli 1924 und 9. Vortrag vom 4. Juli 1924, S. 118 – 124, S. 134 – 140.

RUDOLF STEINER, *Der pädagogische Wert der Menschenerkenntnis und der Kulturwert der Pädagogik*, Fragenbeantwortung in Arnheim am 19. Juli 1924, GA 310, Dornach [4]1989.
HILMA WALTER, *Abnormitäten der geistig-seelischen Entwicklung in ihren Krankheitserscheinungen und deren Behandlungsmöglichkeiten. Wegleitung zum Verständnis einer Sammlung von Krankengeschichten*, Dornach [2]1987, Fall 3.

Klinisch-Therapeutisches Institut Arlesheim: Ambulanzkarte und Fotographien.
Mündliche Mitteilungen, Briefe und Fotographien von: WILMA ESTERMANN (geb. KUNZ), THEODORA KUNERT und SIEGFRIED PICKERT.

Zu Lore:

WALTER HOLTZAPFEL, *Im Kraftfeld der Organe. Leber, Lunge, Niere, Herz*, Dornach 1989.
GERDA LANGEN, Das Malen als Seelenpflege, in: *Das Goetheanum*, 10. 3. 1929, S. 83 ff.; siehe auch EVE-LIS DAMM, *Malen mit Seelenpflege-bedürftigen Kindern* (mit Abbildung des betreffenden Aquarells), Stuttgart 1984.
RUDOLF STEINER, *Heilpädagogischer Kurs*, GA 317, Dornach [7]1985, 8. Vortrag vom 3. Juli 1924 und 9. Vortrag vom 4. Juli 1924, S. 126 – 128, S. 140 – 142.

Klinisch-Therapeutisches Institut Arlesheim: Krankenblatt der Mutter.
Mündliche Mitteilungen, Briefe und Fotographien von: LORE, INGE GOYERT, MERCEDES GURLITT, WALTER HOLTZAPFEL, MORITZ VON SACHSEN-ALTENBURG.
Unveröffentlichter Lebensbericht (und Bericht in den *Mitteilungen der Anthroposophischen Gesellschaft in Bayern*) von Lore.
Unveröffentlichter Vortrag von GRETE HARDT in Arlesheim.

Zu Lothar:

KURT MAGERSTÄDT, Einer von den Jungmedizinern, in: *Wir erlebten Rudolf Steiner*, Stuttgart [7]1988, S. 138 ff.
SIEGFRIED PICKERT, Aus der heilpädagogischen Arbeit, in: *Natura*, 1. Jg. 1926/27, S. 143 ff.
SIEGFRIED PICKERT, Von Rudolf Steiners Wirken bei der Begründung der heilpädagogischen Arbeit, in: *Mitteilungen der Anthroposophischen Gesellschaft in Deutschland*, Nummer 11, Ostern 1950, S. 7 ff.

Siegfried Pickert, Rudolf Steiner und die anthroposophische Heilpädagogik, in: *Weleda-Nachrichten,* Sonderheft Heilpädagogik, 2/1950, S. 6 ff.
Rudolf Steiner, *Heilpädagogischer Kurs,* GA 317, Dornach [7]1985, 10. Vortrag vom 5. Juli 1924, S. 145 – 148.

Krankengeschichte der Anstalt in Norddeutschland.
Mündliche Mitteilungen von: Siegfried Pickert, Elisabeth und Kurt.
Notizen von Werner Pache vom 18. 6. 1924.
Notizbuchseite (275) von Rudolf Steiner vom Besuch auf dem Lauenstein am 18.6.1924.
Unveröffentlichter Vortrag von Grete Hardt in Arlesheim.
Unveröffentlichte Vorträge von Siegfried Pickert.

Zu Karl:

Werner Pache, Erziehung und Unterricht seelenpflegebedürftiger Kinder, in: *Heilende Erziehung. Vom Wesen Seelenpflege-bedürftiger Kinder und deren heilpädagogischer Frühförderung,* Stuttgart [5]1989, S. 25 ff.
Siegfried Pickert, Von Rudolf Steiners Wirken bei der Begründung der heilpädagogischen Arbeit, in: *Mitteilungen der Anthroposophischen Gesellschaft in Deutschland,* Nummer 11, Ostern 1950, S. 7 ff.
Siegfried Pickert, Erinnerungen an den Heilpädagogischen Kurs Rudolf Steiners, in: *Das Seelenpflege-bedürftige Kind,* 13. Jg. 1966, Heft 1, S. 2 ff.
Rudolf Steiner, *Heilpädagogischer Kurs,* GA 317, Dornach [7]1985, 10. Vortrag vom 5. Juli 1924, S. 148 – 150.
Albrecht Strohschein, Die Entstehung der anthroposophischen Heilpädagogik, in: *Wir erlebten Rudolf Steiner*, Stuttgart [7]1988, S. 211 ff.
Hilma Walter, *Abnormitäten der geistig-seelischen Entwicklung in ihren Krankheitserscheinungen und deren Behandlungsmöglichkeiten. Wegleitung zum Verständnis einer Sammlung von Krankengeschichten,* Dornach [2]1987, Fall 103.

Brief von Heinrich Hardt vom 29.5.1949.
Mündliche Mitteilungen von: Elisabeth, Kurt, Hanna Grunewald, Siegfried Pickert.
Notizen von Werner Pache vom 18.6.1924.
Notizbuchseite (275) von Rudolf Steiner vom Besuch auf dem Lauenstein am 18.6.1924.
Sterberegister der Stadt Jena von 1929.
Unveröffentlichter Vortrag von Grete Hardt in Arlesheim.
Unveröffentlichte Vorträge von Siegfried Pickert.

Zu Erna:

SIEGFRIED PICKERT, Von Rudolf Steiners Wirken bei der Begründung der heilpädagogischen Arbeit, in: *Mitteilungen der Anthroposophischen Gesellschaft in Deutschland,* Nummer 11, Ostern 1950, S. 7 ff.

SIEGFRIED PICKERT, *Fünfzig Jahre Heilpädagogischer Kurs,* Vortrag am 9. 10. 1974, veröffentlicht als Sonderheft, Arlesheim 1975.

RUDOLF STEINER, *Heilpädagogischer Kurs,* GA 317, Dornach [7]1985, 10. Vortrag vom 5. Juli 1924, S. 151 und S. 157 – 158.

Meldebehörde der Stadt Jena: Lebensdaten.

Mündliche Mitteilungen von: INGEBORG GOYERT, HANNA GRUNEWALD, SIEGFRIED PICKERT, WALFRIEDE REINHARDT, JOHANNA RUSS, ELISABETH und KURT.

Notizen von WERNER PACHE vom 18. 6. 1924.

Notizbuchseite (275) von RUDOLF STEINER vom Besuch auf dem Lauenstein am 18. 6. 1924.

Unveröffentlichter Vortrag von GRETE HARDT in Arlesheim.

Unveröffentlichte Vorträge von SIEGFRIED PICKERT.

Zu Elisabeth und Martha:

SIEGFRIED PICKERT, Von Rudolf Steiners Wirken bei der Begründung der heilpädagogischen Arbeit, in: *Mitteilungen der Anthroposophischen Gesellschaft in Deutschland,* Nummer 11, Ostern 1950, S. 7 ff.

RUDOLF STEINER, *Heilpädagogischer Kurs,* GA 317, Dornach [7]1985, 10. Vortrag vom 5. Juli 1924 und 11. Vortrag vom 6. Juli 1924, S. 158 – 161 und S. 167 – 172.

ALBRECHT STROHSCHEIN: Die Entstehung der anthroposophischen Heilpädagogik, in: *Wir erlebten Rudolf Steiner*, Stuttgart [7]1988, S. 211 ff.

Horoskope von Elisabeth und Martha, gekürzt nach Astrodata.

Mündliche Mitteilungen, Briefe und Fotographien von: ELISABETH und ihren Angehörigen, RUTH GRÄF, SIEGFRIED PICKERT, RAINER SKALA und KURT.

Notizen von WERNER PACHE vom 18. 6. 1924.

Notizbuchseite (275) von RUDOLF STEINER vom Besuch auf dem Lauenstein am 18. 6. 1924.

Unveröffentlichter Vortrag von GRETE HARDT in Arlesheim.

Zu Doris:

Rudolf Steiner, *Heilpädagogischer Kurs*, GA 317, Dornach ^{7}1985, 11. Vortrag vom 6. Juli 1924, S. 162 – 164.

Unveröffentlichter Vortrag von Grete Hardt in Arlesheim.
Notizbuchseite (275) von Rudolf Steiner vom Besuch auf dem Lauenstein am 18. 6. 1924.

Zu Karlheinz:

Siegfried Pickert, Von Rudolf Steiners Wirken bei der Begründung der heilpädagogischen Arbeit, in: *Mitteilungen der Anthroposophischen Gesellschaft in Deutschland*, Nummer 11, Ostern 1950, S. 7 ff.
Siegfried Pickert, Erinnerungen an den Heilpädagogischen Kurs Rudolf Steiners, in: *Das Seelenpflege-bedürftige Kind,* 13. Jg. 1966, Heft 1, S. 2 ff.
Rudolf Steiner, *Heilpädagogischer Kurs,* GA 317, Dornach ^{7}1985, 11. Vortrag vom 6. Juli 1924, S. 164.
Albrecht Strohschein, Die Entstehung der anthroposophischen Heilpädagogik, in: *Wir erlebten Rudolf Steiner*, Stuttgart ^{7}1988, S. 211 ff.
Mündliche Mitteilungen von: Siegfried Pickert, Richard, Elisabeth und Kurt.
Notizen von Werner Pache vom 18. 6. 1924.
Notizbuchseite (275) von Rudolf Steiner vom Besuch auf dem Lauenstein am 18. 6. 1924.
Unveröffentlichter Vortrag von Grete Hardt in Arlesheim.
Unveröffentlichte Vorträge von Siegfried Pickert.

Zu Hans:

Rudolf Steiner, *Heilpädagogischer Kurs,* GA 317, Dornach ^{7}1985, 11. Vortrag vom 6. Juli 1924, S. 162 – 164.

Einwohnermeldeamt der Stadt Stuttgart.
Mündliche Mitteilungen von Siegfried Pickert.
Unveröffentlichter Vortrag von Grete Hardt in Arlesheim.
Unveröffentlichte Vorträge von Siegfried Pickert.
Sterberegister der Stadt Jena.

Zu Kurt:

SIEGFRIED PICKERT, Erinnerungen an den Heilpädagogischen Kurs Rudolf Steiners, in: *Das Seelenpflege-bedürftige Kind,* 13. Jg. 1966, Heft 1, S. 2 ff.
RUDOLF STEINER, *Heilpädagogischer Kurs*, GA 317, Dornach [7]1985, 11. Vortrag vom 6. Juli 1924, S. 164 – 165.

Einwohnermeldeamt der Stadt Hamburg: Daten.
Krankengeschichte der norddeutschen Anstalt.
Mündliche Mitteilungen von: KURT, FRIDA VON G., SIEGFRIED PICKERT, PETER SCHINDLER, ELISABETH und KURT.
Notizen von WERNER PACHE vom 18. 6. 1924.
Notizbuchseite (275) von RUDOLF STEINER vom Besuch auf dem Lauenstein am 18. 6. 1924.
Unveröffentlichter Vortrag von GRETE HARDT in Arlesheim.
Unveröffentlichte Vorträge von SIEGFRIED PICKERT.

Zu Harry:

SIEGFRIED PICKERT, Erinnerungen an den Heilpädagogischen Kurs Rudolf Steiners, in: *Das Seelenpflege-bedürftige Kind,* 13. Jg. 1966, Heft 1, S. 2 ff.

Mündliche Mitteilungen von SIEGFRIED PICKERT.
Notizen von WERNER PACHE vom 18. 6. 1924.
Notizbuchseite (275) von RUDOLF STEINER vom Besuch auf dem Lauenstein am 18. 6. 1924.

Zu Otto Specht:

Bildbände zu Rudolf Steiners Lebensgang. Band1: Jugendzeit, Dornach 1971.
SIEGFRIED PICKERT, *Fünfzig Jahre Heilpädagogischer Kurs,* Vortrag am 9. 10. 1974, veröffentlicht als Sonderheft, Arlesheim 1975.
SIEGFRIED PICKERT, Erinnerungen an den Heilpädagogischen Kurs Rudolf Steiners, in: *Das Seelenpflege-bedürftige Kind,* 13. Jg. 1966, Heft 1, S. 2 ff.
FRED POEPPIG, *Rudolf Steiner. Leben und Werk.*
HANS SPECHT, Brief vom 28. 9. 1915 an Rudolf Steiner, in: Rudolf Steiner als Erzieher und Hauslehrer in Wien, *Beiträge zur Rudolf Steiner Gesamtausgabe*, Heft 112/113, Dornach 1994.
RUDOLF STEINER, *Briefe Band I: 1881 – 1890,* GA 38, Dornach [3]1985.

Rudolf Steiner, *Briefe Band II: 1890 – 1925*, GA 39, Dornach [2]1987.
Rudolf Steiner, *Erziehungskunst. Seminarbesprechungen und Lehrplanvorträge*, GA 295, Dornach [4]1984, Besprechung vom 29. August 1919.
Rudolf Steiner, *Heilpädagogischer Kurs*, GA 317, Dornach [7]1985, 6. und 9. Vortrag.
Rudolf Steiner, *Mein Lebensgang*, GA 28, Dornach [8]1982, II., VI. und XIII. Kapitel.
Rudolf Steiner, Vortrag vom 4. 2. 1913, in: *Beiträge zur Rudolf Steiner Gesamtausgabe*, Heft 83/84, Dornach 1984, S. 6 f.
Albrecht Strohschein, Die Entstehung der anthroposophischen Heilpädagogik, in: *Wir erlebten Rudolf Steiner*, Stuttgart [7]1988, S. 211 ff.

Rudolf Steiner als Erzieher und Hauslehrer in Wien, *Beiträge zur Rudolf Steiner Gesamtausgabe*, Heft 112/113, Dornach 1994.

Zu Johannes Brentano:

J. C. Poggendorff, *Biographisch-literarisches Handwörterbuch der exakten Naturwissenschaften*, Berlin, Band VII b, Teil 1: A – B, S. 556.
Rudolf Steiner, *Heilpädagogischer Kurs*, GA 317, Dornach [7]1985, 1. Vortrag vom 25. Juni 1924, S. 22 – 23.
Rudolf Steiner, *Mein Lebensgang*, GA 28, Dornach [8]1982, III. Kapitel.
Rudolf Steiner, *Die Erneuerung der pädagogisch-didaktischen Kunst durch Geisteswissenschaft*, GA 301, Vortrag vom 29. 4. 1920, Dornach [4]1991.

Bürgerbuch der Stadt Zürich von 1926.
Zivilstandesamt der Stadt Zürich: Lebensdaten.

Anmerkungen

1 Rudolf Steiner, *Heilpädagogischer Kurs*, Gesamtausgabe Bibl.-Nr. (= GA) 317, Dornach [7]1985, S. 11.

2 Ich kann mir heute nur denken, daß Rudolf Steiner mit den Formulierungen: die «stark ausgebildete untere Gesichtspartie» Sandroes, und: «er trägt den Mund ein bißchen offen», den Eindruck des «Undurchdrungenen» gegenüber den Gestaltungskräften von oben und des zu Massigen zum Ausdruck gebracht hat. Die untere Partie war «nicht einbezogen, zu groß geworden».

3 Eric Arlin, Kreis und Punkt, in: *Seelenpflege in Heilpädagogik und Sozialtherapie*, 3/1983, S. 73 ff. und: Die Wandtafelzeichnungen des Heilpädagogischen Kurses, in: *Seelenpflege in Heilpädagogik und Sozialtherapie*, 4/1985.

4 Rudolf Steiner, *Mein Lebensgang*, GA 28, Dornach [8]1982, S. 104 – 106.

5 *Beiträge zur Rudolf Steiner Gesamtausgabe*, Heft 49/50, Dornach 1975, S. 9.

6 Vortrag vom 4. 2. 1913, in: *Beiträge zur Rudolf Steiner Gesamtausgabe*, Heft 83/84, Dornach 1984, S. 6 f.

7 Rudolf Steiner, *Mein Lebensgang*, S. 51 f.

8 Ebd., S. 59.

9 Ebd., S. 62.

10 *Heilpädagogischer Kurs*, Dritter Vortrag, S. 49.

11 Am 22. März 1917 (in: *Geist und Stoff, Leben und Tod*, GA 66, Dornach [2]1988) führte er dazu aus : «Ich habe bisher in dieser Weise nicht formuliert, was ich in den beiden letzten Vorträgen [15. und 17. 3. 1917] ausgesprochen habe. Aber es ist jetzt ganz genau 35 Jahre her, seit ich als ganz junger Mann in Wien begonnen habe mit den Forschungen, welche zuletzt dazu führen konnten, das auszusprechen, wie es in den letzten zwei Vorträgen geschehen ist.»

12 *Von Seelenrätseln*, GA 21, Dornach [5]1983.

13 Ebd., S. 78 – 127. In seinem Vorwort schreibt Rudolf Steiner dazu: «Ihn [den Nachruf] zu schreiben, war mir tiefstes Bedürfnis. Und wenn ich in bezug auf ihn etwas bedauere, so ist es dieses, daß ich ihn nicht vor langer Zeit habe schreiben und den Versuch unternehmen können, ihn Brentano noch vor Augen treten zu lassen. [...] Angegliedert habe ich an diese drei

Aufsätze ‹Skizzenhafte Erweiterungen des Inhaltes dieser Schrift›, die anthroposophische Forschungsergebnisse darstellen.» (Ebd., S. 9.)

14 Ebd., S. 151 f.

15 Ebd., S. 127.

16 Rudolf Steiner, Vortrag vom 18. 1. 1924, in: *Die Konstitution der Allgemeinen Anthroposophischen Gesellschaft und der Freien Hochschule für Geisteswissenschaft,* GA 260 a, Dornach 1987, S. 93.

17 Rudolf Steiner, *Die Kernpunkte der sozialen Frage in den Lebensnotwendigkeiten der Gegenwart und Zukunft,* GA 23, Dornach [6]1976.

18 In: *Erdenwissen und Himmelserkenntnis,* GA 221, Dornach [2]1981, S. 46.

19 Rudolf Steiner, Vortrag vom 16. 5. 1910, in: *Die Offenbarungen des Karma,* GA 120, Dornach [6]1975, S. 9.

20 Albrecht Strohschein, Die Entstehung der anthroposophischen Heilpädagogik, in: *Wir erlebten Rudolf Steiner*, hrsg. von M. J. Krück-von Poturzyn, Stuttgart [7]1988, S. 211 ff.

21 Vortrag vom 11. 4. 1921, in: *Geisteswissenschaftliche Gesichtspunkte zur Therapie*, GA 313, Dornach [4]1984.

22 *Heilpädagogischer Kurs*, Elfter Vortrag, S. 174 f.

23 *Heilpädagogischer Kurs*, Elfter Vortrag, S. 176 ff.

24 In: Rudolf Steiner, *Wahrspruchworte*, GA 40, Dornach [7]1991, S. 264.

25 Hilma Walter, *Abnormitäten der geistig-seelischen Entwicklung*, Arlesheim [2]1987, Fall 28.

26 Ebd.

27 Gerda Langen, Ein Beispiel individueller Erziehung nach heilpädagogischen Richtlinien, in: *Natura*, 1926/27, S. 153 ff.

28 Ingeborg Goyert, *Rudolf Steiner als Therapeut,* Privatdruck 1992.

29 Gerda Langen, Malen als Seelenpflege, in: *Das Goetheanum,* 10. 3. 1929.

30 *Heilpädagogischer Kurs*, Sechster Vortrag, S. 90.

31 Siehe den ersten Vortrag des *Heilpädagogischen Kurses* vom 25. 6. 1924.

32 Siehe dazu auch Rudolf Steiner, *Allgemeine Menschenkunde als Grundlage der Pädagogik*, GA 293, Dornach [9]1992, 11. und 13. Vortrag.

33 *Heilpädagogischer Kurs*, Sechster Vortrag, S. 96.

34 Neunter Vortrag, S. 140.

35 A. G. Degenaar (Hrsg.), *Krankheitsfälle und andere medizinische Fragen, besprochen mit Dr. Rudolf Steiner,* Gesammelt im Klinisch-Therapeutischen Institut in Stuttgart, Fall Nr. 126 (und 74).

36 Julia Bort, Heileurythmie und Heilpädagogik, in: *Heilende Erziehung. Vom Wesen seelenpflege-bedürftiger Kinder und deren heilpädagogischer Förderung,* Arlesheim 1956, S. 170 ff.

37 Margarethe Bockholt, Die Heileurythmie in der Heilpädagogik, in: *Natura,* 1926/27, S. 147 ff.

38 Siehe auch den Bericht von Marianne Garff bei Robert, S. 70 ff.

39 Leukotomie: Operative Unterschneidung von Partien der weißen Hirnsubstanz im Vorderhirn; nur bei schwersten schizophrenen und ähnlich schweren Situationen indiziert, da stets Abbau der höheren Funktionen die Folge ist.

40 Krankenblatt des Instituts «La Motta», Brissago.

41 Siehe S. 93 des *Heilpädagogischen Kurses.*

42 Siehe HILMA WALTER, a.a.O. (Anm. 25), Fall 11.

43 JULIA BORT, a.a.O. (Anm. 36).

44 MARGARETHE BOCKHOLT, Die Heileurythmie in der Heilpädagogik, in: *Natura,* 1926/27, S. 147 ff.

45 Ein operatives Durchstechen des Balkens im Großhirn zwecks Schaffung einer neuen Verbindung zwischen Subduralraum und Hirnkammern zur Verminderung des Liquordrucks.

46 HILMA WALTER, *Abnormitäten der geistig-seelischen Entwicklung*, Arlesheim [2]1987, Fall 29.

47 Ebd.

48 Ebd.

49 Ebd.

50 Diese und die folgenden Äußerungen Rudolf Grosses sind entnommen aus: RUDOLF GROSSE, *Erlebte Pädagogik,* Dornach [2]1975.

51 M. J. KRÜCK-VON POTURZYN, *Aufbruch der Kinder 1924,* Wuppertal [2]1986.

52 HILMA WALTER, *Abnormitäten der geistig-seelischen Entwicklung*, Arlesheim [2]1987, Fall 3.

53 Ebd.

54 Ebd.

55 RUDOLF GROSSE, *Erlebte Pädagogik*, S. 126.

56 General Ferdiand Schörner (1892 – 1973), Kommandeur des Mittelabschnitts der deutschen Ostfront.

57 Andrej A. Wlassow (1900 – 1946), sowjetischer General, der mit einer aus russischen Kriegsgefangenen gebildeten Armee auf deutscher Seite kämpfte, in amerikanische Gefangenschaft kam, den Russen ausgeliefert und hingerichtet wurde.

58 Quartalsberichte der Sophienhöhe, referiert im Krankenblatt der Anstalt, in die Lothar 1940 kam.

59 Die Angaben Rudolf Steiners bei seinem Besuch auf dem Lauenstein hat WERNER PACHE notiert. Sie sind im Anhang des *Heilpädagogischen Kurses* abgedruckt, S. 191 ff.

60 Notizen von WERNER PACHE, *Heilpädagogischer Kurs,* S. 192.

61 Siehe ALBRECHT STROHSCHEIN, Die Entstehung der anthroposophischen Heilpädagogik, in: *Wir erlebten Rudolf Steiner,* hrsg. von M. J. KRÜCK-VON POTURZYN, Stuttgart [7]1988, S. 218.

62 Berechnung Astrodata. Wer sich mit Astrologie und damit zusammenhängenden Fragen näher befassen will, sei hingewiesen auf das demnächst erscheinende Buch *Rudolf Steiner und die Astrologie* von Heinz Herbert Schöffler, in welchem Steiner auch auf die Horoskope der beiden Schwestern Elisabeth und Martha eingeht.

63 Albrecht Strohschein, a.a.O. (Anm. 61), S. 221.

64 Polyzythämie: Abnorme Vermehrung der roten Blutkörperchen im fließenden Blut.

65 Brief des Arztes im Krankenblatt.

66 Aus dem Krankenblatt.

67 Notizen von Werner Pache vom 18. 6. 1924.

68 *Heilpädagogischer Kurs*, 9. Vortrag.

69 In: *Mitteilungen des Arbeitszentrums Frankfurt der Anthroposophischen Gesellschaft*, Michaeli 1974.

70 In: Rudolf Steiner, *Briefe. Band II: 1890 – 1925*, GA 39, Dornach ^{2}1987, S. 33 ff.

71 In: Rudolf Steiner, *Der pädagogische Wert der Menschenerkenntnis und der Kulturwert der Pädagogik*, GA 310, Dornach ^{4}1989, S. 92 ff.

72 Rudolf Steiner, *Erziehungskunst. Seminarbesprechungen und Lehrplanvorträge*, GA 295, Dornach ^{4}1984.

73 Aus: Rudolf Steiner als Erzieher und Hauslehrer in Wien, in: *Beiträge zur Rudolf Steiner Gesamtausgabe*, Heft 112/113, Dornach 1994.

74 Rudolf Steiner, Vortrag vom 29. 4. 1920, in: *Die Erneuerung der pädagogisch-didaktischen Kunst durch Geisteswissenschaft*, GA 301, Dornach ^{4}1991.

75 A.a.O. (Anm. 12).

76 A.a.O. (Anm. 61).

77 Siegfried Pickert, *Fünfzig Jahre Heilpädagogischer Kurs*, Arlesheim 1975; und: Erinnerungen an den Heilpädagogischen Kurs Rudolf Steiners, in: *Das Seelenpflege-bedürftige Kind*, 13. Jg. 1966, Heft 1, S. 2 ff.

78 Rudolf Steiner, *Die Konstitution der Allgemeinen Anthroposophischen Gesellschaft und der Freien Hochschule für Geisteswissenschaft. Der Wiederaufbau des Goetheanum*, GA 260 a, Dornach ^{2}1987, S. 307.

Namensregister

Eric Arlin (geb. 1924): Maler und Heilpädagoge. S. 14, 283

Grete Becker: siehe Grete Hardt

Prof. Dr. Hans Berger (1873 – 1941): Direktor der Psychiatrischen Klinik Jena; entwickelte die Elektroenzephalographie (EEG). S. 94

M. Bickenbach: Leiterin der Abteilung der Sophienhöhe, in welcher Ernst war. S. 94

Dr. Ernst Blümel (1884 – 1952): Mathematiker, Lehrer an der Fortbildungsschule in Dornach. S. 115

Emil Bock (1895 – 1959): Theologe, Mitbegründer der Christengemeinschaft. S. 21, 132, 160

Dr. Margarethe Bockholt (1894 – 1973): Ärztin und Heileurythmistin im Klinisch-Therapeutischen Institut in Arlesheim. S. 53, 76, 111, 115, 123, 125, 274 f., 284 f.

Hubert Bollig (1899 – 1986): Lehrer, Mitarbeiter im Sonnenhof, Gründer des Heimes in Malsch. S. 54, 275

Tilla Bollig (1905 – 1992): Eurythmistin in Malsch. S. 56, 275

Dr. Julia Bort: siehe Dr. Julia Pache-Bort

Fritz Graf von Bothmer (1883 – 1941): Turnlehrer an der Waldorfschule Stuttgart. S. 132

Franz Brentano (1838 – 1917): Philosoph und Psychologe, Professor in Wien. S. 17 f., 24, 253

Dr. Josef Breuer: Mitbegründer der Psychoanalyse, Freund der Familie Specht in Wien. S. 251

Emil Brünings: Lehrer Kurts in Hamburg. S. 234 f.

Marita Caspari (geb. 1957): Kunsttherapeutin, Betreuerin von Sandroe auf der «Motta», lebt in Dornach. S. 64, 275

Adalbert Czerny (1863 – 1941): Pädiater, in Berlin. S. 246

A. G. Degenaar: Arzt in Amsterdam. S. 274, 284

Dr. Edmund Drebber (gest. 1983): Arzt, von 1929 an in Gerswalde. S. 78

Imme von Eckartstein (1871 – 1930): Malerin, bei der Ausmalung der Kuppel des ersten Goetheanums beteiligt. S. 148

Heinrich Eckinger: Schreinermeister, lebt in Dornach. S. 80, 84 f., 275

Dr. Rose Erlacher-Kuhn (1902 – 1990): Ärztin und Mitbegründerin von «Schloß Mühlhausen». S. 271

Faust, (?): Lehrer an der Waldorfschule Hannover. S. 159

Dr. med. David Feuerstein und Frau R. Feuerstein: die Vorbesitzer des Lauenstein in Jena. S. 187, 191

Helene Finckh (1883 – 1960): Stenotypistin, seit 1915 für Rudolf Steiner tätig. S. 11

Fischer, Albert (oder Herbert): Lehrer in Gerswalde, nach Aussage von Ernst. S. 104

Cläre Führ: Mitarbeiterin im Heim «Sophienhöhe», mit Ernst in Dornach. S. 95, 98

Heiner Garff: Musiker in Rostock, später in Kassel. S. 71

Marianne Garff: Lehrerin, lebt in Kassel. S. 70, 72, 275, 284

Dr. Franz Geraths (1901 – 1966): Gründer des heilpädagogischen Instituts in München (später Eckwälden. S. 152, 271

Inge Goyert (geb. 1914): war als Zehnjährige mit Kinderlähmung im Klinisch-Therapeutischen Institut bzw. der «Holle» in Behandlung. S. 40, 152, 198, 275 ff.

Maria Groddeck (1891 – 1958): Leiterin der Fortbildungsschule am Goetheanum. S. 129

Rudolf Grosse (geb. 1905): Lehrer und Vorsitzender der Allgemeinen Anthroposophischen Gesellschaft. S. 123 ff., 129 f., 133, 144, 276, 285

Lucia Becker-Grosse (1900 – 1981): Krankenschwester im Klinisch-Therapeutischen Institut, verh. mit Rudolf Grosse. S. 124, 139

Erna Grund (geb. 1904): Schauspielerin an der Goetheanumbühne. S. 58

Hanna Grunewald (1881 – 1970): vermietete in Jena ein Zimmer an Albrecht Strohschein. S. 233, 278 f.

Ernst Haeckel (1834 – 1919): Biologe, Professor in Jena. S. 23 ff.

Heinrich Händler (1902 – 1990): Heilpädagoge, seit 1938 auf der «Motta». S. 58, 60, 274

Charlotte Händler (1896 – 1988): Heilpädagogin. S. 59

Herbert Hahn (1890 – 1970): Lehrer an der Waldorfschule in Stuttgart. S. 275

Dr. Heinrich Hardt (1899 – 1976): Arzt und später Leiter des Institutes Lauenstein, ab 1932 in Altefeld, ab 1941 in Seewalde. S. 211, 233 f., 267 f.

Grete Hardt, geb. Becker (1899 – 1972): Betreuerin von Kurt, in der Leitung des Institutes Lauenstein und der Heime in Altefeld und Seewalde. S. 13, 196, 203, 210, 224, 227 f., 230 f., 261, 275 ff.

Anne Louise Heder (geb. 1902): Sprachgestalterin und Heilpädagogin. S. 14

Hermann ter Hell (gest. 1962): Physiker, Lehrer von Robert. S. 80, 83, 275

Marie Hirter (1854 – 1946): Vorstand im Goetheanum-Bauverein. S.110 f., 114

Paul Johannes Höll (geb. 1906): Lehrer in Berlin und Gerswalde, lebt in Hamborn. S. 276

Dr. Walter Holtzapfel (1912 – 1994): Arzt, Leiter der Medizinischen Sektion am Goetheanum. S. 59, 274 ff.

Dr. Friedrich Husemann (1887 – 1959): Arzt in Stuttgart und Freiburg. S. 11, 21

Dr. Julia Pache-Bort (1896 – 1955): Ärztin, Eurythmistin in Arlesheim. S. 40, 49, 82, 120, 129, 160, 280 f., 284

Werner Pache (1903 – 1958): Heilpädagoge, 1924 im Institut Lauenstein, später Leiter des Sonnenhofes. S. 54, 130, 214, 247, 265, 278ff.

Käthe Palmer-Seifert (geb. 1907): Gartenmeisterin in Gerswalde. S. 276

Siegfried Pickert (geb. 1898): Lehrer, 1924 Mitbegründer des Lauenstein, ab 1931 in Hamborn, lebt dort. S. 12, 14, 20, 31, 141, 175, 187 f., 191, 211, 215, 224, 233, 244 ff., 259 ff., 265, 267 f., 274, 276 ff.

Dr. Hermann Poppelbaum (1891 – 1979): Zoologe, später Vorstand der Allgemeinen Anthroposophischen Gesellschaft. S. 148

William Scott Pyle (gest. 1938): Maler, verheiratet mit Mieta Waller, der Wirtschafterin von Rudolf Steiner. S. 115

Paul Regenstreif (1899 – 1981): Ingenieur und Astrologe. S. 169

Walfriede Reinhardt (geb. 1901): Lehrerin in Pilgramshain, Schulleiterin in Gerswalde und später in Berlin, lebt in Hamborn. S. 267, 275, 179

Anna Reitzig (1901 – 1987): Krankenschwester im Lauenstein, in Hamborn und Gerswalde, nach 1950 in Lauterbad. S. 266

Dr. Heinz Ritter *(geb. 1902)*: Mitbegründer des «Waldhaus Malsch», später Schriftsteller, lebt in Rinteln. S. 275

Karl Rittersbacher: Lehrer an der Waldorfschule Hannover. S. 159 f.

Johanna Russ (1901 – 1988): Mitarbeiterin im Sonnenhof und in der Motta. S. 275, 279

Georg Moritz von Sachsen-Altenburg (1900 – 1991): Nationalökonom, ab 1931 in Hamborn. S. 152, 268, 277

Prof. Dr. K. E. Schaefer: Leiter eines medizinischen Forschungsinstitutes in den USA. S. 59

Hans Scheck: Kunsthistoriker. S. 169

Dr. Thomas Scheer: Arzt in Ascona. S. 66

Renate Schönborn: lebt in München. S. 275

Karl Julius Schröer (1825 – 1900): Philologe in Wien. S. 17, 249

Dr. Karl Schubert (1889 – 1949): Heilpädagoge in Stuttgart. S. 11, 257 f., 271

Ingeborg Schüler (1906 – 1976): Krankenschwester in Zwätzen und Gerswalde. S. 99

Dr. Erich Schwebsch (1889 – 1953): Lehrer an der Waldorfschule Stuttgart. S. 132

Richard Seebohm (gest. 1934): Oberstleutnant im Generalstab a.D. Eigentümer von Haus Bernhard und Leiter des Zweiges der Anthroposophischen Gesellschaft in Jena. S. 261

Hans Specht: Vetter von Otto Specht. S. 251 f., 281

Ladislaus Specht (1834 – 1905: Kaufmann in Wien. (?) S. 248

Pauline Specht (1846 – 1916): Mutter der Kinder Richard, Arthur, Otto und Ernst. S. 248 f.